ISBN 3-00-013183-3

1. Auflage
© 2004 Berg- und Freizeitverlag Nicole Luzar,
Betzenstein. Alle Rechte vorbehalten.
Der Inhalt wurde sorgfältig recherchiert, bleibt
aber ohne Gewähr für die Richtigkeit.
Nachdruck, auch auszugsweise, nur mit schrift-
licher Genehmigung des Verlags.

Text und Recherche: Nicole Luzar, Betzenstein
Lektorat: Brigitte Caspary, Egloffstein
Karten: Christine Sickenberger, Aschaffenburg
Layout und Satz: Oliver Linke, Augsburg
Druck: Kösel GmbH & Co. KG, Altusried-Krugzell

Berg- und Freizeitverlag Nicole Luzar
Am Wasserstein 3
91282 Betzenstein

Nicole Luzar

FRÄNKISCHE SCHWEIZ

Natur, Kultur, Geschichte erleben
mit 30 Tourentipps für die ganze Familie

Berg- und Freizeitverlag Nicole Luzar

Vorwort 6

Allgemeine Informationen 8
Natur pur   9
Historisch-geologischer Abriss   12
Sportangebot   28
Wandern   28
Radfahren   29
Kajakfahren   30
Klettern   32
Hochseilgarten & Co.   34
Höhlentouren   35
Reiten   36
Essen und Trinken   37
Was auf den Teller kommt   37
Flüssiges Gold   38
Bräuche und Feste   42
Das Betzenaustanzen   42
Fosaleggn   43
Osterbrunnen   43
Georgi-Ritt in Effeltrich   45
Osterfeuer   46
Das Walberlafest   46
Fronleichnamsumzüge   47
Johannisfeuer   47
Pretzfelder Kirschenfest   48
Forchheimer Annafest   48
Muggendorfer Kürbisfest   48
Forchheimer Martinsritt   49
Lichterfest   49

Städte und Ortschaften   50
Region Nordwest   51
Weismain   51
Scheßlitz   53
Heiligenstadt   56
Aufseß   60
Region Nordost   62
Thurnau   62
Wonsees   64
Mistelgau   68
Hollfeld   70
Waischenfeld   72
Ahorntal   78
Creußen   80
Region Mitte   83
Ebermannstadt   83
Streitberg   88
Muggendorf   91
Gößweinstein   93
Pottenstein   97
Tüchersfeld   101
Pegnitz   103
Region Südwest   107
Forchheim   107
Wiesenthau   109
Leutenbach   111
Pretzfeld   112
Egloffstein   114
Hundshaupten   116
Kunreuth   116
Effeltrich   117
Bubenreuth   119
Neunkirchen am Brand   121
Gräfenberg   123
Weißenohe   124
Hiltpoltstein   126
Region Südost   127
Obertrubach   127
Leienfels   128
Betzenstein   129
Neuhaus an der Pegnitz   132
Velden   135
Hirschbach   140
Schnaittach   142
Kirchensittenbach   143
Neunkirchen am Sand   146
Hersbruck   150
Lauf   153

Inhalt

Touren 158

1 Zu den Mühlen im Krassachtal 161
2 Durch das Paradiestal 163
3 Wacholdertal und Kaiserbachtal 166
4 Fünf-Täler-Tour vom Feinsten 169
5 Das Tal der hungernden Tummler 173
6 Zu den Aufseßtaler Schlössern 176
7 Aufseßtal und Jurahöhe 179
8 Vom Steinernen Beutel nach Rabeneck 182
9 Zur Rotmainquelle und über den Mühlenweg zum Buchstein 185
10 Durch das Kernland der Schlüsselberger Edelherren 190
11 Die Höhlenwelt des »Muggendorfer Gebürgs« 193
12 Von einem Loch zum ander'n 196
13 Auf stillen Wegen hinauf nach Wolkenstein 199
14 Das idyllische Klumpertal 202
15 Rund um das Walberla 205
16 Vom Hetzleser Berg nach Effeltrich 208
17 Zum Teufelstisch und zu den Sinterstufen der Lillach 210
18 Oberes Trubachtal und Großenoher Tal 213
19 Der Therapeutische Wanderweg 216
20 Um den Langen Berg zum Jura-Elefanten 219
21 Die Betzensteiner Felsenwelt 221
22 Die Wälder südlich von Betzenstein 224
23 Über den Eibengrat zum Reuthof 227
24 Zu den Karstphänomenen im Veldensteiner Forst 230
25 Die Höhlenwelt zwischen Vieh- und Pfaffenhofen 233
26 Zur Petershöhle und quer durch den Hartensteiner Wanderwald 236
27 Aus dem Pegnitztal nach Hohenstein 239
28 Durch das Reichental zur Schlangenfichte 242
29 Rund um die Veste Rothenberg 245
30 Quer durch den Eisenwald 247

Ausflugsziele von A bis Z 250

Schlagwortregister 256

Vorwort

Vorwort

Liebe Leserinnen und Leser,

die Region zwischen Bayreuth, Bamberg und Nürnberg ist eines der schönsten Naherholungsgebiete in Deutschland und als das Land der Burgen, Mühlen, Felsen und Höhlen weit über seine Grenzen hinaus bekannt. Den Grundstein für diese Berühmtheit der Fränkischen Schweiz legte Johann Friedrich Esper im Jahr 1774 mit seiner Abhandlung über die Muggendorfer Höhlenwelt.

Die Fränkische Schweiz und die Frankenalb gehören beide zur geologischen Einheit der Fränkischen Alb und sind mit einer Gesamtfläche von 6.400 km^2 das größte zusammenhängende Höhlengebiet Deutschlands. Weit über 1.000 Höhlen, Halbhöhlen und Höhlenruinen sind im Höhlenkataster der Region verzeichnet. Neben den großen Schauhöhlen bieten sich dem interessierten Besucher jedoch auch zahllose Ziele für Erkundungen auf eigene Faust an.

Mit ihren Burgen und Burgruinen, den hübschen Fachwerkhäusern und idyllischen Flusstälchen ist die Fränkische Schweiz nach wie vor ein Kleinod, dessen Reize wir unbedingt für die Nachwelt erhalten müssen! Übereifriger Straßenbau und blinde Tourismusförderung lassen die Kassen nur kurzfristig klingeln: Das wertvollste Gut dieser strukturschwachen und industriearmen Region ist ihr landschaftlicher Reiz. Daher der Appell an alle Besucher und Gemeinderäte: Schützen Sie die Natur! Denn nur durch sanften Tourismus und einen schonenden Umgang mit der Natur können sich auch noch unsere Kinder an den romantischen Reizen der Fränkischen Schweiz erfreuen.

Eine schöne Zeit wünscht Ihnen
Nicole Luzar

Allgemeines

Allgemeine Informationen

Natur pur

Die Gegend um Pretzfeld und das Trubachtal ist eines der größten Kirschanbaugebiete Deutschlands. Hier ist es im Frühjahr besonders schön, wenn die Kirschbäume blühen und der Löwenzahn die Wiesen leuchtend gelb färbt. Zu dieser Zeit dringt außerdem noch viel Licht in die Laubwälder, so dass sich manche Felsszenerie, die im Sommer unter dichtem Blattwerk verborgen bleibt, entdecken lässt. Die »freie Sicht« genießt man übrigens auch im späten Herbst und Winter. Und bei ausreichender Schneelage eignen sich einige der hier vorgestellten Touren bestens für eine Schneeschuhwanderung.

Während die weit verbreiteten Mischwälder im Sommer erfrischenden Schatten spenden, sind sie im Herbst besonders prachtvoll, wenn sich das Laub in den verschiedensten Nuancen verfärbt und bei Sonnenschein ein wahres Farbfeuerwerk entfacht. Leichte Nebel in den Niederungen erhöhen vielfach noch den Reiz, besonders, wenn man früh morgens über die höher gelegenen Kammlagen wandert.

❏ Im Herbst leuchten die fränkischen Mischwälder besonders farbenfroh; hier im »Paradies« bei Bärnfels.

Lebensraum Streuobstwiese

Schon eine einzelne alte Baumkrone ist Lebensraum für hunderte Tier- und Insektenarten wie dem Bunt- und Grauspecht, dem Wiedehopf und zahlreichen Schmetterlingen. Doch die alten Streuobstwiesen sind bedroht.

Während es noch Mitte des 19. Jahrhunderts allein in Mittelfranken weit über tausend Apfel- und Birnensorten gab, werden heute gerade mal rund zwanzig bis dreißig in so genannten Niederstammplantagen angebaut. Diese Niederstammplantagen sind jedoch nicht nur ertragreicher, sie benötigen im Gegensatz zu Streuobstwiesen auch etliche

❏ Streuobstwiesen sind Lebensraum für Hunderte Tier- und Insektenarten.

chemische Spritzungen. Wer allerdings über diese artenfeindliche Flurbereinigung schimpft, muss sich oft an die eigene Nase fassen: Zu einem Großteil ist der Verbraucher selbst für diese Entwicklung verantwortlich, wenn er nur schöne, große Äpfel und Birnen kauft.

Landschaft im Wandel

Mit Beginn der dauerhaften Besiedlung durch den Menschen in der Altsteinzeit herrschte in der Region teils tropisches, teils Tundra-ähnliches Klima. Nach der letzten Eiszeit, der Würm-Eiszeit, waren ab etwa 6000 v. Chr. die nährstoffreichen, feuchten Täler durch dichte **Auenwälder** bestanden. Diese wurden jedoch vielfach gerodet, entwässert und in Mähwiesen, Obstgärten oder Ackerland umgewandelt.

Die nährstoffarmen, trockenen Böden der Hochflächen waren dagegen teils **Trockenrasen** (wie auf dem Walberla), großenteils jedoch Standort ausgedehnter **Buchenwälder**. Für den Haus- und Schiffsbau sowie für Eisen- und Kupferhammerwerke wurde vor allem im Mittelalter viel Holz benötigt. Als die Buchenwälder nahezu vollständig abgeholzt waren, wurde mit schnell wachsenden **Kiefern und Fichten** aufgeforstet oder das Land als **Ackerfläche** genutzt.

❏ Wanderschäferei erhält die Wacholderheiden. Hier eine Schafherde bei der Ziegelmühle im Trubachtal.

Celsius vertragen. Dadurch, dass die Flächen weiter gerodet und von Schafen regelmäßig beweidet wurden, blieben die Magerrasen erhalten: Sie sind heute ein wichtiger Lebensraum für geschützte Pflanzen- und Tierarten wie Bienenragwurz, Küchenschelle, Silberdistel und Schwalbenschwanz.

❏ Die Küchenschelle (*Pulsatilla vulgaris*) wächst besonders gern auf Kalkmagerrasen.

Auf den gelichteten oder gerodeten Flächen entstanden **Kalkmagerrasen**, und auf diesen gedeihen lichtliebende Pflanzenarten, die auch extreme Trockenheit und Temperaturen bis 50 Grad

❏ Wacholderheiden, wie hier bei Pottenstein, waren in der Fränkischen Schweiz einst weit verbreitet.

Diejenigen Pflanzen, die von Schafen gemieden werden (wie Wacholder, Thymian und gefranster Enzian), prägten anschließend die **Wacholderheiden**. Die ökologischste und kostengünstigste Möglichkeit, die Wacholderheiden zu

Allgemeine Informationen

erhalten, ist die **Wanderschäferei**. Durch deren weitgehende Aufgabe, intensive Landwirtschaft und Aufforstung (mit Kiefern und Fichten) sind Trockenrasen und Wacholderheiden mittlerweile jedoch stark bedroht.

*Der **Wacholder** (Juniperus communis) passt sich unterschiedlichen Klimabedingungen im Allgemeinen sehr gut an und ist daher in ganz Europa sowie weiten Teilen Sibiriens zu Hause. Er stellt außerdem nur geringe Ansprüche an die Fruchtbarkeit und Feuchtigkeit des Bodens, so dass er auf trockenen Kalkhängen ebenso wie auf feuchten und sauren Böden und von den Niederungen bis hinauf ins Gebirge anzutreffen ist.*
Um zu gedeihen, braucht der Wacholder allerdings viel Sonne: Werden Konkurrenzpflanzen wie etwa Fichten nicht kurz gehalten (zum Beispiel durch Beweidung), verkümmern die Wacholdersträucher.
Weithin bekannt sind die blauen Wacholderbeeren, die vor allem zu Schnaps verarbeitet oder als Gewürz verwendet werden. Doch nicht alle Wacholdersträucher tragen diese Beeren. Als so genannte zweihäusige Pflanze hat der Wacholder nämlich männliche und weibliche Sträucher. Nur die weiblichen Pflanzen bilden die Beeren aus, die nach ihrer Bestäubung erst zwei Jahre lang reifen müssen, bevor sie geerntet werden können.

Alles im Fluss

In der Fränkischen Schweiz gibt es zehn größere Flüsse und Bäche. Ende 1990 wurden die meisten von ihnen noch als mäßig belastet bis stark verschmutzt eingestuft, doch seither hat sich die Wasserqualität dank Kanalisation und verschärfter Umweltschutzverordnungen deutlich verbessert.

Allerdings werden die Flussläufe nur auf ihre biologische, nicht jedoch auf die chemische Qualität geprüft. Die Bewertung lässt somit Eutrophierung (Überdüngung) und sauren Regen außer Acht. Leider werden nach wie vor viele Felder zu stark gedüngt und auch gefährliche Phosphate (zum Beispiel aus Wasch- und Spülmitteln) in die Bäche eingeleitet. Ältere Kläranlagen besitzen zudem oft keine chemische Reinigungsstufe, so dass sie diese Phosphate nicht aus dem Wasser filtern können. Dadurch sind viele Fischarten und Wasserlebewesen unmittelbar gefährdet. Eine weitere Gefahr droht der Fischwelt im Sommer, wenn der Wasserstand fällt und sich viele Algen bilden. Dann sinkt der Sauerstoffgehalt des Wassers so tief, dass einigen heimischen Fischarten wie der Barbe der Erstickungstod droht.

❑ **Die Püttlach ist einer der schönsten und saubersten Bäche in der Region.**

Historisch-geologischer Abriss

Höhlen

Mit den Höhlen der Fränkischen Schweiz betritt der Mensch ein wahres Museum der Erdgeschichte, dessen Ablagerungen (Sedimente) wertvolle Knochen- und Werkzeugfunde bergen können.
Höhlen sind Lebensraum für zahlreiche Tiere und Pflanzen und bilden wichtige Winterquartiere für einige vom Aussterben bedrohte Fledermausarten.
Außerdem sind diese unterirdischen Gebilde äußerst empfindliche Ökosysteme: Gerade in Karstgebieten wird das Wasser durch die Gesteinsschichten kaum gefiltert. Unrat und Müllablagerungen in Höhlen gefährden somit direkt das Grund- und Trinkwasser.
Wegen der Gedanken- und Rücksichtslosigkeit vieler Höhlenbesucher mussten daher bereits zahlreiche Höhlen gesperrt werden.

Die Entdeckung der fränkischen Höhlenwelt

1774 veröffentlichte der Pfarrer Johann Friedrich Esper (1732–1781) aus Uttenreuth bei Erlangen seine berühmt gewordene Abhandlung über die Höhlen um Muggendorf. Seine begeisterten Schilderungen übten auf viele Leser einen derart starken Reiz aus, dass sie kurz darauf selbst aufbrachen, um sich mit eigenen Augen vom Zauber der Höhlen zu überzeugen. So legte Esper nicht nur den Grundstein für die wissenschaftliche Höhlenforschung, sondern auch für den Tourismus in der Fränkischen Schweiz. Seine Abhandlung »*Ausführliche Nachricht von neuentdeckten Zoolithen unbekannter vierfüßiger Thiere und denen sie enthaltenden, sowie verschiedenen anderen denkwürdigen Grüften der Obergebürgischen Lande des Markgrafthums Bayreuth*« wurde noch im Jahr der Erstveröffentlichung ins Englische und Französische übersetzt und lockte somit auch zahlreiche ausländische Besucher ins »Gebürg«.

☐ Die Höhlen der Fränkischen Schweiz sind wahre Museen der Erdgeschichte. Hier eine Tropfsteinformation in der Teufelshöhle.

Das größte Interesse galt zunächst der durch J. F. Esper bekannt gewordenen **Zoolithenhöhle** bei Burggaillenreuth. In ihr wurden massenhaft Knochenansammlungen fossiler Säugetiere gefunden. Die Knochen eines »unbekannten Hauptthieres« bereiteten allerdings lange Zeit Probleme bei der Zuordnung. Erst 1794 löste ein junger Anatom von der Universität Erlangen das Rätsel: Johann Christian Rosenmüller (1771–1820) war ein begeisterter Pionier der fränkischen Höhlenforschung. Er beschrieb diese unbekannten Skelettteile als eine längst ausgestorbene eiszeitliche Bärenart und gab ihr den Namen Höhlenbär, lateinisch *Ursus spelaeus Rosenmüller*. Anschließend promovierte Rosenmüller über fossile Knochen und wirkte von

Allgemeine Informationen

1802 an bis zu seinem Tod als Anatomieprofessor in Leipzig. Auch Alexander von Humboldt, der in jungen Jahren Bergwerksinspektor in Creußen war, forschte in der Zoolithenhöhle, die heute wegen ihrer wissenschaftlichen Bedeutung ganzjährig verschlossen ist.

Der **Tourismus** stellte in der strukturschwachen Region eine willkommene Einnahmequelle dar und wurde bereitwillig gefördert. Leider ergaben sich schon bald Probleme für die Höhlen und ihre Bewohner: Tropfsteine wurden geplündert und beschädigt, Fledermäuse in ihrem Winterschlaf gestört.
Um den Ansturm der Wissenschaftler und Romantiker in geordnete Bahnen zu lenken und die rücksichtslosen Höhlenplünderungen zu unterbinden, schuf der Markgraf von Ansbach-Bayreuth bereits 1784 die Stelle eines **Höhleninspektors**. Höhleninspektor Johann Georg Wunder (1726–1799) teilte sich daraufhin die Arbeit der Höhlenführungen mit seiner Schwester: Er widmete seine Erzählkunst den Damen, sie wiederum bezauberte die Herren, von denen einige Erlanger Studenten sich damals derart leidenschaftlich für die Naturgeschichte der Höhlen begeistert haben sollen, dass sie die Zoolithenhöhle gleich mehrere Male hintereinander besuchten.
Trotz dieser Höhleninspektoren konnten die Plünderungen jedoch nicht eingedämmt werden, und so bleibt bis heute unklar, ob sich Familie Wunder tatsächlich für den Schutz der Höhlen eingesetzt oder selbst von dem lukrativen Geschäft mit Tropfsteinen und fossilen Knochen profitiert hat.

Die fränkische Unterwelt

Über tausend Höhlen, Halbhöhlen und Höhlenruinen sind in der Fränkischen Schweiz und der Frankenalb bekannt. Vermutlich warten aber eben so viele Höhlen noch auf ihre Entdeckung.
Drei **Schauhöhlen** (die Binghöhle bei Streitberg, die Sophienhöhle im Ailsbachtal und die Teufelshöhle bei Pottenstein) sind für Touristen bestens erschlossen. Während der Sommersaison erhalten hier Besucher täglich in mehreren Führungen einen faszinierenden Einblick in die Welt des Karstes. Weniger bekannt, doch genauso reizvoll, ist die Maximiliansgrotte in der Nähe von Krottensee. Darüber hinaus gibt es zahlreiche Höhlen, für deren Begehung mehr oder weniger viel Erfahrung und eine gute Ausrüstung erforderlich sind. Eine funktionsfähige Taschenlampe ist in jeder frei zugänglichen Höhle unerlässlich. Für den Besuch einer Schauhöhle reichen dagegen ein warmer Pulli und festes Schuhwerk.

❏ Bei einer Besichtigung der Teufelshöhle fallen unweigerlich die »Tabakblätter« auf.

Die Höhlenbewohner

In der Fränkischen Schweiz sind zwölf Tierarten bekannt, die ausschließlich in Höhlen vorkommen und außerhalb nicht überlebensfähig wären. Diese Tiere sind perfekt an die totale Finsternis angepasst: Sie haben meist keine Augen mehr, sind nahezu farblos und benötigen extrem wenig Nahrung. Mit dem bloßen Auge sind diese Höhlentiere kaum erkennbar, wie zum Beispiel der nur wenige Millimeter »große« Strudelwurm *Phagocatta vitta*, der ausschließlich im eiskalten Höhlenwasser der Sophienhöhle lebt.

◻ Höhlen und Felsspalten sind wichtige Quartiere für Fledermäuse, hier eine Mausohrfledermaus (*Myotis myotis*).

Fledermäuse

Sie sind die wohl bekanntesten Höhlenbewohner, wenngleich meist aus Horrorfilmen. Doch keine Bange: Blutsaugende Fledermäuse gibt es in unseren Breitengraden nicht. Alle europäischen Fledermausarten ernähren sich ausschließlich von Insekten, Spinnen und anderen Gliedertieren und sind äußerst effektive »Insektenvernichter«. Eine nur sieben Gramm schwere Fledermaus vertilgt zum Beispiel jede Nacht bis zu 5.000 Stechmücken!

Im Sommer suchen vor allem die Fledermaus-Weibchen für die Aufzucht ihrer Jungen wärmere Behausungen wie Dachstühle und Baumhöhlen auf.
Im Winter bieten jedoch Höhlen ideale Lebensbedingungen für die Fledermäuse, da sie frostfreie Orte für ihren Winterschlaf benötigen. Diesen unterbrechen die Tiere nur kurzzeitig, um den Schlafplatz zu wechseln, zu trinken oder sich zu paaren. Außerhalb dieser Wachphasen ist Ruhestörung für die Tiere äußerst schädlich, weil sie ihren kleinen Körper von der Schlaftemperatur (nur 2 bis 5 Grad Celsius) auf etwa 38 Grad Celsius aufheizen müssen – ein extrem hoher Energieaufwand!
Bereits 1936 wurden sämtliche Fledermausarten im Deutschen Reich unter Schutz gestellt. Der Schutz darf sich jedoch nicht auf die Gesetzgebung beschränken, sondern muss vor allem in der Praxis stattfinden!

◻ Zwei Mausohrfledermäuse (*Myotis myotis*) hängen in ihrem Quartier mit dem Kopf nach unten.

Allgemeine Informationen

So können Hausbesitzer den Fledermäusen zum Beispiel ein Quartier bieten, indem sie ihren Dachboden nicht hermetisch abdichten. Alternativ eignen sich Nistmöglichkeiten oder Fledermauskästen außen am Dach. Eine artenreiche Wildwiese mit nachtblühenden Pflanzen bietet den Fledermäusen mehr Nahrung als ein kurzgeschorener Rasen, und zu guter Letzt sollte natürlich auf Insektizide im Garten verzichtet werden. Inzwischen stehen alle der in Deutschland vorkommenden Fledermausarten auf der Roten Liste für bedrohte Tierarten.

Höhlenbären

Viele Höhlen, in denen fossile Bärenknochen aus der Eiszeit gefunden wurden, werden als Bärenhöhlen bezeichnet. In der Fränkischen Schweiz sind dies vor allem die Zoolithenhöhle, die Teufelshöhle und die Sophienhöhle, in denen der Höhlenbär vor etwa 60.000 bis 25.000 Jahren sein Quartier hatte und überwinterte.

Mit einer Verbreitung vom Atlantik im Westen bis zum Ural im Osten war der Lebensraum dieses Bären völlig auf Europa beschränkt. Vom nahe verwandten Braunbären unterscheidet er sich unter anderem durch seine enorme Größe und sein Gewicht. Aufgerichtet war der Höhlenbär bis zu 3,20 Metern groß, und mit bis zu einer Tonne wog er etwa das Doppelte eines heutigen Braunbären!

Untersuchungen der Zähne belegen, dass sich der Höhlenbär trotz seiner Körpermasse vor allem von Pflanzen ernährte. Vermutlich war dies auch der Grund für sein Aussterben, denn mit der Erwärmung der Erde gegen Ende der Eiszeit veränderte sich die Vegetation, was auch etlichen anderen pflanzenfressenden Säugetieren, wie zum Beispiel dem Mammut, zum Verhängnis wurde.

❑ In der Teufelshöhle steht ein vollständig rekonstruiertes Skelett eines Höhlenbären.

Zudem war im Winter die Nahrung knapp, und der Höhlenbär musste Winterruhe halten. Als Quartier bevorzugte er Höhlen, in denen konstante Temperaturen herrschten. Die Weibchen brachten hier während der Winterruhe auch ihre Jungen zur Welt, die sie in den ersten Wochen nur Dank der Fettvorräte, die sie im Herbst gespeichert hatten, säugen konnten.

In den verschiedenen Höhlen in der Fränkischen Schweiz wurden Unmengen von Bärenknochen und -zähnen gefunden. Sie stammen hauptsächlich von Tieren, die während der langen Winterruhe an Ort und Stelle gestorben sind. Spektakuläre Ereignisse wie Versturz oder Überflutung der Höhlen gelten nur in den seltensten Fällen als Todesursache.

Kleine Gesteinskunde

Um die Felsen und Höhlenwelt der Fränkischen Schweiz ranken sich unzählige Sagen und Mythen. Ihre tatsächliche Entstehung ist jedoch wenig geheimnisvoll und auf folgende natürliche Entwicklungen zurückzuführen:

◻ Die mächtigen Felswände der »Bärenschlucht« entstanden vor vielen Millionen Jahren aus den einstigen Schwammriffen.

Die Entstehung von Sandstein und Kalkstein

Während des Erdmittelalters, vor etwa 225 Millionen Jahren, lag das heutige Deutschland noch in der Nähe des Äquators. Es war Teil eines weiten Binnenbeckens und zeitweise mit seichten Meeren und flachen Küstenländern bedeckt.

Vor etwa 190 Millionen Jahren drang von Norden her das **Jurameer** in dieses Binnenbecken ein. Seine gewaltigen Wassermassen bedeckten das gesamte heutige Europa.

In diesem Jurameer herrschte eine rege Artenvielfalt: Fisch- und Flugsaurier, Meereskrokodile sowie Fische, Muscheln und die mit den Tintenfischen verwandten Ammoniten und Belemniten lebten dort. Auch Seelilien und allerlei Wasserpflanzen gediehen prächtig.

Mit der Zeit wurde jedoch verwittertes Gesteinsmaterial vom Festland ins Wasser geschwemmt und verdichtete sich allmählich zu Sandstein – das Jurameer verflachte und ging nach Norden zurück. Gleichzeitig rückte von Süden das riesige, mit 20 bis 25 Grad Celsius tropisch warme **Thetysmeer** nach. Gegen Ende des Jurazeitalters vor etwa 140 Millionen Jahren zog sich allerdings auch das Thetysmeer wieder nach Süden zurück, und das Gebiet der heutigen Fränkischen Schweiz wurde endgültig Festland.

Die Kalkschalen und Skelette toter Meerestiere sanken auf den Meeresboden, wurden dort in waagerechten Schichten abgelagert und verfestigten sich zu Kalkstein. Die abgestorbenen Schwämme dagegen wurden mit kalkausscheidenden Algen überkrustet, und es entstanden mächtige Riffe. Diese so genannten **Schwammriffe** wurden, anders als unsere heutigen Korallenriffe, von Kieselschwämmen gebildet.

Die Entstehung der Dolomitfelsen

Heller Kalkstein (Kalziumkarbonat) wird durch Einlagerung von Magnesium zu grauem **Dolomit** (Kalzium-Magnesiumkarbonat) umgewandelt, der härter ist als normaler Kalkstein. In der Fränkischen Schweiz wurden nur die massigen Schwammriffe zu Dolomit umgewandelt, die in der Folge aus dem umgebenden Kalkstein auswitterten. Das Ergebnis sind die imposanten und bis zu 50 Meter hohen Felsformationen, die heute Naturfreunde und Kletterer aus aller Welt begeistern.

Allgemeine Informationen

◻ Bizarre Felsformationen wie hier am Eingang des Klumpertales witterten aus dem weicheren Kalkstein aus.

Die Veränderung der Flusslandschaft

Auch das fließende Wasser mit seiner Erosionskraft, die Gesteinsverwitterung und wechselnde Klimaverhältnisse hatten entscheidenden Einfluss auf die Entstehungsgeschichte der Fränkischen Schweiz.

So bildeten zum Beispiel das Walberla und die Lange Meile (nordwestlich von Ebermannstadt) früher eine Einheit, wurden jedoch durch die Erosionskraft der Wiesent und ihrer Nebenflüsse voneinander getrennt. Der Hauptteil dieser »einschneidenden« Veränderungen entstand erst im Laufe des Eiszeitalters, das heißt in der Zeit von vor 2,5 Millionen bis vor 10.000 Jahren, als sich zum Beispiel die Wiesent rund 150 Meter tief in die Landschaft einschnitt. Der weichere Kalkstein wurde ausgewaschen, und so entstanden die engen, von steilen Dolomitfelsen gesäumten Täler. Heute fließen die größten Flüsse der Region, Regnitz und Wiesent, nach Westen über den Main zum Rhein. Bis vor gut 2,5 Millionen Jahren flossen sie allerdings noch nach Süden und Südosten ab, wo sich nach dem Rückgang des Thetysmeeres in West-Ost-Richtung eine Ur-Donau gebildet hatte. In diese Ur-Donau mündeten damals sowohl die Flüsse der Frankenalb als auch der Schwäbischen Alb.

Ursache für diese »Neuorientierung« war die Kontinentalverschiebung: Während der Tertiärzeit, die vor etwa 65 Millionen Jahren begann, wurden die Alpen aufgefaltet, und der Rheingraben brach ein. Dies führte dazu, dass der Rhein heute nach Norden abfließt. Und weil sein Gefälle größer war als das der Donau, entzog der Rhein der Donau einen Teil der Quell- und Nebenflüsse, darunter die Fränkische Regnitz und die Wiesent.

◻ Der Flusslauf der Wiesent ist von steilen Dolomitfelsen gesäumt.

Die Entstehung der Höhlen und anderer Karstformen

Die Fränkische Schweiz ist eine typische Karstlandschaft: Sickerwasser führt zur Auflösung der Gesteine, Erdbewegungen lassen Risse und Klüfte im Gestein entstehen. Weil Regen und anderes Niederschlagswasser schnell versickert, gibt es nahezu keine stehenden Oberflächengewässer. Und je mehr Wasser versickert, desto stärker erweitern und vertiefen sich die Gesteinsklüfte, bis schließlich Höhlen entstehen. Diese Entwicklung ist keinesfalls abgeschlossen; noch immer werden die unterirdischen Hohlräume Jahr für Jahr ein winziges Bisschen größer.

◻ Saures Sickerwasser vertieft die Risse und Klüfte im Kalkgestein.

Alle drei Schauhöhlen der Fränkischen Schweiz befinden sich hoch über dem heutigen Talgrund. Das liegt daran, dass sich während des Eiszeitalters die Flüsse immer tiefer in die Täler einschnitten, das Sickerwasser jedoch nicht abfließen konnte, weil der Boden gefroren war. In dieser Zeit konnte die Verkarstung also nicht weiter fortschreiten. Erst in den zwischenzeitlichen Warmphasen setzte sich dann die Verkarstung bis auf das gesunkene Flussniveau fort, und der Wasserspiegel sank entsprechend. Im Gegensatz zu den noch gut erhaltenen Schauhöhlen sind andere Höhlen nach dem so genannten Trockenfallen eingestürzt (zum Beispiel das **Quackenschloss** bei Engelhardsberg).

Trotz ihrer einheitlichen Entstehungsgeschichte sind doch alle Höhlen in der Fränkischen Schweiz verschieden: Manche enthalten besonders viele fossile Knochen- oder Werkzeugreste früherer Höhlenbewohner, andere wiederum besonders schöne Tropfsteine. Auch diese sind je nach ihrem Anteil an Eisen, Mangan, Ruß oder Lehm im Höhlengestein unterschiedlich gefärbt: Reines Kalzit ist weiß, Gelb- oder Braunfärbung beruht auf Eisenoxid, und Schwarzfärbung entsteht durch Manganoxid oder Ruß von Fackeln, Feuern und Karbidlampen. Grüntöne in einer Höhle dagegen sind organischen Ursprungs: Wo der Fels regelmäßig beleuchtet wird, wachsen Algen, zum Beispiel in Schauhöhlen in der Nähe von Lampen.

◻ Das Quackenschloss bei Engelhardsberg ist eine trockengefallene Versturzhöhle.

Die Entstehung von Tropfsteinen

Auch wenn Kalkstein gegenüber mechanischer Abtragung recht widerstandsfähig ist, kann er durch leicht saures Wasser chemisch gut gelöst werden. Wenn Regenwasser aus Luft und Boden Kohlendioxid (CO_2) aufnimmt, entsteht

Allgemeine Informationen

□ In der Binghöhle bei Streitberg gibt es Stalaktiten in den unterschiedlichsten Formen.

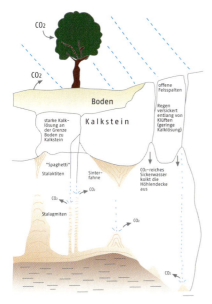

□ Übersicht über die Bildung von Tropfsteinen im Karst.

Kohlensäure. Dieses kohlensäurehaltige Wasser vergrößert beim Versickern die Klüfte im Fels. Wenn es dann aus den engen Rissen in einen Höhlenraum gelangt, entweicht die Kohlensäure – ähnlich wie aus einer Flasche Mineralwasser beim Öffnen. Dabei wird der gelöste Kalk ausgeschieden.

□ Diese Formation schlanker Stalagmiten in der Teufelshöhle ist als »Zaubergarten« bekannt.

Auf diese Weise entstehen an der Höhlendecke die **Stalaktiten** (Deckentropfsteine). Dort, wo das Wasser auf den Boden tropft, wachsen die **Stalagmiten** (Bodentropfsteine) empor. Wo Stalaktiten und Stalagmiten sich vereinigen, entsteht ein **Stalagnat** (Tropfsteinsäule). Die Wachstumsgeschwindigkeit der Tropfsteine hängt von verschiedenen Faktoren ab und schwankt zwischen wenigen Zentimetern und mehreren Dezimetern in 1000 Jahren. Eine wichtige Rolle spielt dabei das Volumen. Nach einer groben Faustregel dauert es etwa 100 Jahre, bis 20 Kubikzentimeter Tropfstein wachsen. Die prächtigen und bis zu 3,50 Meter hohen Tropfsteingebilde der Schauhöhlen sind also größtenteils über 100.000 Jahre alt!

Momentaufnahmen aus der fränkischen Geschichte

Gründung des Bistums Bamberg
Auf der Reichssynode im Jahr 1007 erwirkte der spätere Kaiser Heinrich II. (973–1024) die Gründung des Bistums Bamberg. Es entstand zunächst durch Teilung des Bistums Würzburg, doch schenkte Heinrich II. dem neuen Bistum aus seinem Eigenbesitz kurz darauf auch die Königshöfe in Forchheim, Hersbruck und Velden samt den dazugehörigen Ländereien. In den Folgejahren wurde das Bistum Bamberg weiter vergrößert, wie 63 Schenkungsurkunden belegen. Im Jahr 1016 musste das Bistum Eichstätt schließlich noch seinen Landstrich zwischen Pegnitz und der Erlanger Schwabach an Bamberg abtreten.

Wenngleich diese Ländereien zum Teil weit verstreut lagen, wurde das Bamberger Hochstift zu einem der größten fränkischen Grundbesitzer, und der Bamberger Fürstbischof besaß weitreichende politische und wirtschaftliche Macht. Die Verwaltung seines Herrschaftsgebietes übertrug er an ihm untergebene Lehnsherren, den so genannten Ministerialen.

Dem Einflussbereich des Bistums Bamberg stand die Macht der Nürnberger Burggrafen gegenüber, die ihren Besitz im Laufe der Zeit immer mehr erweiterten, bis schließlich die Markgrafschaften Kulmbach-Bayreuth und Ansbach-Brandenburg dazu gehörten. Dazwischen lagen einzelne Besitzungen verschiedener edelfreier Herren. Diese setzten alles daran, ihre Ländereien zu einem möglichst zusammenhängenden Herrschaftsgebiet zu vereinen. Dazu war ihnen jedes Mittel recht: Kauf, Heirat, Tausch und Gewalt. Auch Rodung war eine beliebte Methode, den Landbesitz zu erweitern, da gerodetes Land damals demjenigen gehörte, der es roden ließ.

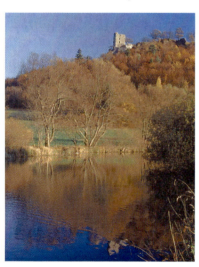

☐ Burg Neideck im Wiesenttal war die Stammburg der Edelherren von Schlüsselberg.

Die Edelherren von Schlüsselberg
Die Edelherren von Schlüsselberg waren besonders machthungrig. Dabei besaß Konrad II. von Schlüsselberg teils echte, teils angemaßte Zoll- und Geleitforderungen, das heißt er übernahm gegen Abgaben den Schutz der Reisenden. Diese Zölle behinderten jedoch den Handel. In der ersten Hälfte des 14. Jahrhunderts ließ Konrad II. bei Streitberg sogar eine heftig umstrittene Zollstation bauen. Zu guter Letzt soll er auch eine Verbindungsmauer zwischen den Burgen Neideck und Streitberg geplant haben. Daher fürchteten die Nürnberger Burggrafen, er wolle den Zugang zu ihren nördlichen Besitzungen unterbinden. Auch die Forchheimer, für die das Wiesenttal ein wichtiger Handelsweg war, wollten diese Schika-

Allgemeine Informationen

ne nicht hinnehmen. Schließlich sah auch der Bischof von Bamberg durch diese Zollstation seine Rechte verletzt. Ein Versuch, den Mauerbau gewaltfrei zu verhindern, schlug fehl, und so griffen letztlich alle Gegner des Schlüsselbergers zu den Waffen: 1347 wurde Konrad II. auf Burg Neideck getötet. Der Sage nach traf ihn ein Wurfgeschoss gerade in dem Augenblick, als er auf dem stillen Örtchen saß und sein unbedecktes Hinterteil über die Burgmauer ragte.

Da Konrad II. keine männlichen Nachkommen hatte, wurden seine drei Töchter ausbezahlt. Sein Erbe wurde im Vertrag von Iphofen am 12. Mai 1349 aufgeteilt. Die entstandene Machtlücke teilten der Bischof von Bamberg und die Markgrafen von Brandenburg-Kulmbach-Bayreuth bereitwillig unter sich auf. Auf diese Weise legten sie die Grundlage für eine Aufspaltung Oberfrankens in Katholiken und Protestanten: Das Gebiet zwischen Forchheim und Hollfeld stand unter der Herrschaft des Bischofs, die Reichsstadt Nürnberg (mit dem Gebiet um Gräfenberg, Hiltpoltstein, Betzenstein und Stierberg) sowie das Markgrafentum von Brandenburg-Kulmbach-Bayreuth waren dagegen vom 16. Jahrhundert an protestantisch geprägt.

Die Hussitenraubzüge (1430)

Schreckliche Spätfolgen für die Bevölkerung der Fränkischen Schweiz hatte der Tod des Prager Theologen und Priesters Johannes Hus.

Hus hatte die Kirche aufs Heftigste kritisiert und zu Armut und Bescheidenheit aufgefordert. 1411 wurde er daraufhin vom Papst exkommuniziert. Drei Jahre später sollte er sich dem von Papst Johannes XXIII. einberufenen Konstanzer Konzil stellen, dessen Ziel unter anderem die Überwindung der Ketzerei war. Doch obwohl König Sigismund ihm freies Geleit zugesichert hatte, wurde Hus gleich bei seiner Ankunft verhaftet. Und da er sich kategorisch weigerte, seine Lehren zu widerrufen, wurde er schließlich am 6. Juli 1415 mitsamt seinen Büchern verbrannt. Die Asche des Scheiterhaufens wurde in den Rhein geschüttet.

Aber nicht nur die Überreste von Hus verbreiteten sich so in alle Weltmeere, auch seine Lehre fiel auf fruchtbaren Boden: Die Revolution seiner Anhänger wurde im Untergrund geführt und mündete schließlich in einen offenen Aufstand. Am 30. Juni 1419 stürmten radikale Hussiten das Prager Rathaus und warfen einige Ratsherren aus dem Fenster (»Prager Fenstersturz«). Daraufhin rief Papst Martin V. im Jahr 1420 die Christenheit zum Kreuzzug gegen die Hussiten auf. Diese wiederum fielen als Antwort darauf in die an Böhmen angrenzenden Gebiete ein und plünderten und verwüsteten zahlreiche Orte. Im März 1430 handelte der Kurfürst von Brandenburg, Friedrich I., auf Burg Zwernitz einen Waffenstillstand mit den Hussiten aus. Reiche Städte konnten sich durch immense Geldsummen freikaufen. So zahlten Bamberg und Nürnberg den Hussiten jeweils 12.000 Gulden, um von den Zerstörungen verschont zu bleiben. Der Bischof von Bamberg trieb allerdings noch jahrelang die so genannte Hussitensteuer von der Bevölkerung ein.

Der erste Markgrafenkrieg (1449–1453)

Keine zwanzig Jahre später wurde die Region von den nächsten Unruhen heimgesucht. Der Markgraf und Kurfürst von Brandenburg, Albrecht Achilles, erhob Ansprüche auf ein »Herzogtum Franken«. Er wollte unter anderem die Herrschaft über die Reichsstadt Nürnberg an sich reißen und erklärte ihr 1449 den Krieg. In den folgenden Jahren brachte der so genannte erste Markgrafenkrieg Tod und Verderben über Franken, da beide Parteien versuchten, ihrem Gegner vor allem wirtschaftlich zu schaden. Höfe und ganze Dörfer wurden geplündert und niedergebrannt, das Vieh geraubt.

◻ In Effeltrich steht die bekannteste Wehrkirche der Fränkischen Schweiz.

Der Mauerbau war zu dieser Zeit ein Vorrecht der Städte. Daher bauten einige Bauerndörfer notgedrungen ihre Kirchen zu Wehrkirchen aus und verstärkten die Friedhofsmauern. Die bekannteste dieser Wehrkirchen steht noch heute in Effeltrich.
Erst als zahllose Dörfer niedergebrannt, die Bauern erschlagen und Geld und Lebensmittel allerorts knapp geworden waren, endete der Markgrafenkrieg 1453 schließlich ohne klaren Sieger.

Der Landshuter Erbfolgekrieg (1504–1505)

Nach einem halben Jahrhundert ohne größeren Kriegswirren wurde vor allem die Frankenalb erneut Schauplatz heftiger Machtkämpfe: Im Jahr 1504 entbrannte um die Nachfolge des Herzogtums Bayern-Landshut der Landshuter Erbfolgekrieg – auch Bayerischer Erbfolgekrieg genannt. Zu dieser Zeit war der Herrschaftsbereich der Wittelsbacher in drei Seitenlinien unterteilt: Bayern-München, Bayern-Landshut und Bayern-Pfalz (mit der Oberpfalz).
Als der Landshuter Herzog Georg der Reiche am 1. Dezember 1503 starb, erlosch diese Linie, da er keine männlichen Erben hatte. Nach geltendem Erbrecht waren seine nächsten Wittelsbacher Blutsverwandten im Mannesstamm die berechtigten Nachfolger. Von diesen hatte sich Georg der Reiche jedoch entfremdet und stattdessen seine Tochter Elisabeth von der Pfalz als Erbin eingesetzt. Die übergangene Münchener Linie rief daraufhin den König und späteren Kaiser Maximilian I. um Schlichtung an. Obwohl dieser das Testament nicht anerkannte, kam es 1504 zum verheerenden Landshuter Erbfolgekrieg. Die Reichsstadt Nürnberg stand auf der Seite der Münchener. Sie eroberte in dieser Zeit weite Landstriche im Raum der heutigen Oberpfalz und Frankenalb und entwickelte sich zur bedeutenden Territorialmacht.
Elisabeth und ihr Ehemann Ruprecht von der Pfalz starben im Jahr 1504, doch der Krieg wütete unvermindert weiter. Erst 1505 setzte ein Schiedsspruch Maximilians I. den Verwüstungen ein Ende. Die noch minderjährigen Söhne Elisabeths und Ruprechts erhielten mit der »Jungen Pfalz« ein zersplittertes Terri-

Allgemeine Informationen

torium von der schwäbischen oberen Donau über Franken bis zur nördlichen Oberpfalz; der Rest des Landshuter Erbes fiel an die Münchener Linie. Doch wollte sich auch Maximilian I. für die entstandenen Unannehmlichkeiten entschädigen und verleibte die damals zu Landshut gehörenden Bezirke Kufstein, Kitzbühel und Rattenberg kurzerhand seinem eigenen österreichischen Reich ein.

Die Reformation (1517)

Weitreichende Auswirkungen auf das religiöse und soziale Leben nicht nur in der Fränkischen Schweiz, sondern in ganz Europa, hatte folgendes Ereignis: Am 31. Oktober 1517 soll Martin Luther seine 95 Thesen an die Wittenberger Schlosskirche angeschlagen haben. Obwohl er sich hauptsächlich gegen den Ablasshandel wandte, entwickelte sich aus der Diskussion letztlich eine Abspaltung von der katholischen Kirche. Gegen Luther wurde der Ketzerprozess eingeleitet und 1521 die Reichsacht über ihn verhängt. Auch der Papst belegte ihn mit dem Kirchenbann.

Die Reformation stärkte die Eigenständigkeit der Landesherren und der niederen Stände. Sie legte außerdem den Grundstein für die Säkularisation (das heißt die Übernahme von Kirchengütern durch weltliche Herrscher), weshalb viele Landesherren die Bewegung unterstützten. Auf dem Speyrer Reichstag 1526 gestand der Kaiser den Landesherren schließlich die freie Konfessionswahl zu.

Besonders in Franken fiel die lutherische Lehre auf sehr fruchtbaren Boden. Das Luthertum löste in zahlreichen Städten den katholischen Glauben ab, und Franken wurde in wenigen Jahrzehnten zum Kernland der Reformation. Gleichzeitig führte die Reformation aber auch zu tiefgreifenden gesellschaftlichen Veränderungen. Dabei ergaben politische, soziale und religiöse Beweggründe eine hochbrisante Mischung! Eine recht unmittelbare Folge waren die Bauernkriege.

Die Bauernkriege (1524–1525)

Die Abgaben, Frondienste und himmelschreiende soziale Ungerechtigkeit führten Anfang des 16. Jahrhunderts zu einer zunehmenden Erbitterung unter der Landbevölkerung. Angespornt durch die Reformationsbewegung stellten aufständische Forchheimer Bauern 1524 einige verwegene Forderungen: Der Kirchenzehnt sollte abgeschafft werden, Adel und Klerus ebenfalls Steuern zahlen und die Bauern endlich auch jagen und angeln dürfen. Dieser Aufstand wurde zwar im Keim erstickt, doch kurz darauf stürmten gut 8.000 Bauern das Bamberger Kloster Michelsberg, plünderten und zerstörten zahlreiche fränkische Schlösser, Burgen und Amtshäuser. In ganz Franken machte diese Zerstörungswelle innerhalb weniger Wochen über hundert Burgen und Klöster dem Erdboden gleich. Die Stadt Nürnberg wurde von den Rebellen nur deshalb verschont, weil sie ihnen rechtzeitig einzelne Zugeständnisse gemacht und die Abgabenlast ein wenig gesenkt hatte.

Bereits 1525 wurden die unorganisierten Bauernheere von Söldnertruppen zur Strecke gebracht, und die alte Staatsobrigkeit hielt die Zügel wieder fest in der Hand – diesmal allerdings noch straffer als zuvor! Es folgten Brandschatzungen und neue Rechtssprechungen. Am Ende mussten die Bauern sogar noch höhere Abgaben zahlen als vorher und in Fronarbeit zahlreiche zerstörte Burgen wieder aufbauen. Durch den Krieg hatte sich ihre Lage spürbar verschlechtert.

Der zweite Markgrafenkrieg (1541–1553)
Noch bevor die Leiden des Bauernkriegs vergessen waren, versuchte der auf Burg Zwernitz ansässige Markgraf Albrecht Alcibiades von Brandenburg-Kulmbach, Nürnberg in seine Gewalt zu bringen und die Bistümer Bamberg und Würzburg zu erobern. Auch dieser Krieg war von Plünderungen, Mord und Totschlag geprägt: Schloss Kunreuth brannte ebenso nieder wie die Burgen Betzenstein, Hiltpoltstein, Hohenstein, Neideck, Stierberg und Wildenfels.

☐ Auch die einst prächtige Burg Wolfsberg im Trubachtal ist heute eine Ruine.

Die Gebiete wurden schließlich jedoch zurückerobert und Alcibiades geächtet. 1553 floh er aus dem verwüsteten Franken nach Frankreich, wo er vier Jahre später, im Alter von 35 Jahren, starb. Von den gut zweihundert Schlössern und Burgen, die es früher in der Fränkischen Schweiz gab, stehen heute noch etwa achtzig, viele davon allerdings nur als Ruinen.

Der Dreißigjährige Krieg (1618–1648)
Unter dem Begriff »Dreißigjähriger Krieg« wird eine Folge von Kriegen zusammengefasst, die 1618 als Religionskampf des protestantischen Adels in Böhmen gegen die katholische Restauration begannen. Sie weiteten sich schnell zum gesamteuropäischen Flächenbrand aus und endeten erst 1648 mit dem Westfälischen Frieden.
Die Fränkische Schweiz zählte zwar nicht zu den großen Kriegsschauplätzen, lag jedoch an den Durchzugsrouten der verschiedensten Heere. Vor allem die bäuerliche Bevölkerung litt furchtbar unter Einquartierungen, Brandschatzungen und Folter durch die Söldnerhorden, die von ihren jeweiligen Kriegsherren regelrecht dazu ermuntert wurden, sich am Hab und Gut der Bauern zu bedienen. Darüber hinaus ließen die Horden ihrer Fantasie freien Lauf und fügten jedem, der sich ihnen widersetzte, unglaubliche Qualen zu: Sie steckten ihren Feinden brennende Kienspäne unter die Fingernägel, schnitten ihnen Nasen und Ohren ab, ritzten die Haut in Streifen, schlitzten die Fußsohlen auf und streuten Salz in die Wunden. Außerdem gab es allerlei Arten von Daumenschrauben. Und der »Schwedentrunk« war nicht nur bei den schwedischen Banden beliebt – auch andere Truppen übernahmen diese Foltertechnik, bei der den Gepeinigten Mistwasser eingetrichtert wurde. Lebensmittel waren in dieser Zeit mehr als knapp, und so ernährte sich die arme Bevölkerung eher schlecht als

Allgemeine Informationen

recht von Hunden, Katzen, Mäusen und Ratten. Kein Wunder, dass diejenigen, die den Horror der Soldatenheere überlebt hatten, vielfach dem Schwarzen Tod, der Pest, zum Opfer fielen. Ganze Landstriche waren in der Folge verwaist, und die »Wiederbevölkerung« wurde das Hauptziel vieler Landesherren, die ja von den Abgaben ihrer Bauern lebten. So bemühten sich die Markgrafen von Ansbach und Bayreuth noch Jahrzehnte später, die aus Frankreich vertriebenen Hugenotten in ihren Gebieten anzusiedeln.

Vom Königreich Bayern bis heute
Der Frieden von Lunéville beendete 1801 den zweiten Koalitionskrieg und legte unter anderem fest, dass alle linksrheinischen deutschen Gebiete an Frankreich abgetreten werden mussten.
Der Reichsdeputationshauptschluss von 1803 verfügte daraufhin die Entschädigungen für die betroffenen deutschen Fürsten – dazu gehörte die **Säkularisation** sämtlicher reichsunmittelbarer geistlicher Fürstentümer sowie die Mediatisierung zahlreicher Reichsstädte. Von dieser Auflösung profitierten vor allem Preußen und die Fürstentümer Bayern, Baden und Württemberg, die dadurch Verbündete Napoleons wurden. So wurden Bayern unter anderem die Hochstifte Bamberg und Würzburg sowie mehrere Reichsabteien und Reichsstädte zugesprochen. Am 28. November 1802 legte Christoph Franz von Buseck als letzter Bamberger Fürstbischof seine weltliche Herrschaft nieder und leistete den Truppen des Kurfürstentums Bayern keinen Widerstand, als sie in das Hochstift Bamberg einmarschierten.

Als 1805 der dritte Koalitionskrieg ausbrach, stellte sich Bayern folgerichtig auf die Seite Frankreichs, das auch diesen Krieg gegen England, Schweden, Österreich und Russland für sich entscheiden konnte. 1806 gründete Napoleon den Rheinbund, einen Zusammenschluss von zunächst 16 deutschen Fürsten unter französischer Schutzherrschaft. Außerdem wurden Bayern, Württemberg und Sachsen zu Königreichen erhoben. Am 1. August 1806 erklärten die Rheinbundstaaten schließlich ihren Austritt aus dem Heiligen Römischen Reich, das am 6. August förmlich aufgehoben wurde, als Franz II. seine römische Kaiserwürde niederlegte. Im Zuge dieser strategischen »Flurbereinigung« wurden die meisten fränkischen Klöster aufgelöst und Franken dem jungen **Königreich Bayern** einverleibt. Zu den positiven Veränderungen für die Franken zählten ein einheitliches Gerichts- und Steuerwesen, die allgemeine Schulpflicht und religiöse Toleranz, denen die als Nachteil empfundene allgemeine Wehrpflicht gegenüberstand.
Ab Mitte des 19. Jahrhunderts überrollte die **Industrialisierung** die Produktionsstätten in ganz Europa. Mit Ausnahme des Mühlensterbens blieb die Fränkische Schweiz von dieser technischen Revolution jedoch weitestgehend unberührt, schließlich herrschten hier stets Wald- und Ackerbau vor, und der Fremdenverkehr gewann erst Anfang des 20. Jahrhunderts an Bedeutung.
Anfang der 1930er Jahre führte die **Weltwirtschaftskrise** zwar überall zu starkem Preisverfall, von der Arbeitslosigkeit war aber vorwiegend die Stadt-

☐ Der altdeutsche Mahlgang, der im Industrie Museum Lauf zu besichtigen ist, stammt aus der Zeit vor dem großen Mühlensterben.

bevölkerung betroffen. Viele arbeitslose Städter zogen damals zum Betteln aufs Land.

In dieser Zeit herrschte in der Region eine sehr traditionelle Einstellung hinsichtlich Familie, Erziehung und Kirche, die die Nationalsozialisten geschickt für sich auszunutzen wussten. Zwar beeindruckten die Einwohner von Wohlmuthshüll durch ihren Widerstand gegen den Nationalsozialismus (s. Seite 87), doch fand die NSDAP andernorts großen Zuspruch. In Hersbruck und Pottenstein entstanden sogar Außenlager des Konzentrationslagers Flossenbürg, was weitgehend unbekannt ist und auch gerne verschwiegen wird.

Das Lager in Hersbruck wurde zwar erst 1944 errichtet, doch innerhalb der nur elf Monate bis zum Kriegsende durchliefen es fast 10.000 Menschen. Sie wurden gezwungen, Stollen in den nahe gelegenen Berg Houbirg zu treiben, in dem eine bombensichere Rüstungsanlage für Flugzeugmotoren von Firmen wie MAN, BMW und Siemens entstehen sollte. Über 3.000 Häftlinge starben an Entkräftung, Unterernährung, Krankheiten oder Kälte. Das Krematorium, in dem die Leichen zu Hunderten verbrannt wurden, stand am Fuße der Houbirg unterhalb von Happurg. Um diese Spuren zu verwischen, wurde das Tal mit Wasser gefüllt und bildet den heutigen Happurger Stausee. Weitere tausend Opfer ließen kurz vor Kriegsende ihr Leben, als sie von der SS in qualvollen Todesmärschen zu Fuß nach Dachau getrieben wurden.

Eine herausragende Stellung für Nazideutschland hatte vor allem Nürnberg als Schauplatz der Reichsparteitage, der »Nürnberger Gesetze« sowie später der »Nürnberger Prozesse« der Alliierten (1945 bis 1949). Insgesamt 21 führende Vertreter des nationalsozialistischen Regimes saßen damals auf der Anklagebank und mussten sich wegen ihrer Verbrechen gegen Frieden und Menschlichkeit verantworten. Noch heute werden im Schwurgerichtssaal 600, in dem die Prozesse stattfanden, Kapitalverbrechen verhandelt, und der Saal kann samstags und sonntags von 13 bis 16 Uhr jeweils zur vollen Stunde besichtigt werden (Tel. Stadt Nürnberg 0911-2315421). Das Landgericht Nürnberg-Fürth liegt in der Bärenschanzstraße 72 und ist mit der U-Bahnlinie U1 gut zu erreichen.

In der Nachkriegszeit kamen zahllose

☐ Typischer »Tante-Emma-Laden« Mitte des 20. Jahrhunderts. Hier eine nachgestellte Drogerie im Industrie Museum Lauf.

Allgemeine Informationen

Vertriebene und Flüchtlinge nach Franken, so dass die Einwohnerzahl vieler Ortschaften rasant zunahm. Während weite Teile Oberfrankens als so genanntes Zonenrandgebiet unter dem Kalten Krieg stark zu leiden hatten, lockten die landschaftlichen Reize der Fränkischen Schweiz stets ihre Besucher an – besonders nach der anfänglichen Phase des Wiederaufbaus.

Zeitraum / Jahr	Ereignis
Vor 190 Mio. Jahren	Die Sedimente des Jurameers verdichten sich zu Sandstein
Vor 140 Mio. Jahren	Mächtige Kalksteinschichten bilden sich aus; aus den sog. Schwammriffen entstehen die heutigen Dolomitfelsen
Vor 2,5 Mio. Jahren	Der fränkischen Karsthöhlen entstehen
1007	Heinrich II. gründet das Bistum Bamberg
1347	Tod des letzten Schlüsselbergers Konrad II.
1430	Hussitenraubzüge durch Franken
1449–1453	Erster Markgrafenkrieg
1504–1505	Landshuter Erbfolgekrieg
1517	Beginn der Reformation
1524–1525	Bauernkriege
1541–1553	Zweiter Markgrafenkrieg
1618–1648	Dreißigjähriger Krieg
1774	Veröffentlichung von J. F. Espers Abhandlung über die Muggendorfer Höhlenwelt
1802	Beginn der Säkularisation
1805	»Erfindung« des Wiener Würstchens
1806	Napoleon gründet den Rheinbund
1806	Unter Max I. wird das Kurfürstentum Bayern zum Königreich erhoben
1818	Bayern erhält eine Verfassung
1864–1886	König Ludwig II. (»Märchenkönig«)
1918	König Ludwig III. wird abgesetzt und der republikanische »Freistaat Bayern« ausgerufen
1933	Machtübernahme durch Hitler; Ende der Eigenstaatlichkeit Bayerns
1944	Gescheitertes Hitlerattentat des Grafen Claus Schenk von Stauffenberg
1946	Die Bayerische Verfassung wird durch Volksentscheid angenommen
1949	Das Grundgesetz der Bundesrepublik Deutschland tritt in Kraft

Sportangebot

Wer rastet, der rostet, heißt es im Volksmund. Was liegt also näher, als die Burgen, Mühlen, Felsen und Höhlen der Fränkischen Schweiz nicht nur vom Auto aus zu betrachten, sondern aus eigenem »Antrieb« zu erleben?
Neben einem Ausflug auf Schusters Rappen bietet sich auch der gute alte Drahtesel oder gar ein vierbeiniger »Untersatz« an. In schneereichen Wintern sind Schneeschuhe ideal, denn viele Loipen werden leider nur unregelmäßig gespurt.

Wandern

Fast pfeifen es die Spatzen von den Dächern: Die Fränkische Schweiz ist und bleibt ein ideales Wandergebiet! Ausgelöst wurde die Begeisterung für diese Region im 18. Jahrhundert durch zwei Freunde aus Berlin, Ludwig Tieck und Wilhelm Heinrich Wackenroder. Sie unternahmen von ihrem Studienort Erlangen aus zu Pferd eine 12-tägige Pfingstreise durch die Fränkische Schweiz und verfassten anschließend in glühenden Worten Gedichte über deren Schönheit. Seither folgen Jahr für Jahr Tausende Naturliebhaber dem Lockruf dieses landschaftlichen Idylls.
Unzählige Wanderwege bieten für jeden Geschmack eine reiche Auswahl, und jedes Jahr wird wieder der eine oder andere Natur- oder Lehrpfad angelegt, wie zum Beispiel bei Betzenstein (Na-

◻ Die Wanderwege im Leienfelser Wald sind gut befestigt und angenehm schattig.

Allgemeine Informationen

turlehrpfad Streuobstwiese), Büchenbach bei Pegnitz (Bienenlehrpfad), Heiligenstadt (geologischer und landwirtschaftlicher Lehrpfad), Oberkrumbach (archäologischer Lehrpfad), Streitberg (geologischer Lehrpfad) und Weismain (stadtökologischer und kulturgeschichtlicher Lehrpfad).

Der vorliegende Freizeitführer versucht, die lohnendsten Ziele aus dem kaum überschaubaren Angebot auszuwählen. Der Schwerpunkt liegt dabei weniger auf der Länge einer Wanderung, als vielmehr auf ihrer Schönheit. Stets gibt es eine Burg, eine Höhle oder ein ungewöhnliches Karstphänomen zu entdecken, so dass auch der schier unermüdliche Erkundungsdrang der Kinder nicht zu kurz kommt.

Wenn der Nachwuchs noch nicht selbst laufen kann, ist der Veldensteiner Forst ein ideales Wandergebiet. Die Forstwege sind breit und gut befestigt, die Höhenunterschiede gering. Auch bei allen anderen Tourenvorschlägen wird auf ihre Tauglichkeit für Kinderwagenschieber eingegangen.

☐ Wer sich mit dem Mountainbike so richtig austoben will, ist in der Fränkischen Schweiz genau richtig; hier auf steilen Wegen nahe Gößweinstein.

Radfahren

Auch Radfahrer können sich in der Fränkischen Schweiz nach Herzenslust austoben. Empfehlenswert ist hier zum Beispiel der Veldensteiner Forst, der mit bequemen Forstwegen und trickreichen Pfädchen ein schier unerschöpfliches Betätigungsfeld bietet. Dabei kommen Mountainbiker und Trekkingradfahrer gleichermaßen auf ihre Kosten. Wer sich außerdem für Karstphänomene interessiert, dem sei Tour Nr. 24 wärmstens empfohlen.

☐ Radfahren macht auch Kindern viel Spaß.

Ansonsten aufgepasst: Die Fränkische Schweiz ist ein Mittelgebirge! Die kleinen und mittleren Steigungen summieren sich schnell zu beträchtlichen Höhenunterschieden. Für die hier vorgestellten Touren reicht aber eine gute Grundkondition und entsprechendes Sitzfleisch völlig aus. Es gibt natürlich auch einige fahrtechnisch interessante Abschnitte, doch da diese meist recht kurz sind, können weniger Geübte an diesen Stellen ihre Räder auch schieben.

☐ Feucht-fröhliche Flussidylle: Paddelgruppe auf der Wiesent.

Kajakfahren

Wasser macht Spaß! Ob im Kajak, Kanadier oder einfach im Schlauchboot, allein, zu zweit oder in der Gruppe: Vor allem auf der Wiesent tummeln sich im Sommer oft Hunderte Wasserbegeisterte. Wer sich für eine Bootsfahrt in der Fränkischen Schweiz entschließt, der taucht ein in eine Welt ohne Eile, wenn er sich mit der Strömung treiben lässt und das muntere Plätschern der »Stromschnellen« genießt, die mit Schwierigkeitsgrad I allesamt auch für Anfänger geeignet sind. Ein wenig »Bootsgefühl« ist jedoch auch hier unerlässlich, da es sonst durchaus einmal nass werden kann.

Je nach Wasserstand muss die eine oder andere Brücke umtragen werden. Auch das Wehr bei der Sachsenmühle ist nur für Fortgeschrittene eine große Gaudi. Besondere Vorsicht ist bei Hochwasser und nach Unwettern geboten: Umgestürzte Bäume sind zwar seltene, aber gefährliche Hindernisse.

Von den diversen Bootsanbietern ist AKTIV REISEN *in Muggendorf (Tel. 09196-998566) sicher der bekannteste. Ein gut organisierter Shuttle-Service bringt die Paddler morgens zur gewünschten Einsatzstelle.*
Zudem ist die Ausstiegsstelle in Muggendorf bereits in Sichtweite des Reisebüros.
Die Internetseite www.aktiv-reisen. com bietet zusätzlich einige interessante Streckeninformationen über den Abschnitt zwischen Doos und Muggendorf.

Allgemeine Informationen

Wichtig bei jeder Bootstour sind festes Schuhwerk, Sonnenschutz und trockene Reservekleidung im Auto. Außerdem sollte nur das nötigste Gepäck wasserfest verpackt mit ins Boot genommen werden.
Die starke Frequentierung fränkischer Flüsse erfordert allerdings auch Schutz für die Natur und die Fischwelt – von der nicht zuletzt auch die Angler profitieren möchten. Zwischen 17 und 8 Uhr ist daher das Befahren der Wiesent verboten, bei niedrigem Wasserstand ebenfalls.

❑ **Beschaulich: eine Kanufahrt im unteren Pegnitztal.**

❑ **Der Sprung über das Wehr der Sachsenmühle ist für Fortgeschrittene eine große Gaudi.**

❑ **Die Strecke zwischen Doos und Muggendorf ist der interessanteste Abschnitt der Wiesent.**

□ Nichts ist unmöglich: Radfahrer und Kletterer an einem Felsen oberhalb des Trubachtales.

Klettern

Besser unter dem Namen »Frankenjura« bekannt, ist die Fränkische Schweiz ein Mekka der Felskletterer. Mit weit über tausend Felsen und bald zehntausend Klettertouren ist diese Region zwischen Bamberg, Bayreuth und Nürnberg das größte und am besten erschlossene Klettergebiet Deutschlands sowie eines der bedeutendsten Gebiete weltweit. Bis Anfang der 70er Jahre war das fränkische Mittelgebirge ein reines Trainingsgebiet für die Herausforderungen der Alpen. Der Begehungsstil spielte dabei eine untergeordnete Rolle. Vielfach wurde technisch geklettert, das heißt, man verwendete Trittleitern und benutzte die Haken als Griffersatz.

Dies änderte sich schlagartig, als **Kurt Albert**, einer der bekanntesten fränkischen Pioniere des Klettersports, 1973 ins Elbsandsteingebirge fuhr und die Freikletterethik der ostdeutschen Kletterer kennen lernte.
Gemeinsam mit einigen Freunden begann er nun, auch im Frankenjura den Freiklettergedanken zu verbreiten. Hatten sie einen einst nur technisch kletterbaren Weg frei, also nur mit Hilfe der naturgegebenen Griff- und Trittmöglichkeiten, durchstiegen, pinselten sie einen roten Punkt an den Einstieg. Dieser Gedanke der Rotpunkt-Begehung hat sich bis heute im Sportklettern erhalten.
Dem wohl weltbesten Kletterer seiner Zeit, **Wolfgang Güllich**, verdankt nicht nur die fränkische, sondern auch die internationale Kletterszene unzählige neue Impulse und schwierigste Kletterrouten. Seine 1991 erstbegangene Tour »Action Directe« am Waldkopf im Krottenseer Wald ist mit dem Schwierig-

Wer als blutiger Anfänger einmal Höhenluft schnuppern möchte, sollte sich an den MAGNESIA Kletter-Seil-Erlebnispark in Forchheim (Tel. 09191-616594) oder an AKTIV REISEN in Muggendorf (Tel. 09196-998566) wenden.

Allgemeine Informationen

keitsgrad 11 bewertet und noch heute einer der härtesten Prüfsteine für Spitzenkletterer aus aller Welt.
Mit »Cliffhanger« gelangte Wolfgang Güllich als Double für Sylvester Stallone in alle großen Kinos der Welt. Er starb 1992 im Alter von nur 31 Jahren an den Folgen eines Autounfalls und fand auf dem Friedhof von Obertrubach seine letzte Ruhe.

☐ Der Röthelfels gehört zu den schönsten Felsen mit Klettertouren im unteren und mittleren Schwierigkeitsgrad; hier die Autorin in »Lockerungsübung« (6+).

Ein beliebter Treffpunkt für Kletterer ist der Gasthof Eichler im Trubachtal. Die günstigen Übernachtungsmöglichkeiten wissen viele Auswärtige zu schätzen. Auch sorgt die rüstige Oma dort immer wieder resolut für Ordnung und dürfte selbst bei Kletterern in Übersee ein Begriff sein.
Zu den schönsten Felsen mit Touren im unteren und mittleren Schwierigkeitsgrad gehören Röthelfels, Rodenstein (Walberla), Zehnerstein (Trubachtal), Elfenwelt (Gößweinstein), Jubiläumswand (Wiesenttal) und Hartensteiner Wand.

Viele nützliche Infos zu Neutouren, Felssperrungen und brandaktuellen Diskussionen bietet das Internet unter www.frankenjura.com.

Da die Felswände oft Lebensraum für Uhus, Wanderfalken und seltene Pflanzenarten sind, interessieren sich nicht nur die Kletterer für sie, sondern auch der Naturschutz.
Mittlerweile werden sämtliche Felsen der Fränkischen Schweiz in so genannten Zonierungskonzepten erfasst und je nach ihrer Tier- und Pflanzenwelt in verschiedene Zonen eingeteilt, die von »freier Zone« bis »Kletterverbot« reichen. Im Falle von Vogelbrut üben die Kletterer an vielen Felsen zeitweiligen beziehungsweise freiwilligen Kletterverzicht. Durch diese Schutzmaßnahmen wurden in der Fränkischen Schweiz sowohl der Wanderfalke, als auch der Kolk-Rabe wieder heimisch, die hier zwischenzeitlich ausgestorben waren.

Hochseilgarten & Co.
Der besondere Kick

Wer einmal seinem inneren Schweinehund nach Herzenslust den Kampf ansagen will, der ist im MAGNESIA Kletter-Seil-Erlebnispark genau richtig.

◻ Der Hochseilgarten ist nichts für schwache Nerven, aber bestens gesichert.

Die weitaus größte Kletterhalle im Umkreis von 200 Kilometern hat großzügige 400 Quadratmeter Grundfläche und ca. 1.200 Quadratmeter Kletterfläche. Der attraktive Hochseilgarten der Halle in 7 Metern Höhe ist stolze 55 Meter lang und nichts für schwache Nerven – dabei aber so gut gesichert, dass keinerlei Gefahr besteht.

Einzigartig ist auch der Höhlenerlebnisbereich, der sich laut Betreiber über mehrere Etagen erstrecken wird.
Der 55 Meter hohe Schlot des ehemaligen Fabrikgebäudes soll ab Winter 2004 für geführte Touren zur Verfügung stehen. Es ist schon ein seltenes Erlebnis, einmal in diesem Schlot aufzusteigen, das Panorama zu genießen und anschließend diese Strecke am Höhlenseil herunter zu fahren!
Außerdem findet in der weiträumigen Kletterhalle betreutes Klettern unter Anleitung eines kompetenten Teams statt – da kann es draußen regnen, stürmen oder schneien wie es will.
Selbstverständlich kommt im Bistro auch das leibliche Wohl nicht zu kurz. Auf der Galerie sitzt man wie in einem Adlerhorst und nimmt »live« am Geschehen teil.

MAGNESIA *Kletter-Seil-Erlebnispark GmbH, Trettlachstr. 1 (im Wiesentcenter an der B470 Richtung Ebermannstadt), 91301 Forchheim, Tel. 09191-616594, www.magnesia-klettern.de Geöffnet: Mo., Mi., Fr. 14–23 Uhr, Di. und Do. 10–23 Uhr, Sa. und So. 10–22 Uhr, oder nach Vereinbarung (für Gruppen)*

Allgemeine Informationen

Höhlentouren

Neben den gut erschlossenen Schauhöhlen gibt es in der Region zahlreiche Höhlen, Halbhöhlen und Höhlenruinen, die auf eigene Faust erkundet werden können.

Für eine Begehung eignen sich problemlos:
- König-Ludwig-Höhle (Ahorntal)
- Klauskirche (Betzenstein)
- Riesenburg (Doos)
- Petershöhle (Hartenstein)
- Oswaldhöhle (Muggendorf)
- Quackenschloss (Muggendorf)
- Rosenmüllerhöhle (Muggendorf)
- Vogelherdhöhle (Neuhaus)
- Schwalbenlochhöhle (Pottenstein)
- Eislöcher (Veldensteiner Forst)

❑ Das Schwalbenloch nördlich von Pottenstein sieht aus wie ein geöffnetes Maul.

Es ist ratsam, nie alleine in eine der geschlossenen Höhlen wie die Rosenmüller- oder Petershöhle zu gehen. Neben einer Taschenlampe sollte möglichst auch eine Ersatzlampe im Gepäck sein, und festes Schuhwerk ist selbstverständlich.

> »Nimm nichts mit außer Bildern und Eindrücken!
> Lass nichts zurück außer Fußspuren!
> Schlag nichts tot außer Deiner eigenen Zeit!«
>
> **Höhlenregel**

Die wichtigsten Regeln zum Schutz der Höhlen und ihrer Bewohner:
- keine Höhlenbegehung von Anfang Oktober bis Ende April
- kein offenes Licht (Fackeln, Kerzen, Karbidlampen)
- kein Feuer in und vor Höhlen
- nicht rauchen oder lärmen
- Tiere nicht anleuchten oder berühren
- Tropfsteine nicht anfassen oder gar abschlagen

Höhlenunfälle

Bei Höhlenunfällen in Franken bitte eine der Rettungsleitstellen Bamberg (Tel. 0951-19222), Bayreuth (Tel. 0921-19222), Forchheim (Tel. 09191-19222) oder Nürnberg (Tel. 0911-19222) verständigen. Diese alarmieren dann den »Arbeitskreis Höhlenrettung im Roten Kreuz Bamberg«.

❑ Für einen Besuch der Schönsteinhöhle sind Erfahrung und Ortskenntnis notwendig.

Reiten

In der Fränkischen Schweiz und der Frankenalb herrschen für Reiter geradezu paradiesische Zustände: Nach dem bayerischen Umwelt- und Waldgesetz darf nämlich überall dort geritten werden, wo es nicht ausdrücklich verboten ist.

◻ Mensch und Tier genießen den Ausblick auf Pottenstein.

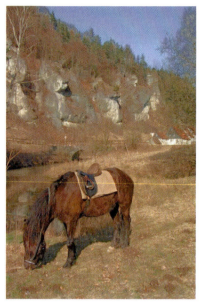

◻ Ob das Gras im Trubachtal wohl anders schmeckt als zu Hause?

Was kann es also Schöneres geben, als auf dem Rücken eines gemütlichen Pferdes die Fränkische Schweiz zu erkunden, so wie einst Ludwig Tieck und Wilhelm Heinrich Wackenroder auf ihrer legendär gewordenen Pfingstreise? Dieser klassische Pfingstritt ist auch das Highlight des Reiterhofs Geusmanns: Während eines mehrtägigen Wanderritts werden alljährlich die reizvollsten Ziele der Fränkischen Schweiz besucht.
Wem das zu lang ist, der hat die Möglichkeit, an einem Wochenend-, Tages- oder Halbtagesritt teilzunehmen. Außerdem werden Wanderritte angeboten – auch mit eigenem Pferd – sowie diverse Kurse für Freizeitreiter, zum Beispiel »Karte und Kompass« oder »Fallen vom Pferd«.

Weitere Informationen sind bei Bettina Borst (Tel. 09243-9193) oder im Internet unter www.fraenkische-schweiz-zu-pferd.de erhältlich.

Allgemeine Informationen

Essen und Trinken

Die fränkische Küche ist deftig und nichts für Kalorienbewusste. »Fleischige Snacks« stehen hoch im Kurs, und je größer die Portionen sind, desto besser. Spitze Zungen behaupten gar, »Drei mit Kraut« seien eine fränkische vegetarische Vorspeise…

Was auf den Teller kommt

Schäufele (gebratene Schweineschulter) ist eines der typischsten fränkischen Sonntagsessen und wird in der Regel mit frischen Klößen und Sauer- oder Blaukraut serviert. Eigentlich ist es gar nicht so schwer, ein Schäufele zuzubereiten: Fleisch, Salz, Pfeffer, etwas Kümmel und ab in die Röhre. Ob aber ein gutes Schäufele daraus wird, hängt vom Fleisch selbst, sowie von der richtigen Bratzeit und -temperatur ab.

Doch wie lässt sich für Nicht-Franken erkennen, wo es gute oder weniger gute Schäufele gibt, ohne jede einzelne Gastwirtschaft zu testen?

Ganz einfach: Mit dem »r« steht und fällt alles. »Schäufele« ist die korrekte Reinform, aber »Schäuferle« oder »Schäuferla« sind schlicht falsch, denn das gute Stück stammt aus der Schweineschulter und verdankt seinen Namen dem schaufelförmigen Knochen. Eine fränkische Gastwirtschaft, die etwas auf sich hält, weiß auch, wie man es buchstabiert. Und diejenigen, die es falsch schreiben, haben sicher auch keine Ahnung davon, wie man es richtig brät. Dies ist zumindest die Theorie der Freunde des fränkischen Schäufele n.n.e.V., die unter www.schaeufele.de ein abwechslungsreiches Menü rund um die leckere Schweineschulter servieren.

> **Tipp:**
> *Es gibt zahlreiche Gasthäuser mit eigener Schlachtung, in denen man frische und meist günstige Speisen serviert bekommt.*

Die **fränkischen Bratwürste** werden von Ort zu Ort aus unterschiedlichen Fleischsorten und Gewürzen hergestellt – und sind bitteschön nicht zu verwechseln mit den nur fingerdicken Nürnbergern!
Stadtwurst mit Musik ist hausgemachte Wurst mit feingeschnittenen Zwiebeln in Essig.
Blaue (Saure) Zipfel sind gebrühte Bratwürste in weinhaltiger Essig-Zwiebel-Sauce. Beide Namen sind zutreffend, denn die Wurst färbt sich im Wein-Essig-Sud bläulich und hat natürlich einen recht sauren Geschmack. Besonders beliebt sind die Blauen Zipfel in der Faschingszeit, da sie als bewährtes Ausnüchterungsmittel gelten.
Backers heißen hochdeutsch auch Reibekuchen. Sie werden meist in Schweineschmalz gebacken und mit Apfelmus serviert.

Schäufele: richtig zubereitet ein Genuss.

Kloß mit Soß' ist die typisch fränkische Alternative zu Pommes mit Ketchup für quengelnde Kids.
Metzelsuppe (auch Kesselsuppe genannt) wird am Schlachttag aus den Würsten hergestellt, die beim Kochen aufgeplatzt sind und verwertet werden müssen.
Forellen sind eine echte Spezialität der Region und werden in vielen guten Gasthäusern fangfrisch serviert.

☐ Fränkische Spezialität: fangfrische Forelle.

Holzofenbrot aus dem Steinbackofen – eine echte Köstlichkeit, die vielerorts wieder regelmäßig gebacken wird. In Gasseldorf und Rüssenbach wird dem frischen Brot sogar ein eigenes Fest gewidmet.
Küchla werden zur Kirchweih gebacken, und zwar je nach Konfessionszugehörigkeit der Bäcker runde (katholische) oder eckige (evangelische).
Hollerküchla werden vielerorts zu Johanni gebacken – wenn es dann nicht schon zu spät ist, denn der Holunder blüht nur etwa zwei Wochen lang. Dazu werden die Blütendolden des Holunderstrauches durch eine Art Eierkuchenteig gezogen und in Fett schwimmend ausgebacken.

Hollerküchla
Für den Teig:
½ l dunkles Bier
1 Prise Salz
2 Eier
2 Esslöffel Öl
200 Gramm Mehl
Anschließend taucht man etwa 12 Dolden Holunderblüten in den Teig und backt ihn in 180 Grad heißem Fett 2–3 Minuten lang aus.
Mit Puderzucker bestreuen und warm servieren, am besten mit Vanilleeis.

Flüssiges Gold
Nicht etwa Öl genießt in Franken diesen Stellenwert, sondern der köstliche Gerstensaft: das Bier.
Das war aber nicht immer so: Im Mittelalter dominierte in der Fränkischen Schweiz und Frankenalb der Weinanbau. Nach dem Dreißigjährigen Krieg (1618–1648) waren die meisten Weinberge allerdings zerstört, und das Bier entwickelte sich langsam aber sicher zum beliebtesten Volksgetränk der Region.
In ganz Franken gibt es heute etwa 300 Brauereien, gut 70 davon allein in der Fränkischen Schweiz. Damit ist dies die größte Brauereidichte in ganz Deutschland und sogar auf der ganzen Welt! Viele Kleinbrauereien sind jedoch Familienunternehmen, deren Zahl allmählich abnimmt.

In Neuhaus an der Pegnitz wird noch heute das **Kommunbrauhaus** von drei ortsansässigen Kleinbrauern regelmäßig genutzt – was mittlerweile eine echte Seltenheit geworden ist. Zwar hat fast jede größere Ortschaft ein solches

Allgemeine Informationen

Gemeindebrauhaus, das auch noch heute steht, doch gebraut wird darin in der Regel nicht mehr.

Früher erfreuten sich die Kommunbrauhäuser allerdings größter Beliebtheit und wurden rege genutzt. Gegen den so genannten Kesselzins durften berechtigte Einwohner dort ihr eigenes Bier brauen.

Die anschließende Gärung fand meist im häuslichen Keller statt, doch für die monatelange Lagerung brauchte man größere Räumlichkeiten.

Dazu eigneten sich **Felsenkeller** besonders gut, in denen mit 6 bis 10 Grad Celsius eine ideale Temperatur herrschte. Zusätzlich wurden die Eingänge möglichst nach Norden angelegt und schattenspendende Bäume über den Kellern gepflanzt.

Durch moderne Brau- und Kühltechniken ließ die Bedeutung der Keller als Bierlager jedoch nach. Stattdessen wurden sie zunehmend als **Schankstätten** beliebt.

Vor allem in der Region zwischen Forchheim und Bamberg hat sich seither ein neuer Volkssport entwickelt: Man geht »auf den Keller« und meint damit eine der zahlreichen Kellerwirtschaften, die mittlerweile aus den einstigen Lagerstätten entstanden sind.

Knigge für Kellerbesucher:
– Was andernorts oft verboten ist, ist hier noch erlaubt: Jeder kann sich seine Vesper selbst mitbringen.
– Bierdeckel (auch Bierfilze genannt) liegen meist auf, statt unter dem Krug, um unerwünschte »Fleischbeilagen« zu vermeiden.
– Liegt ein Krug quer auf dem Tisch, sagt das noch nichts über den Zustand des Gastes aus – im Gegenteil: So wird nachbestellt (wenn nicht gerade Selbstbedienung herrscht).
– Bier wird in Maßen getrunken, nicht in Massen – bleibt nur zu hoffen, dass das »ß« nicht der nächsten Rechtschreibreform zum Opfer fällt!
– Zu guter Letzt bestellt man sich gerne noch einen Schnitt, das ist ein zur Hälfte gefüllter Bierkrug, um den unvermeidlichen Aufbruch noch ein wenig hinauszuzögern.

❑ Frisch vom Fass schmeckt's am besten!

Aus der Lagerung in den Felsenkellern hat sich in der Fränkischen Schweiz der Begriff **Kellerbier** entwickelt. Kellerbier ist ein so genanntes ungespundetes Bier und enthält daher im Gegensatz zu den meisten anderen Biersorten, insbesondere dem eher spritzigen Weißbier, sehr wenig Kohlensäure.

◻ **Das fränkische Bier wird allenfalls in Flaschen abgefüllt.**

Der Begriff »ungespundet« stammt vom Spundloch, einer Öffnung an der Oberseite des Lagerfasses. Bei der Gärung des Bieres bildet sich Kohlensäure, durch die sich der Innendruck des Fasses erhöht. Würde das Spundloch mit einem Holzzapfen, dem Spund, geschlossen, dann brächte der enorme Druck das Holzfass irgendwann zum Bersten. Bei den meisten Biersorten sorgt ein Spundapparat dafür, dass sich das Bier mit Kohlensäure anreichert, indem diese erst ab einem bestimmten Überdruck aus dem Fass entweichen kann. Das Kellerbier wird dagegen nicht gespundet, so dass es nur wenig Kohlensäure bindet und besonders bekömmlich ist.

Da die Wege zum Verbraucher in der Regel kurz sind, braucht das Kellerbier nicht haltbar gemacht werden. Es wird daher nicht oder nur schwach filtriert. Das heißt, die Hefe mitsamt ihren Rückständen bleibt im Bier. Und das schmeckt nicht nur gut, sondern ist auch gesund, da auf diese Weise viele Vitamine und Aromastoffe erhalten bleiben.

Das Kellerbier wird zum Großteil von Klein- und Kleinstbrauereien hergestellt und oft, wie früher üblich, auch heute noch nur in Fässer – allenfalls in Flaschen – abgefüllt. Diese sind meist nur bei der Brauerei selbst zu beziehen. Das Schicksal, in Dosen verkauft zu werden, ist den fränkischen Bieren jedoch erspart geblieben.

> »*Die Hefe frisst den Zucker, verdaut ihn, scheißt ihn als Alkohol aus und furzt die Kohlensäure dazu.*«
>
> Galan O. Seid
> in: »Die neue Alchemie«

Nicht nur sauber, sondern rein!

Im Mittelalter entwickelte sich das Bierbrauen in ganz Deutschland zu einem angesehenen Handwerk. Doch gab es auch schwarze Schafe unter den Brauern, die ihr Bier aus purer Gewinnsucht mit allerlei Zutaten mischten. So schreckten sie neben Ochsengalle, Pech und Ruß selbst vor giftigen Kräutern nicht zurück!

Dieser wilden Panscherei setzte der bayerische Herzog Wilhelm IV. schließlich ein Ende, als er im Jahr 1516 das **Reinheitsgebot** erließ. Dieses bestimmte, dass »*zu keinem Bier mehr Stücke als allein Gerste, Hopfen und Wasser verwendet und gebraucht werden sollen.*« Diese Brauvorschrift wurde im Laufe der Zeit von den anderen deutschen Ländern übernommen und ab 1906 für das ganze Deutsche Reich verbindlich. Auch heute bildet das Reinheitsgebot die Grundlage aller untergärigen Biere in Deutschland. Für obergärig gebraute Biere ist es dagegen zulässig, auch Weizenmalz zu verwenden.

Die Hefe bleibt im Reinheitsgebot von 1516 übrigens nur deshalb unerwähnt, weil ihre Bedeutung für den Gärprozess bis vor etwa 300 Jahren fast unbekannt war. Sie galt als Abfallprodukt und nicht als vierter Rohstoff.

Allgemeine Informationen

Das Reinheitsgebot ist das älteste Lebensmittelgesetz der Welt, das heute noch gilt – allerdings nur in Deutschland. Andernorts besteht Bier auch aus ganz anderen Zutaten, wie etwa das mittel- und südamerikanische Maisbier. In Asien wiederum wird hauptsächlich Reis angebaut, und so verwundert es nicht, dass hier das Reisbier vorherrscht, während in Afrika vor allem Hirsebier getrunken wird. Doch auch Ginsengwurzeln, Maniokknollen, Kokosmilch oder gar Bananen lassen sich zu »Bier« vergären.

Noch vielfältiger sind die Biergewürze: Während in Deutschland das Reinheitsgebot vorschreibt, dass bei der Verwendung von anderen Gewürzen als Hopfen das Bier zu einem kennzeichnungspflichtigen Biermischgetränk wird, sind anderswo der Kreativität kaum Grenzen gesetzt. So gibt es zum Beispiel Hanfbier aus der Schweiz, Heidekrautbier aus Schottland, Chilibier aus Arizona, potenzförderndes Liebesbier aus Frankreich und sogar Bier mit Schokoladen- oder Austerngeschmack!

Während mittlerweile die oberbayerische Hallertau wichtigstes deutsches Hopfenanbaugebiet ist, kam noch bis Mitte des 20. Jahrhunderts dem Hersbrucker Gebirgshopfen diese Bedeutung zu (s. Seite 152).

Die regionalen Tourist-Informationen bieten zunehmend organisierte **Bierwanderungen** an, so zum Beispiel um Pottenstein und Waischenfeld.

□ Zu einer deftigen Brotzeit gehört auch ein Kellerbier.

Doch die alkoholischen Spezialitäten der Fränkischen Schweiz beschränken sich keineswegs aufs Bier: Rund zweihundert fränkische **Brennereien** verwöhnen Gaumen und Magen mit selbstgebrannten Schnäpsen und Likören. Meist gibt es eine Probierstube, in der die hochprozentigen Köstlichkeiten vor Ort getestet werden können.

Krebsvorsorge durch Biertrinken?

Der im Hopfen nachgewiesene Stoff Xanthohumol ist ein starkes Antioxidationsmittel, dem in der Zellforschung krebshemmende Wirkung bescheinigt wurde.

Wer jedoch darauf spekuliert, sich durch gezielten Bierkonsum vor zu hohem Cholesterinspiegel, Krebs oder Alzheimer zu schützen, der sei gewarnt! Ersten Untersuchungen zufolge müsste man 25–250 Liter Bier pro Person und Tag (!) trinken, um eine medizinisch wirksame Menge dieser Inhaltsstoffe zu sich zu nehmen.

Bräuche und Feste

Da die Fränkische Schweiz bis 1803 größtenteils zum Hochstift Bamberg gehörte, haben sich bis heute zahlreiche katholische Bräuche und Feste erhalten.

So ist Franken berühmt für seine **Kirchweihfeste**, die alle eines gemeinsam haben: Es geht eigentlich immer feucht-fröhlich zu. In ihren Ursprüngen war die Kirchweih, oder »Kerwa«, meist ein kirchliches Fest, an dem einmal im Jahr dem jeweiligen Kirchenpatron sowie dem Jahrestag der Weihung der Ortskirche gedacht wurde. Das Be- und Ausgraben der Kirchweih ist dagegen ein heidnisches Element.

Die Kerwa beginnt meist schon donnerstags mit dem Ausgraben der Kirchweih (im Vorjahr eingegrabene Bierfässer oder -kisten). Anschließend gibt es das traditionelle Krenfleisch (Fleisch mit Meerrettich und Klößen). Auch am Freitag stehen deftige Fleischgerichte auf dem Speiseplan: Blut- und Leberwürste, Presssack, Schlachtplatte, Schweinebraten und Schäufele. Dazu wird vor allem »Hopfenblütentee« getrunken und anschließend ein »Kurzer« aus einer der vielen Schnapsbrennereien.
Zum Kaffee gibt es die Küchla, und zwar je nach Konfessionszugehörigkeit der Bäcker runde (katholische) oder eckige (evangelische).
Samstags und sonntags wird mit Blas- und Rockmusik, Festumzug, Schaustellerbuden und viel Bier bis tief in die Nacht gefeiert. Montags ist »Nachkerwa«, und dienstags wird die Kirchweih wieder vergraben.

Je nach Gemeinde unterscheiden sich Ablauf und Dauer der Kirchweih; die Termine sind dabei meist an einen bestimmten Heiligen- oder Feiertag gebunden.

Das Betzenaustanzen
Dieser Brauch findet meist am Kirchweihmontag statt. Er soll ursprünglich eine Art Jugendunterstützung der Gemeinden gewesen sein, denn früher gab es allerorts Gemeindeschäfereien, die den jungen Pärchen zur Kerwa einen Betzen spendeten.
Rund um den Kirchweihbaum wird der Betz (das Schaf) ausgetanzt. Unter Musikklängen drehen sich die Tänzer um den Baum, und ein geschmückter Buschen (Strauß) wird dabei von Paar zu Paar weitergegeben.
Am Stamm des Kirchweihbaums war früher eine alte Pistole befestigt, von der eine brennende Lunte herabhing. War die Lunte abgebrannt, krachte der Schuss. Heute ist die Pistole meist durch einen Wecker ersetzt. Und wenn der Wecker klingelt, hat das Paar, das gerade den Buschen in der Hand hält, den prächtig geschmückten Betz gewonnen.

◻ Die prachtvoll gekleideten Frühlingsboten vertreiben in Effeltrich den »Winter«.

Allgemeine Informationen

☐ Mit mehr als 11.000 Eiern hält der Bieberbacher Osterbrunnen den Weltrekord.

Fosaleggn

Mit einem besonders schönen Frühlingsbrauch, der noch aus vorchristlicher Zeit stammt, wartet Effeltrich alljährlich am Faschingssonntag auf.
Kräftige Blasmusik tönt durch den Ort, Mädchen in farbenfrohen Trachten schlendern an den Zuschauern vorbei, und unter lautem Peitschenknallen treiben weiß gekleidete Männer mit buntem Kopfschmuck plumpe Strohgestalten vor sich her.
Der Lärm soll die Wachstumsgötter auf den Feldern wecken, und die Strohbären verkörpern den Winter, der vom Frühling vertrieben wird. Anschließend zieht die fröhliche Gesellschaft in den Nachbarort Baiersdorf. Hier werden Volkstänze aufgeführt und die Strohbären auf dem Rathausplatz verbrannt. Vor langer Zeit erlitt der »Winter« allerdings ein feuchteres und weniger publikumswirksames Schicksal: Er wurde Jahr für Jahr in der Regnitz »ertränkt«.

Osterbrunnen

Zur Osterzeit verwandelt sich vor allem das beschauliche Örtchen **Bieberbach** in ein wahres Ameisennest. Aus den USA, aus Japan, Frankreich oder Kasachstan kommen täglich einige Dutzend Busse in das kleine Dorf, um den mit mehr als 11.000 kunstvoll bemalten Eierschalen geschmückten Osterbrunnen zu bewundern. 2002 wurde er bereits zum zweiten Mal als »größter Osterbrunnen der Welt« ins Guinness-Buch der Rekorde aufgenommen – und bewährt sich seither als touristische »Goldgrube«.
Seit wann die Brunnen und Quellen so festlich geschmückt werden, ist nicht ganz sicher. Verschiedene Rituale der Brunnenverehrung und damit der Hochachtung vor dem lebensspendenden Nass haben ihren Ursprung wahrscheinlich in vorchristlicher Zeit.
Bis weit ins 19. und beginnende 20. Jahrhundert hinein herrschte vor allem auf den Jurahöhen eine ständige Was-

serknappheit. Die Dankesgeste des »Brunnenfegens« in ihrer heutigen Form entstand Überlieferungen zufolge Anfang des 19. Jahrhunderts.

◻ Neben dem Unteren Tor steht in Betzenstein das Brunnenhaus über dem Tiefen Brunnen.

Bevor es die heute so selbstverständliche zentrale Wasserversorgung gab, musste das kostbare Nass in Zisternen aufgefangen oder mühsam aus den Tälern auf die Hochflächen hinaufgeschleppt werden. Eine andere Möglichkeit bestand darin, Erdmulden mit Lehm auszukleiden und so einen künstlichen Wasserspeicher anzulegen.

An diese so genannten Hülen erinnern heute noch Ortsnamen wie Hüll, Wohlmuthshüll, Gräfenberghüll und Weidenhüll. Mancherorts wurden auch bis zu hundert Meter tiefe Stollen gegraben, um an das Grundwasser zu gelangen. Diese äußerst aufwändigen Brunnen schützte dann meist ein Brunnenhaus (zum Beispiel in Betzenstein und Birkenreuth).

Dem frisch geweihten Osterwasser wurde früher eine besondere Wirkung zugesprochen: Mit Osterwasser getaufte Kinder sollten besonders klug werden. Junge Mädchen, die sich mit Osterwasser wuschen, sollen außerdem unvergängliche Schönheit erlangt haben. Auch heilte Osterwasser angeblich Krankheiten, hielt Ungeziefer fern und bescherte gute Ernten.

Mit Beginn der 50er Jahre wurde der Brauch des Osterbrunnenschmückens vorübergehend vernachlässigt. Infolge des neu erwachten Heimatbewusstseins in den 80er Jahren wurde er jedoch kräftig wiederbelebt. Zwar hatte man Osterbrunnen früher nur in den Dörfern auf den wasserarmen Hochflächen geschmückt, mittlerweile sind sie aber auch in den Tälern verbreitet. In Obertrubach gibt es sogar gleich zwei und in der gesamten Region über zweihundert Osterbrunnen.

Um den Brunnen später in all seiner Pracht erstrahlen zu lassen, wird die Anlage zunächst gesäubert (»Brunnen fegen«). Danach wird der Brunnen mit liebevoll bemalten Eierschalen geschmückt, die an Girlanden aus Fichtenzweigen befestigt und mit Papierbändern verziert werden.

◻ Liebevoll handbemalte Eierschalen zieren viele fränkische Osterbrunnen.

Allgemeine Informationen

▫ Zum Georgi-Ritt in Effeltrich verlässt die Heiligenfigur ihren angestammten Platz in einem Erker der Kirchenmauer.

Neben dem Brunnen in Bieberbach ist auch der Osterbrunnen in **Heiligenstadt** sehr bekannt. Dort wird an den Osterfeiertagen ein umfangreiches Programm geboten: Am Ostersonntag wird ein ökumenischer Gottesdienst abgehalten, am Ostermontag gibt's ab 14 Uhr Tanz und Musik, dazu einen Informationsstand über Heiligenstadt und die Fränkische Schweiz. Der Brunnen wird Jahr für Jahr am Gründonnerstag geschmückt und bleibt es – je nach Witterung – bis drei Wochen nach Ostern.

Georgi-Ritt in Effeltrich

Zu Ehren des Kirchenpatrons der Wehrkirche, der laut Legende einen gefährlichen Drachen getötet haben soll, veranstalten die Einwohner von Effeltrich jeden Ostermontag den so genannten Georgi-Ritt.

Früher fand der Umzug allerdings nicht an Ostern, sondern am 23. April statt, dem Namenstag des heiligen St. Georg. Ausschließlich Bauern mit ihren Ackergäulen nahmen an dem farbenprächtigen Zug teil, den der Pfarrer hoch zu Ross anführte. Da es um 1960 jedoch fast keine Bauerngäule mehr gab, war der Fortbestand des Brauchs gefährdet. Schließlich retteten die Reitvereine die Situation, und der Georgi-Ritt wurde auf den Vormittag des arbeitsfreien Ostermontags verlegt. Heutzutage beteiligen sich weit über hundert (Reit-)Pferde an der spektakulären Prozession durch das Dorf. Bei dem Ritt um die 1000-jährige Dorflinde wird die hölzerne Reiterfigur des heiligen Georg mitgeführt, die sonst in einem Erker der Kirchenmauer steht.

▫ Das Walberlafest ist eines der ältesten Frühlingsfeste in Franken.

Osterfeuer

Bereits in vorchristlicher Zeit wurde die Sonne mit Frühlingsfeuern begrüßt. Daraus entwickelte sich um 750 n. Chr. in Frankreich der christlich geprägte Brauch des Osterfeuers, der im 11. Jahrhundert dann auch im deutschsprachigen Raum weit verbreitet war.

Das Feuer ist ein Sinnbild des Lebens, mit dem die Auferstehung Jesu, die Befreiung von allem Bösen und das ewige Leben gefeiert werden.

Vorwiegend auf Anhöhen oder freien Feldern werden hohe Holzhaufen errichtet und angezündet. Das Holz für diese Osterfeuer wird meist im Wald gesammelt. Besonders glücksbringend soll gestohlenes Holz sein. Bis heute gibt es dafür ein Gewohnheitsrecht, ein so genanntes Stehlrecht, das den ertappten Dieb von jeder Strafe freistellt.

Früher streuten die Bauern die Asche des Osterfeuers als Glücksbringer auf ihre umliegenden Felder. Glück verhieß auch der Sprung über das Feuer. Liebespaare sprangen Hand in Hand darüber, weil ihnen das eine lange gemeinsame Zukunft bescheren sollte. Junge Bauern wagten den Sprung in der Hoffnung auf eine reiche Ernte.

Heute haben diese Überlieferungen kaum noch Bedeutung. Das Abbrennen eines Osterfeuers ist eine Art Volksfest, eine schöne Gelegenheit, Freunde zu treffen und sich zu vergnügen.

Das Walberlafest

Bereits seit dem 14. Jahrhundert wird jeweils am ersten Wochenende im Mai das Walberlafest gefeiert. Es ist eines der ältesten Frühlingsfeste in Franken und der heiligen Walburga gewidmet, der Patronin der Kapelle auf dem Hochplateau der Ehrenbürg.

Das Fest lockt alljährlich Tausende von Besuchern an. Um dem Parkplatzchaos zu entgehen, empfiehlt sich daher eine Anreise mit dem Zug nach Kirchehrenbach. Ab dem großen Parkplatz beim

Allgemeine Informationen

Einkaufszentrum Bayer (EZB) nahe der Autobahnausfahrt Forchheim-Süd steht außerdem ein Pendelbus zum Walberlafest bereit.

Heutzutage trägt dieses Fest noch eine esoterische Komponente: In der Walpurgisnacht treffen sich auf dem Plateau die modernen Hexen aus dem Großraum Nürnberg, um mystische Feuer zu entzünden und Beschwörungsformeln gen Himmel zu senden.

Da zum Walberlafest jedoch wahre Heerscharen mitten in das Naturschutzgebiet Ehrenbürg strömen, ruft das Fest zunehmend Kritiker und Naturschützer auf den Plan.

Fronleichnamsumzüge

Überall in der Fränkischen Schweiz gibt es am 15. Juni farbenprächtige Umzüge. Der schönste ist sicherlich der in Effeltrich, wo einige hundert Männer und Frauen in ihrer Feiertagstracht (einige davon mit dem berühmten Hohen Kranz) den Zug begleiten. In der Regel beginnt dieser Umzug nach der 9 Uhr-Messe und führt in großem Bogen durch das Dorf. An fünf Altären wird unterwegs angehalten, gebetet und gesungen.

Johannisfeuer

Einst wurde das Johannisfeuer am längsten Tag des Jahres, der Sommersonnenwende entzündet.

Dieser heidnische Brauch stammt aus altgermanischer Zeit und sollte vor Missernte und Seuchen schützen. Doch er wurde von der Kirche christianisiert und vom 21. auf den 24. Juni verlegt, den Geburtstag Johannes des Täufers. Heutzutage gehen die Ortschaften wieder etwas flexibler und besucherfreundlicher mit dem Brauch um und entfachen das Johannisfeuer oft an einem Wochenende.

Dabei wird das Holz an der höchsten Stelle des Dorfes gesammelt und aufgeschichtet. In der Mitte des Haufens steckt eine Strohpuppe; sie verkörpert die »bösen Geister«, die bei Einbruch der Dunkelheit mit dem Feuer verbrannt werden. Im Gegensatz zu einigen anderen Gegenden gab es in der Fränkischen Schweiz keinen Wettbewerb, welche Ortschaft das größte Feuer entfachte. Stattdessen wurde ein zweites, kleineres Feuer entzündet, um das getanzt und dabei gesungen wurde. Junge Pärchen fassten sich hierbei an der Hand und sprangen über die Flammen (als Symbol für »Durchs Feuer gehen«). Dieser Brauch ist heute nahezu in Vergessenheit geraten. Allenfalls springen noch junge Burschen über das Hauptfeuer, wenn es allmählich niederbrennt und

❏ **Das Sonnwendfeuer sollte einst vor Missernte und Seuchen schützen.**

die Flammen kleiner werden. Meist sorgt eine Blaskapelle für die musikalische Unterhaltung. Würstchenbuden und frisch gezapftes Bier sind als fester Bestandteil des Festes bei Einheimischen wie Touristen gleichermaßen beliebt.

Mancherorts werden an Johanni noch die Hollerküchla gebacken. Dabei werden die Blütendolden des Holunderstrauches durch einen Eierkuchenteig gezogen und in heißem Fett schwimmend ausgebacken.

Pretzfelder Kirschenfest

Meist eine Woche vor dem Annafest steigt in Pretzfeld das Kirschenfest. Die Gemeinde liegt mitten im größten Süßkirschenanbaugebiet Deutschlands, und das Fest drückt die Dankbarkeit über die Ernte aus. Sechs Tage lang wird unterhalb des Judenberges auf den schattigen Sandsteinkellern getrunken, gespeist und die Gesellschaft genossen – mit Festumzug, Gottesdienst, viel Bier und deftigen Bauernbrotzeiten. Höhepunkt des Festes ist der bunte Trachtenumzug jeweils am Sonntagnachmittag.

☐ Kürbisse und Blumen prägen am Erntedanktag das Muggendorfer Ortsbild.

Forchheimer Annafest

Das wohl populärste Fest in der Fränkischen Schweiz ist das Annafest. Jedes Jahr um den Annatag (26. Juli) lockt es rund eine halbe Million Gäste in den Forchheimer Kellerwald. Zehn Tage lang lassen sich die Besucher die unterschiedlichsten Biersorten der einheimischen Brauereien schmecken. Seine Brotzeit dagegen kann sich noch heute jeder selbst mitbringen.

Das Annafest ist keine gewöhnliche Kirchweih; es ist vielmehr aus der Verbindung von Wallfahrt und Schützenverein hervorgegangen.

Seit jeher pilgerten die Forchheimer Katholiken am Tag der heiligen Anna, der Mutter Marias, zur St.-Anna-Kirche in Unterweilersbach. Auf dem Rückweg wurde aus den Felsenkellern des Kellerwaldes eine frische Maß Bier gereicht, die sich die Pilger zu Brot, Käse und Wurst munden ließen. Zum Volksfest entwickelte sich dieser Brauch erst, als die Königlich Privilegierte Schützengesellschaft im Jahr 1840 ihre Schießstätte in den Kellerwald verlegte und das jährliche Hauptschießen am Annatag abhielt.

Muggendorfer Kürbisfest

Am Erntedanktag leuchten in Muggendorf die Kürbisse. Doch zuvor wird am Sonntag Vormittag ein Festgottesdienst in der St. Laurentiuskirche abgehalten, und gegen 13.30 Uhr beginnt ein Festzug aus blumengeschmückten Wagen und einer Blaskapelle. Anschließend wird im Bierzelt gefeiert.

Abends ziehen dann die Kinder mit ausgehöhlten, reich verzierten und erleuchteten Kürbissen durch die Straßen von Muggendorf. Den Abschluss des Festes bildet ein Feuerwerk.

Allgemeine Informationen

☐ Am 3. Januar erstrahlt Obertrubach im Glanz mehrerer Tausend Lichter und Felsfeuer.

Forchheimer Martinsritt

Am 11. November, dem Martinstag, feiern viele Ortschaften das Martinsfest. Das schönste und größte davon wird sicherlich von der Forchheimer Kolpingfamilie zu Ehren ihres Stadtpatrons organisiert.
Ein als Sankt Martin verkleidetes Kolpingmitglied reitet auf seinem Pferd durch die Forchheimer Hauptstraße. Eine Kinderschar mit bunten Laternen und Lampions begleitet ihn, Musikgruppen sorgen für gute Stimmung. Die Anwohner des Rathausplatzes schmücken ihre Häuser mit Lichterketten. Höhepunkt des Umzugs ist die barmherzige Geste: »Sankt Martin« teilt seinen roten Mantel mit einem Schwerthieb und gibt die Hälfte einem frierenden Bettler.
Sankt Martin ist das Fest der Kinder und Gänse (Martinsgans). Während die Gänse bei dem Fest wenig zu lachen haben, werden in Forchheim alle anwesenden Kinder mit einer Martinsbrezel beschenkt.

Lichterfest

In manchen Orten der Fränkischen Schweiz krönen um den Jahreswechsel Lichterfeste den Abschluss der Ewigen Anbetung. Zunächst zieht eine Prozession mit anschließenden Gebeten zur Kirche, gegen Abend erstrahlen dann die Orte im Glanz mehrerer Tausend Lichter und Felsfeuer. Das bekannteste Lichterfest findet in Pottenstein alljährlich am 6. Januar statt und löst wahre Besucherströme aus.

Weitere Termine von nicht minder schönen Lichterfesten:
Gößweinstein (26. Dezember),
Nankendorf (31. Dezember),
Obertrubach (3. Januar).

Städte

Weismain
Natürliche Frische

Am nördlichen Rand der Fränkischen Schweiz liegt zwischen bizarren Kalksteinfelsen die Kleinstadt Weismain. Die Region war bereits in der Steinzeit besiedelt, wie Einzelfunde aus der Philippenhöhle bei Wallersberg und aus Kleinziegenfeld belegen. Erstmals erwähnt wurde Weismain in einer Urkundenabschrift aus dem Jahr 800.

Um 1190 wurden Weismain und die **Burg Niesten** von dem Geschlecht der Andechs-Meranier übernommen, das den Ort daraufhin zu seiner heutigen Form mit dem langgezogenen Straßenmarkt ausbaute. Als Herzog Otto VIII. von Andechs-Meranien im Jahr 1248 starb, entbrannte ein mehrjähriger Streit um sein Erbe. Schließlich fielen Weismain und die Burg Niesten wie so viele fränkische Ortschaften an das Hochstift Bamberg.

Bereits 1313 soll Weismain die Stadtrechte erhalten haben. Von der daraufhin angelegten Stadtbefestigung sind neben Mauerresten noch das Obere Tor und ein runder Turm beim Kastenhof erhalten. Ihre wirtschaftliche Blütezeit erlebte die Stadt im 15./16. Jahrhundert. Aus dieser Zeit stammen auch das Rathaus, der Rolandsbrunnen und die Pfarrkirche St. Martin. Im 17./18. Jahrhundert wurden bei zahlreichen Häusern rund um den Weismainer Marktplatz auf der älteren Bausubstanz aus Sandsteinquadern Obergeschosse im Fachwerkbau errichtet. Im Dreißigjährigen Krieg (1618–1648) wurde Weismain mehrfach belagert und eingenommen. 1632 wurden gar die Vorstädte von den Schweden niedergebrannt.

Als 1802 der letzte Fürstbischof von Bamberg seine weltliche Herrschaft niederlegte, kam Weismain an das Kurfürstentum Bayern.

1410 wurde Weismain das alleinige Bierbraurecht verliehen und somit der Grundstein für die künftige **Brautradition** gelegt. Als ab etwa 1820 der Hopfenanbau in der Region stark zunahm, entstanden neben dem Kommunbrauhaus auch private Brauhäuser. Im Kommunbrauhaus wurde 1942 letztmalig Bier gebraut.

☐ Südlich von Weismain erstreckt sich das Ziegenfelder Tal mit seinem »Radfahrer« als ungewöhnlichem Wahrzeichen.

Völlig ruiniert

Wenige Kilometer südöstlich von Weismain stand einst **Burg Niesten**. Als die Burg 1128 erstmals schriftlich erwähnt wurde, gehörte sie zum Bamberger Bistum. Ab 1142 wurde sie nachweislich an ein edelfreies Geschlecht, das sich nach ihr benannte, als Lehen vergeben. Die Brüder Otto und Friedrich von Niesten kamen vermutlich im dritten Kreuzzug in den Jahren 1189/90 um. Mit ihrem Tod erlosch wahrscheinlich das Geschlecht, und das Burglehen fiel zurück an Bamberg.

◻ Im Kastenhof ist die Umweltstation des Landkreises Lichtenfels untergebracht.

Der damalige Bischof belehnte daraufhin seinen Neffen aus dem Haus der Andechs-Meranier mit der Burg. Als der letzte Herzog dieses Adelshauses 1248 kinderlos verstarb, entbrannte ein heftiger Streit um sein Erbe. Erst 1255 erhielt der Bamberger Bischof die Burg Niesten gegen eine stattliche Entschädigungszahlung zurück.
Ab dem späten 14. Jahrhundert diente die Burg als Amtssitz, bis der Amtmann 1710 in ein Stadthaus in Weismain zog. Damals schon baufällig, wurde Burg Niesten durch einen Sturm 1747 zusätzlich beschädigt und verfiel. 1751 wurden Burgsteine zur Erneuerung des Kastenhofes verwendet, doch auch die Bevölkerung bediente sich nach Kräften an dem kostenlosen Baumaterial. 1872 schließlich riss die Gemeinde Niesten den Stumpf des Bergfriedes nieder, so dass heute nur noch bescheidene Mauerreste zu sehen sind.

Der **Kastenhof** hinter der Pfarrkirche St. Martin ist eines der bekanntesten Gebäude der Stadt. Der Bamberger Fürstbischof Lothar Franz von Schönborn ließ es in den Jahren 1701–1703 nach Plänen des Bamberger Hofbaumeisters Leonhard Dientzenhofer bauen.
1751 wurde das Gebäude umfangreich erneuert, wobei auch Steine der Burg Niesten verwendet wurden. Anschließend diente der Kastenhof als Sitz eines bischöflichen Steuerbeamten, danach als Rentamt und Schulhaus. Heute ist hier die Umweltstation des Landkreises Lichtenfels untergebracht, und im Frühjahr 2004 wurde das **Museum »Nord-JURA«** neu eröffnet. Die Ausstellung informiert über die Entstehung der Jura-Landschaft, die Territorialgeschichte und die konfessionelle Zersplitterung der Region sowie über die wirtschaftlichen Erwerbszweige früherer Zeiten (Brauwesen, Schäferei, Müllerei, Fischerei und Textilhandwerk; s. Ausflugsziele von A bis Z, S. 254).

Übernachtungstipp: Gästehaus Gabi
OT Krassach, Tel. 09575-1489,
8 Betten, ÜF, TV, Kinderausstattung,
Spielplatz, Streichelzoo, Liegewiese,
herrliche Lage im Bärental,
ideal für Kinder

Region Nordwest — Städte / Ortschaften

Abgasfreies Fahrvergnügen

Jedes Jahr am Pfingstmontag veranstalten Weismain, Burgkunstadt und Altenkunstadt die radTOURpur, einen autofreien Radlertag. Von 9 bis 17 Uhr sind die Staatsstraße 2191 sowie einige Nebenstrecken für den Autoverkehr gesperrt.

Die herrliche Natur lässt sich jedoch besonders gut abseits der fahrbaren Strecken erkunden. Mit etwas Glück und Geduld sind hier noch Schwarzspecht, Eisvogel, Apollofalter oder andere seltene Tier- und Pflanzenarten zu beobachten.

Doch nicht nur die Fauna und Flora entlang der Flussläufe ist zu bewundern: Insbesondere im Bärental, Krassachtal und Kleinziegenfelder Tal stehen noch heute elf alte Mühlengebäude, die größtenteils aus dem 17./18. Jahrhundert stammen.

☐ Die Herbstmühle im Krassachtal ist eines von elf erhaltenen Mühlengebäuden bei Weismain.

Über den einstigen Mühlenreichtum des Landkreises Lichtenfels sowie die **Mühlenrundwege** informieren überdies drei umfangreiche Broschüren, die bei der Umweltstation im Kastenhof erhältlich sind (Tel. 09575-921455). Im übrigen können bei der Umweltstation auch Fahrräder ausgeliehen werden.

Scheßlitz
Hoch im Norden

Scheßlitz wird von der Giechburg und der Felskapelle Gügel überragt und bildet das nordwestliche Tor zur Fränkischen Schweiz. Das Städtchen im Landkreis Bamberg gehört zu den ältesten Orten in Franken und wurde 805 erstmals urkundlich erwähnt. Vermutlich hat schon Karl der Große hier eine Kirche zur Missionierung der Slawen gegründet.

Bereits in der ersten Hälfte des 13. Jahrhunderts erhielt der Ort das Stadtrecht. 1390 wurde Scheßlitz an das Hochstift Bamberg verpfändet und erhielt auf Geheiß der Fürstbischöfe bald darauf eine Stadtbefestigung. Diese wurde zwar im Jahr 1406 weiter verstärkt, doch gelang es den Schweden im Dreißigjährigen Krieg (1618–1648) trotzdem, das Städtchen zu zerstören.

Als das Hochstift Bamberg im Zuge der Säkularisation aufgelöst wurde, fiel auch Scheßlitz an das Kurfürstentum Bayern. Das heutige Stadtgebiet entstand 1978 durch Eingemeindung von über dreißig umliegenden Ortschaften.

Einkehrtipp: Goldener Anker

Hauptstraße 31, Tel. 09542-1606, ab 9.30 Uhr durchgehend geöffnet, Mo. Ruhetag, urgemütliche Gaststube, gutbürgerliche Küche, gepflegte Biere vom Fass, ausgewählte Frankenweine

Das Spital

Der Ortskern hat ein geschlossenes Erscheinungsbild mit zahlreichen barocken Stein- und Fachwerkhäusern. Diese gehen ebenso auf die Förderung durch die Bamberger Fürstbischöfe zurück wie ein altes, mittlerweile abgerissenes **Spital**, das Fürstbischof Lambert von Brunn 1395 gestiftet hatte. Aus der Stiftungsurkunde geht hervor, dass sich die Spitalanlage außerhalb der Stadtbefestigung befand, ihre genaue Lage ist allerdings nicht bekannt. Zwischen 1740 und 1773 wurde ein neuer Spitalkomplex an anderer Stelle errichtet, um das alte, baufällig gewordene Spital zu ersetzen. 1769 wurde die zugehörige **Spitalkirche** erbaut, deren plastischer Fassadenschmuck und reiche Ausstattung sehenswert sind.

Das ehemalige **Zunfthaus der Brauer und Büttner** (Hauptstraße 33) ist ebenfalls einen Abstecher wert.

◻ Malerische Ruine: die Giechburg.

Gute Nachbarn: Giechburg…

Der Berg, auf dem die **Giechburg** steht, war schon in vorgeschichtlicher Zeit besiedelt und befestigt und diente bei Gefahr als Fluchtberg. Ursprünglich war die Wehranlage Stammsitz derer von Giech und wurde 1125 erstmals urkundlich erwähnt. 1390 ging sie zusammen mit Scheßlitz in den Besitz des Bamberger Hochstifts über. 1430 brannten die Hussiten die Burg nieder, und auch im Bauernkrieg 1525 und im zweiten Markgrafenkrieg 1553 erlitt die Giechburg schwere Schäden.

Von 1602 bis 1609 ließ Fürstbischof Johann Philipp von Gebsattel sie zur Festung ausbauen und verhinderte dadurch, dass sie von den Schweden im Dreißigjährigen Krieg (1618–1648) eingenommen werden konnte. Eigentlich wäre die Giechburg bis heute stolz und prächtig erhalten geblieben, wenn nicht der Bauinspektor von Hohenhausen nach der Säkularisation 1802 eine aberwitzige Idee gehabt hätte: Er wollte die Dächer der Burg abdecken, um sie in eine »malerische Ruine« zu verwandeln! Als den Worten die Tat folgte, war der Verfall der Giechburg besiegelt. Dieser konnte weder durch die Grafen von Giech, in deren Besitz die Burg ab 1819 wieder kam, noch durch die späteren privaten Eigentümer aufgehalten werden.

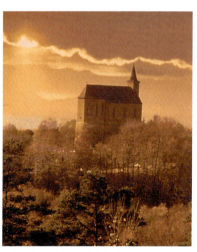

◻ Die Gügelkirche im letzten Sonnenlicht.

Region Nordwest — Städte / Ortschaften

◻ Die riesige Blüte des Frauenschuh (*Cypripedium calceolus*) ist eine Kesselfalle für Insekten.

Erst als der Landkreis Bamberg 1971 die Ruine erwarb und umfassend sanieren ließ, erwachte die Giechburg zu neuem Leben. Nicht nur an Wochenenden zieht sie zahllose Besucher in ihren Bann. Vom 24 Meter hohen Bergfried, dem unbewohnbaren Hauptturm der Burg, bietet sich eine fantastische Aussicht über das Regnitztal und Bamberg sowie weite Teile der Fränkischen Schweiz. In der Burganlage wird eine Gaststätte betrieben, und im Bergfried sind wechselnde Ausstellungen zu sehen.

... und Gügel

Etwa einen Kilometer östlich der Giechburg erhebt sich die katholische Wallfahrtskirche St. Pankratius, die nach ihrem Standort auch »**Gügelkirche**« genannt wird. Ursprünglich war auf dem Gügel eine Burg mit einer Kapelle. Diese Kapelle stand wahrscheinlich im Bereich der heutigen Sakristei, von der Stufen hinab zum Heiligen Grab führen. Eine in den Fels geschlagene Treppe leitet weiter bergab zu einer »Lourdesgrotte« aus dem Jahr 1891. Die Kirche ist täglich außer mittwochs geöffnet: in den Sommermonaten von 10 bis 20 Uhr, im Winter von 10 bis 18 Uhr.

Weder Mädchen- noch Damenschuh

*Der **Frauenschuh** (Cypripedium calceolus) ist die wohl prächtigste Orchideenart in Deutschland. Er wächst vor allem in sehr lichten Laub- und Kiefernwäldern auf kalkreichen Böden. Sofern die Wälder also nicht zu schattigen Fichten-Monokulturen verarmen, bietet die Fränkische Schweiz einen idealen Lebensraum. Doch aufgepasst: Der Frauenschuh ist gesetzlich geschützt – Pflücken oder gar Ausgraben sind streng verboten! Mit einem Durchmesser von bis zu acht Zentimetern hat der Frauenschuh eine der größten Blüten mitteleuropäischer Pflanzen, für deren Bestäubung er sich eine besondere »Gemeinheit« ausgedacht hat: Die schuhförmige Blütenlippe ist durch einen Ölfilm so glatt, dass Erdbienen und andere Insekten, die darauf landen, ins Blüteninnere abrutschen. Da auch die Innenwände ölig-glatt sind, können die gefangenen Insekten dieser so genannten Kesselfalle nur durch eine schmale seitliche Öffnung am Lippenansatz entkommen. Ein lichtdurchlässiges Fenster im »Schuh« leitet sie dazu an Staubblättern und Narbe vorbei. Wenn sich die Insekten daran vorbeizwängen, laden sie sich den Pollen auf oder bestäuben, falls sie schon Pollen tragen, die Narbe.*

Heiligenstadt
Protestantische Insel im Leinleitertal

Die hübsche Marktgemeinde mit ihren denkmalgeschützten Fachwerkhäusern und der imposanten Burg Greifenstein ist ein beliebter Ausflugsort im Leinleitertal.

Heiligenstadt gilt als Urpfarrei, existierte also schon vor der Gründung des Bistums Bamberg im Jahr 1007. Die erste Siedlung soll es hier schon vor etwa 1200 Jahren gegeben haben. Die erste historisch gesicherte Erwähnung stammt jedoch erst aus dem Jahr 1160.

Wie so viele Orte in der Fränkischen Schweiz gehörten auch Heiligenstadt und weite Teile des Leinleitertals zu den Schlüsselberger Besitzungen. Nach dem Tod des aufständischen Konrad II. 1347 ging Heiligenstadt an das Hochstift Bamberg über, das den Ort dem Rittergeschlecht der Streitberger als Lehen überließ. Die Herren von Streitberg führten 1582 die Reformation ein, und Heiligenstadt wurde, inmitten des sonst katholischen Leinleitertals, protestantisch.

Gemeinsam mit der Bevölkerung wechselte auch die **Pfarrkirche St. Veit-Michael** ihre »Glaubensrichtung«. Darüber hinaus blickt die mittlerweile evangelische Pfarrkirche auf eine kuriose Entstehung zurück: Das Langhaus ging wahrscheinlich aus einer mittelalterlichen Zehntscheune hervor, während der Kirchturm isoliert steht und früher zu einer Burg gehörte.

Märchenhaft

Schloss Greifenstein ist ein Touristenmagnet im Leinleitertal. Wegen seiner Größe und des weißen Anstrichs ist das Schloss von fast allen hochgelegenen Aussichtspunkten der Fränkischen Schweiz aus zu sehen. Umgekehrt bietet sich auch vom Schloss ein überwältigender Rundblick auf das Leinleitertal und die Höhenzüge des Frankenlandes, bei gutem Wetter sogar bis ins Fichtelgebirge.

1690 erwarb der Bamberger Fürstbischof Marquard Sebastian Schenk von Stauffenberg die Burg als Rittermannslehen zusammen mit dem Recht, dieses auf

▢ Weithin überragt Schloss Greifenstein das Leinleitertal.

Region Nordwest — Städte / Ortschaften

Der 20. Juli 1944 brachte Tod und Verderben über Schloss Greifenstein und seine Bewohner. An diesem Tag flog das von Oberst Graf Claus Schenk von Stauffenberg (1907–1944) geplante **Hitlerattentat** *auf. Claus Schenk von Stauffenberg, ein Großonkel des jetzigen Besitzers der Burg, hatte 1939 eine Beteiligung an einem ersten Umsturzversuch abgelehnt. Angesichts militärischer Fehler Hitlers und des Terrors in den besetzten Gebieten schloss Stauffenberg sich 1942 jedoch dem militärischen Widerstand an. Im Oktober 1943 wurde er zum Stabschef des Allgemeinen Heeresamts in Berlin ernannt und erhielt so Zugang zu den Lagebesprechungen in den Führerhauptquartieren. Am 5. Juli 1944 entschloss Stauffenberg sich nach mehreren misslungenen Attentatsplänen, den Anschlag persönlich auszuführen. Am Morgen des 20. Juli 1944 flog Stauffenberg zum Führerhauptquartier „Wolfsschanze" bei Görlitz an der Neiße. Wegen des Gedränges im Besprechungsraum konnte er die Tasche mit dem Sprengstoff nicht unmittelbar neben Hitler abstellen. Als kurz darauf die Sprengladung explodierte, war Stauffenberg überzeugt, Hitler getötet zu haben und kehrte nach Berlin zurück. Doch er hatte sich geirrt: Hitler war nur leicht verletzt worden. Noch am selben Abend wurden Stauffenberg und die Mitverschwörer von regierungstreuen Offizieren verhaftet und unverzüglich wegen Hoch- und Landesverrats erschossen.*

seine Blutsverwandten zu übertragen. Zu dieser Zeit war die Burg in einem bedauernswerten Zustand. Der neue Lehnsherr ließ die Burganlage jedoch ab 1691 umfangreich restaurieren und in ein barockes Jagdschloss umwandeln. Mitte des 19. Jahrhunderts veranlasste Franz Ludwig Philipp Schenk von Stauffenberg die Modernisierung von Burg Greifenstein. Seine enge Beziehung zum »Märchenkönig« Ludwig II. erklärt, warum die Burg im Stil eines »Kleinneuschwansteins« umgebaut wurde. Die Anfahrt zum Schloss führt durch eine gut 300 Jahre alte Lindenallee. Die einstige Zugbrücke wird mittlerweile durch eine Steinbrücke ersetzt. Über sie gelangt man in den Burghof, auf dem ein 90 Meter tiefer Brunnen früher die Wasserversorgung sicherstellte.

Berühmt ist die **Waffensammlung**, die nicht weniger als drei Schlossräume füllt. Sie reicht von mittelalterlichen Ritterrüstungen über Türkensäbel aus dem Bauernkrieg bis hin zu Exponaten aus dem zweiten Weltkrieg.

Ein besonders kostbares Stück ist ein Schrank aus dem 15. Jahrhundert, an dem ein unbekannter Baumeister aus der Kronacher Gegend 40 Jahre lang arbeitete. In filigraner Einlegearbeit sind hier sage und schreibe 19 verschiedene Hölzer verwendet worden.

Obwohl die Anlage noch heute von der Grafenfamilie bewohnt ist, kann Schloss Greifenstein im Rahmen einer Führung besichtigt werden (s. Ausflugsziele von A bis Z, S. 254).

Sippenhaft

Am 25. Juli 1944 wurde Greifenstein von der Gestapo beschlagnahmt. Drei Wochen später erging der Befehl auf Sippenhaft: Alle Familienmitglieder der von Stauffenbergs sowie der anderen Verschwörer kamen ins Gefängnis oder ins Konzentrationslager, und sämtliche Kinder unter 15 Jahren wurden unter neuen Namen in Umerziehungslager gesteckt. Außer Claus' Bruder Berthold, der am 10. August hingerichtet wurde, hatte keines der von Stauffenberg'schen Familienmitglieder von den Attentatsplänen gewusst.
Fanatische Nazis wollten außerdem die Burg sprengen, was nur durch das Eingreifen des Nürnberger Polizeichefs Dr. Martin verhindert werden konnte.

Es klappert die Mühle…

Die **Heroldsmühle** bei Oberleinleiter war rund 600 Jahre lang als Getreidemühle in Betrieb, bevor sie 1973 wegen Einsturzgefahr abgerissen werden musste. Heute steht an der gleichen Stelle ein Gasthaus. Erhalten ist noch das alte Mühlrad, das mit einem Durchmesser von 7,20 Metern eines der größten Mühlräder in Deutschland ist.

▫ Das Mühlrad der Heroldsmühle ist eines der größten in ganz Deutschland.

▫ Gut zwei Kilometer südlich von Heiligenstadt liegt die Schulmühle am gleichnamigen Bach.

Bei Heiligenstadt laden drei interessante **Lehrpfade** zu ausgedehnten Wanderungen ein: ein Waldlehrpfad, ein geologischer und ein landwirtschaftlicher Lehrpfad.
Des Weiteren wurden vor wenigen Jahren drei **Mountainbike-Routen** unterschiedlicher Schwierigkeitsgrade ausgewiesen und markiert.

… im Tal der hungernden Tummler

In der Nähe der Heroldsmühle entspringt aus mehreren Quellen die Leinleiter. Nördlich davon erstreckt sich der Heroldsgrund, der ehemalige Oberlauf der Leinleiter. Während der meisten Zeit ist der Heroldsgrund eines der schönsten **Trockentäler** der Fränkischen Schweiz, doch nach starken Regenfällen verwandelt er sich wieder in einen munter sprudelnden Bachlauf, der vom Kleinen und Großen Tummler gespeist wird.
Die Trockentäler in der Fränkischen Schweiz sind eine typische Karsterscheinung. Die meisten von ihnen bildeten sich während der letzten Eiszeit, als der Boden gefroren war und das Wasser nicht versickern konnte. So suchte es sich einen oberflächlichen Abfluss, wodurch typische Bachläufe entstan-

Region Nordwest — Städte / Ortschaften

◻ Die Stinkmorchel (*Phallus impudicus*) macht ihrem Namen alle Ehre.

den. Als die Böden dann vor ca. 10.000 Jahren wieder auftauten, konnte das Wasser wie zuvor im Karstgestein versickern, und viele Flusstäler fielen trocken.

◻ Nach langen Regenfällen verwandelt sich der Heroldsgrund kurzzeitig in einen Bachlauf.

Nur wenige Trockentäler, wie der Heroldsgrund oder das Obere Kaiserbachtal bei Krögelstein, führen zur Zeit der Schneeschmelze oder nach langen Regenfällen wieder Wasser, wenn der Karstgrund so mit Wasser gesättigt ist, dass bereits versiegte Quellen wieder schütten. Solche nur vorübergehend aktiven Karstquellen heißen im Volksmund auch »Hungerbrunnen«.

Mir stinkt's!

Wer beim Pilzesuchen im Wald eine weißliche, in der Erde steckende Knolle findet, hat vermutlich eine junge **Stinkmorchel** *(Phallus impudicus) vor sich. Je nachdem, wie groß der Hunger ist, kann man dieses weiße »Ei« in Scheiben geschnitten wie Röstkartoffeln anbraten.*

Wer jedoch herausfinden möchte, warum diese Knolle im Volksmund auch Hexenei genannt wird, der gräbt sie am besten aus und legt sie auf feuchte Watte in ein großes Einmachglas. Nach ein paar Tagen beginnt der Stiel sich zu strecken und wächst – im wahrsten Sinne des Wortes – zusehends, angeblich bis zu 2 Millimeter pro Minute! Mit geradezu magischer Kraft hebt der Pilz schließlich den Deckel des Glases empor, und spätestens dann erklärt sich auch sein Name. Die Stinkmorchel verbreitet einen für menschliches Empfinden bestialischen Gestank und ist mittlerweile nicht nur unappetitlich, sondern auch ungenießbar geworden.

Doch damit nicht genug. Da der Pilz gerne auf Grabhügeln gedeiht, ranken sich zahlreiche unheimliche Geschichten um ihn. Wuchs zum Beispiel auf einem Grab eine Stinkmorchel, so hieß es, der Tote sei mit einem ungesühnten Verbrechen gestorben und wolle nun mit Hilfe des so genannten Leichenfingers vor einem ähnlichen Schicksal warnen.

Aufseß
Die Weltrekordgemeinde
Eingebettet im kleinen Tal der Aufseß liegt die gleichnamige Gemeinde. Landschaftlich besonders reizvoll sind die von bizarren Felswänden umgebenen Ortsteile Neuhaus und Sachsendorf. Am Ortsrand von Sachsendorf liegt das Mühlholz, ein Biotop mit zahlreichen seltenen Jurapflanzen. Im Jahr 2000 wurde Aufseß mit der größten Brauereidichte der Welt von vier Brauereien auf 1.500 Einwohner ins **Guinness-Buch der Rekorde** aufgenommen.
Die Brauerei **Kathi-Bräu** in Heckenhof ist vor allem ein klassischer Treff für Motorradfahrer. An schönen Sommertagen herrscht dort regelmäßig Hochbetrieb, und es kann schon mal eine Weile dauern, bis man bedient wird.

Im Mittelalter wurde der Ort mehrfach überfallen, so von den Hussiten im Jahr 1430, im Bauernkrieg 1525 und vor allem im Dreißigjährigen Krieg (1618–1648). Nach dem Dreißigjährigen Krieg fiel die gesamte Bevölkerung von Aufseß der Pest zum Opfer. Um den Ort neu zu besiedeln, wurden die leer stehenden Gehöfte an zugezogene Bauern verpachtet.

Der Name Aufseß kommt von »auf dem Felsen sitzen« und beschreibt damit sehr anschaulich die Lage der namengebenden Burg Unteraufseß. Doch trotz dieser erhöhten Position haben nur das so genannte Meingoz-Steinhaus und der Rabenturm mit seinen zwei Meter dicken Mauern die diversen Kriege heil überstanden.
Die **Burgkapelle** von Unteraufseß wurde 1309 erstmals erwähnt, ist aber mit Sicherheit viel älter, denn Otto I. (1296–1338) bezeichnete sie als Begräbnisstätte seiner Vorfahren. Im 16. Jahrhundert traten die Herren von Aufseß zum protestantischen Glauben über, und die Burgkapelle dient bis heute als evangelische Pfarrkirche.

Die Eisenberta holt unartige Kinder
Der Legende nach wohnte vor langer Zeit im undurchdringlichen Aufseßer Wald eine alte Frau. Jedes Jahr im Dezember stieg sie bei einbrechender Dunkelheit ins Dorf hinab und rasselte furchterregend mit ihren Eisenketten. Sie suchte nach ungehorsamen und faulen Kindern. Und wenn diese nicht brav versprachen, sich zu bessern, legte die Eisenberta sie in Ketten und schleppte sie mit sich in den Wald.

Familienzwist...
Burg Unteraufseß stammt aus dem frühen 12. Jahrhundert und ist noch heute Stammsitz der Freiherren von Aufseß, zu deren Herrschaftsbereich einst 50 Burgen und Schlösser sowie 43 Ortschaften zählten.
Ende des 17. Jahrhunderts gehörte die Burg den beiden Brüdern Friedrich und Karl Heinrich von Aufseß, die sich allerdings nicht zuletzt deshalb zerstritten, weil Friedrichs Söhne wieder zum katholischen Glauben übertraten. Schließlich gingen sie gar mit Waffen aufeinander los.

... mit Folgen
Karl Heinrich baute sich daraufhin 1691 **Schloss Oberaufseß**, auch Carolsburg genannt, und zog sich dorthin zurück. Da die alte Burg dadurch automatisch zu Burg Unteraufseß degradiert wurde,

Region Nordwest — Städte / Ortschaften

baute Friedrich prompt noch einen dritten Herrensitz und nannte ihn »Höchstaufseß«. 1718 schlug allerdings der Blitz in dieses Gemäuer ein, und es brannte bis auf die Grundmauern nieder.
Erst nach 1755 legten die Nachkommen der beiden Streithähne den Familienzwist bei.

1800 starb die katholische Linie Unteraufseß aus, so dass beide Burgen wieder in vereintem Besitz waren. Erst 1850/51 fand erneut eine Teilung statt: Unteraufseß ging an Hans Freiherr von und zu Aufseß (1801–1872), den Gründer des Germanischen Nationalmuseums zu Nürnberg. Oberaufseß kam in den Besitz von Alexander von Aufseß, und später lebte hier Hans Max von Aufseß (1906–1993), ein bekannter fränkischer Heimatdichter und Erzähler. Noch heute sind beide Schlösser von den Nachfahren der Adelsfamilie bewohnt. Während Schloss Oberaufseß rein privat genutzt wird und nicht besichtigt werden kann, werden im Ahnensaal von Schloss Unteraufseß während der Sommermonate hin und wieder Lesungen, Konzerte und Familienfeste veranstaltet (s. Ausflugsziele von A bis Z, S. 255).

Für die Bevölkerung hatte die Aufspaltung der Familien vor allem höhere Frondienste zur Folge; das Handwerk jedoch war der lachende Dritte: Lange Zeit gab es in der kleinen Gemeinde je zwei Frisöre, Kachelofensetzer und Sattler.

◻ Heutzutage hat die Gewitterstimmung in Unteraufseß meist meteorologische Gründe.

Thurnau
Geheimtipp abseits der Touristenpfade

Wer zum ersten Mal etwas über Thurnau hört oder liest, erfährt unweigerlich, dass es einer der ältesten Traditionsorte des Töpferhandwerks in Bayern ist. Die Voraussetzungen für die Entwicklung dieses Handwerkszweigs waren ideal: Reiche Vorkommen an Tonerde lieferten den notwendigen Rohstoff, und die weitläufigen Wälder sicherten den enormen Holzbedarf zum Brennen der Tonwaren. Spätestens ab dem 14. Jahrhundert belieferten Thurnauer Töpfereien die Märkte von Bamberg, Nürnberg, Würzburg, Augsburg und München. Noch heute gibt es in der Marktgemeinde sieben Töpferwerkstätten.

Doch nicht nur der Ton macht die Musik – Thurnau hat noch weit mehr zu bieten als »nur« seine Töpferei! So zum Beispiel das namengebende Wahrzeichen des Ortes, die Kemenate des Thurnauer Schlosses. Sie war das erste Gebäude der ursprünglichen Burg und wurde auch »Hus uf dem Stein« oder »Turm in der Au« (Thurn-Au) genannt. Das prächtige **Thurnauer Schloss** liegt mitten im Ort am Schlossweiher. An und in seinen markanten viereckigen Türmen hatten Unruhestifter und Übeltäter früher jedoch wenig Vergnügen: Im Weißen Turm befindet sich der »Schwarze Kaspar«, ein dunkles Verlies, in das Betrunkene zur Ausnüchterung gesperrt wurden. Der Centturm dagegen war ein richtiges Gefängnis mit zugehöriger Folterkammer. Diese Gebäude stammen noch aus der Zeit der Herren Förtsch, die auch in der ersten erhaltenen Urkunde über Thurnau aus dem Jahr 1239 erwähnt sind. Als deren Geschlecht 1564 ausstarb, begannen unruhigere Zeiten für den Ort, denn die Herren von Giech und Künßberg wurden gemeinsam mit der Herrschaft über den Ort belehnt und lieferten sich daraufhin heftige Auseinandersetzungen.

Ein Zeugnis dieser Reibereien ist der auffällige **Bogen-** oder **Brückengang**, der von der Kemenate des Schlosses direkt in den so genannten Herrenstand der St.-Laurentius-Kirche führt. Die Freiherren von Giech hatten ihn 1683 für sich bauen lassen, so dass sie bei Wind und Wetter trockenen Fußes zum Gottesdienst gehen konnten.

Der Herrenstand besteht aus zwei übereinander gebauten Räumen: Im unteren, kleineren saßen die Künßberger, über ihnen thronten symbolisch die Herren von Giech.

☐ Schwäne, die Wappentiere von Thurnau, auf dem Schlossweiher vor dem prächtigen Schloss.

Übernachtungstipp:
»Antik-Haus« Hagen, Gästehaus
*Kirchplatz 8,
Tel. 09228-1580, Fax 8365,
Hunde und Tabakrauch nicht erwünscht, ab 4 Pers. exklusiver Menü-Service auf Vorbestellung, internationaler Weinkeller*

Region Nordost — Städte / Ortschaften

Der historische **Marktplatz** mit dem **Neptunbrunnen** ist einer der schönsten Plätze der Fränkischen Schweiz. Zahlreiche Bürgerhäuser aus dem 17. und 18. Jahrhundert zeugen vom Wohlstand der damaligen Bevölkerung.

◻ Der Bogengang verbindet das Thurnauer Schloss mit dem Herrenstand der St.-Laurentius-Kirche.

Von hier ist es nur ein Katzensprung zum **Rathaus** am Oberen Markt, das 1751 als Amtshaus der Freiherren von Künßberg erbaut wurde. Gleich nebenan steht die ehemalige Zehntscheune, auf deren riesigem Dachboden einst die Getreideabgaben der Bauern gelagert wurden.

Eines der bekanntesten Häuser in Thurnau ist die ehemalige **Lateinschule** am Kirchplatz, ein prächtiger Renaissancebau aus den Jahren 1598/99. Seit 1982 ist hier das **Töpfermuseum** untergebracht, in dem die gesamte Bandbreite von traditionellen Töpferwaren bis zum modernen Kunstobjekt zu sehen ist.

Zu den Glanzstücken des Museums gehören zwei vollständig erhaltene Thurnauer Kachelöfen sowie eine »Schwarze Küche« aus dem 16. Jahrhundert, die erst bei den Umbauarbeiten des Museums wiederentdeckt und original eingerichtet wurde (s. Ausflugsziele von A bis Z, S. 254).

Der Töpferkunst widmet sich außerdem der **Weihnachtstöpfermarkt** im Schlosshof, der alljährlich am zweiten Adventswochenende stattfindet.

◻ Töpferkunst von Heinz Schnauder: Taubenhaus und Hahnenreiter aus dem Jahr 1973.

Limmersdorfer Lindenkirchweih

Nicht auf die Palme, sondern auf die Linde steigen die Limmersdorfer jedes Jahr mit wahrer Begeisterung. Der Thurnauer Ortsteil, der 2005 sein 750-jähriges Bestehen feiert, ist weithin bekannt für sein Kirchweihfest, das alljährlich um Bartholomä (24. August) oder am folgenden Wochenende stattfindet. Seit mindestens 1729 wird nämlich nicht um die **Tanzlinde** herum, sondern *in der Krone* des altehrwürdigen Baumes getanzt!

Vier ledige Burschen des Ortes organisieren gemeinsam mit vier ledigen Mädchen die Kirchweih, holen sich an den Festtagen im Rahmen eines Festzuges gegenseitig von zu Hause ab und eröffnen anschließend den Tanz. Dann geht es über die »Lizza«, die Treppe, die nur zur Kirchweih aufgebaut wird, hinauf auf die Tanzbruck in etwa vier Metern Höhe. Die Kapelle nimmt ebenfalls in der Baumkrone Platz.

Am Dienstagabend endet die Lindenkirchweih mit einer humorvollen »Predigt« des Kerwa-Pfarrers, und zu guter Letzt wird die Lizza unter Trauermusik eingeholt, was auf gut fränkisch heißt: »Die Kerwa wird begro'm«.

◻ Zur Limmersdorfer Lindenkirchweih wird in der Krone des alten Baumes getanzt.

Wonsees
Ganz schön exotisch

Zu der kleinen Marktgemeinde Wonsees gehören unter anderem das Wacholdertal, der Felsengarten Sanspareil und Burg Zwernitz.

Als am 7. und 9. Juli 1807 der Frieden von Tilsit den vierten Napoleonischen Koalitionskrieg zwischen Frankreich, Preußen und Russland beendete, fiel Wonsees an Frankreich, wurde jedoch bereits 1810 im Vertrag von Paris dem Königreich Bayern überlassen.

Unzertrennlich – Sanspareil und Burg Zwernitz

Seinen exotischen Namen verdankt das Dörfchen **Sanspareil** dem Ausruf eines Besuchers beim Anblick des gerade fertiggestellten Parks: »C'est sans pareil!« Und obwohl der Park mittlerweile viel von seiner einstigen Pracht verloren hat, stimmt der Satz noch immer: »Das ist ohnegleichen!« Der Felsengarten von Sanspareil ist eines der beliebtesten Ausflugsziele im Norden der Fränkischen Schweiz.

Burg Zwernitz wurde 1156 erstmals urkundlich erwähnt und um 1200 zu einer mächtigen Festung ausgebaut. Nach mehreren Besitzerwechseln fiel sie 1338 an die Hohenzollern und diente den Bayreuther Markgrafen als Amtssitz. Im März 1430 handelte der Kurfürst von Brandenburg, Friedrich I., hier einen Waffenstillstand mit den Hussiten aus, und ein Jahrhundert später herrschte auf Burg Zwernitz der berüchtigte Markgraf Albrecht Alcibiades von Brandenburg-Kulmbach. Wegen seiner grausamen Kriegsführung wurde er allgemein der »Wilde Markgraf« genannt. Innerhalb weniger Wochen ließ er im so ge-

Region Nordost — Städte / Ortschaften

nannten zweiten Markgrafenkrieg fast zweihundert Dörfer und unzählige Klöster, Kirchen, Schlösser und Burgen in Schutt und Asche legen. Wenig später erhielt er allerdings die Quittung:

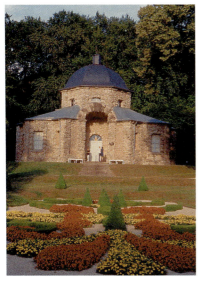

◻ Der Morgenländische Bau war einst Lustschlösschen der Markgrafen von Bayreuth.

Burg Zwernitz wurde 1554 erobert und niedergebrannt, und Albrecht Alcibiades blieb nur noch die Flucht nach Frankreich. Seine Gegner bauten die Burg zwar notdürftig wieder auf, doch während des Dreißigjährigen Krieges (1618–1648) wurde sie erneut zerstört. Allerdings hatte sie diesmal der Markgraf von Bayreuth selbst anzünden lassen, damit sie nicht in die Hände der Feinde fiel.
Nur der baufreudigen Markgräfin Wilhelmine von Bayreuth ist es zu verdanken, dass von der Anlage überhaupt noch etwas erhalten ist: Sie ließ ab 1745 nicht nur die Überreste der Burg instandsetzen, sondern gleichzeitig einen wildromantischen **Felsengarten** anlegen. Der Natur wurde kräftig nachgeholfen, und so entstand eine Vielzahl künstlicher Grotten und Höhlen. Etliche Felsen wurden zu Pilzen, Schirmen oder Tischen umgestaltet. Außerdem zierten ein Naturtheater, zahlreiche Pavillons und Skulpturen den Park.
1810 fiel Sanspareil durch den Vertrag von Paris an das Königreich Bayern und geriet zunehmend in Vergessenheit. Als König Ludwig I. 1838 das Gelände auf Abbruch verkaufte, versetzte er den meisten künstlichen Parkbauten den Todesstoß. Das Lustschlösschen am Eingang des Felsengartens blieb jedoch verschont. Im Innern des so genannten **Morgenländischen Baus** ist noch heute eine kostbare Ausstattung mit Rokokomöbeln, Gemälden und Wandteppichen zu bewundern.

◻ Der Zschokkefels ist Teil des Felsengartens von Sanspareil. Den Ort überragt Burg Zwernitz.

Ab 1942 sorgte die Bayerische Schlösserverwaltung für eine umfassende Sanierung der Burg Zwernitz. Vom 34 Meter hohen Bergfried bietet sich eine herrli-

① Hühnerloch
② Küchenbau
③ Parterre
④ Morgenländischer Bau
⑤ Ehem. Referentenhaus
⑥ Regenschirm und Mentorsgrotte
⑦ Dianengrotte
⑧ Grüner Tisch
⑨ Gespaltener Fels
⑩ Bärenhöhle
⑪ Vulcanshöhle
⑫ Pansitz
⑬ Belvedere
⑭ Ehem. Tanzsaal
⑮ Sirenengrotte
⑯ Kalypsogrotte
⑰ Ruinentheater
⑱ Sibyllengrotte
⑲ Äolusgrotte
⑳ Zschokkefelsen
㉑ Gollerfelsen
㉒ Burg Zwernitz

◻ **Übersicht über den Felsengarten von Sanspareil und Burg Zwernitz.**

che Rundsicht über die Fränkische Schweiz, und in der ehemaligen Zehntscheune sind historische Hieb- und Stichwaffen sowie das einfache Mobiliar der einstigen Ritter zu sehen. Im ganzjährig geöffneten Park gibt es noch immer viele Grotten und Höhlen zu entdecken, die so eigenwillige Namen wie »Hühnerloch«, »Grüner Tisch« oder »Regenschirm« tragen (s. Ausflugsziele von A bis Z, S. 255).

Der Bau der heute so malerischen Gebäude und Anlagen hatte allerdings auch seine Schattenseiten. So schreibt Bernt Engelmann in seinem Buch »Wir Untertanen«: »Steine und Holz kosteten den Markgrafen gar nichts, denn sie stammten aus ›seinen‹ Bergen und Wäldern, und die Arbeit verrichteten Zwangsarbeiter. Den Transport hatten dienstpflichtige Bauern gratis durchzuführen. Die eigentlichen Bauarbeiten wurden von Handwerkern für Hungerlöhne ausgeführt; der ausländische Architekt bekam für ein paar Jahre lang freie Kost und Unterkunft, einen schönen Titel, einen Orden und einen Beutel mit Dukaten. Und für die mühseligen Feinarbeiten, zum Beispiel Blattgold walzen und hämmern für die reichen Vergoldungen, verwendete man geschickte Waisenkinder, die noch dankbar sein mussten, wenn sie für täglich zehn Stunden Arbeit einen Teller Suppe und einen Kanten Brot erhielten. Ja und selbst das Gold, sowohl für die Dukaten wie für die Innenausstattung, kam teils aus dem Ländchen selbst, musste vom Volk in Form von Steuern und Abgaben aller Art erarbeitet werden, oder wurde aus den markgräfli-

Region Nordost — Städte / Ortschaften

chen Bergwerken in Goldkronach (bei Bayreuth) gewonnen, teils stammte es aus den Soldatenverkäufen des Markgrafen an den König von Hannover und Großbritannien und wurde von den in Nordamerika gezwungenermaßen für die Kolonialherren kämpfenden oberfränkischen Untertanen mit ihrem Blut teuer bezahlt.«

☐ Star der Naturbühne, nicht der Leinwand: *Sturnus vulgaris.*

Warum sucht Deutschland noch den Star?

Da in Deutschland nur wenige Stare im wärmeren Tiefland überwintern, kann man sich Jahr für Jahr aufs Neue über die Rückkehr der echten »Stars« freuen, ohne sie bei immer größeren Medienspektakeln mühsam suchen zu müssen.

Wird die Elster als geschwätzig oder diebisch beschimpft, bleibt die unvergleichliche **Stimmkunst** *des Stars (Sturnus vulgaris) oft unbeachtet. Das liegt wohl daran, dass Stare in ihren Gesang alles einbauen, was ihnen anderswo gefallen hat. Täuschend ähnlich ahmen sie andere Vögel oder sogar technische Geräusche nach. Nach der Mauser im Herbst putzt sich der Star besonders schön heraus. Dann trägt sein Federkleid dichte weiße Tupfen (»Perlstar«). Das sind die Spitzen der neuen Federn, die sich aber bis zum Frühsommer so weit abnutzen, dass das Brut- und Sommerkleid grün-violett oder fast schwarz erscheint. Auch der Schnabel ändert im Jahresverlauf seine Farbe: während er im Winter eher unauffälliger und dunkler ist, leuchtet er zur Brutzeit kräftig gelb. Dabei ist die Schnabelbasis beim Weibchen eher rötlich, beim Männchen hingegen deutlich blau gefärbt.*

Stare sind Höhlenbrüter und machen es sich gerne in Baum-, Fels- und alten Spechthöhlen gemütlich. Doch auch Nistkästen werden gerne angenommen.

Zu ihrer vielseitigen Ernährung gehören Schnecken, Würmer, Raupen und andere Insekten, und so lange sie diese erbeuten, sind Stare im Garten gern gesehene Gäste. Durch ihre ausgeprägte Vorliebe für Beeren und Kirschen haben die Vögel es sich allerdings schon mit vielen Landwirten verscherzt. Denn fällt ein Schwarm Stare in der Kirschenplantage ein, kann man die Ernte vergessen.

Mistelgau
Kunst in der Natur

Der 587 Meter hohe Tafelberg **Neubürg** ist das nördliche Gegenstück zur Ehrenbürg (Walberla). Bis vor kurzem hielt sich der Bekanntheitsgrad der Neubürg noch in engen Grenzen. Doch im Oktober 2002 endete ihr Dornröschenschlaf. Unter der künstlerischen Leitung des Hollfelders Wolfgang Pietschmann entstand ein Kunstwanderweg um die Neubürg. Diesen **NaturKunstRaum** zieren zehn Werke von Künstlern aus Deutschland, Frankreich und der Schweiz. Verarbeitet wurden größtenteils heimische Materialien. So stammen zum Beispiel die Kalksteine der »Milchstraße« von Carlotta Brunetti und des »Zeitmessers« von Uwe Mädger aus einem Hollfelder Steinbruch. Die Eiche für Beat Breitensteins »Öffnung der Kraft« kommt aus dem Glashüttener Forst, und die Weidenruten für Christof Roßners »Hörner« wurden direkt unterhalb der

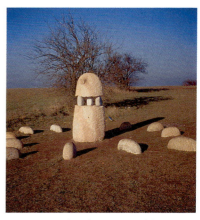

□ »Der Samen der Zeit« von Jean Michel Moraud ist eines von zehn Kunstwerken auf der Neubürg.

Neubürg geschnitten. Weitere Stationen entlang des Kunstwanderwegs sind »Kumulus«, eine auf der Erde ruhende Wolke, »Der Samen der Zeit«, das »Lebensrad« von Wolfgang Pietschmann, »Windlöffel«, »Klatschschnäbler« und

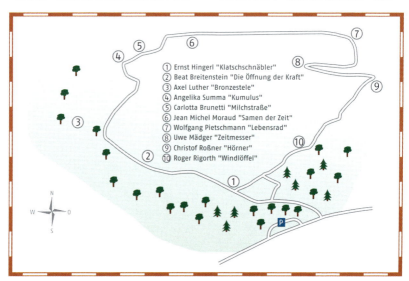

□ Die zehn Stationen des NaturKunstRaums Neubürg im Überblick.

Region Nordost — Städte / Ortschaften

die »Bronzestele« von Axel Luther aus Bayreuth. Die zehn Skulpturen reihen sich wie ein Zauberkreis rund um die Neubürg und sind bereits zu einem beliebten Ausflugsziel geworden.

Einst war die Neubürg ein germanisches Heiligtum und galt als Wohnstatt des Göttervaters Wotan. Daher leitet sich der Ortsname Wohnsgehaig (»Wotansgeheg«) ab. In der Gefolgschaft Wotans befanden sich unter anderem ein Dutzend Zwerge, die einer Quelle ihren heutigen Namen gaben, der Blutsquelle.

Der Zwergenbrunnen oder die Blutsquelle der Neubürg

Einst hatte Wohnsgehaig einen eigenen Schäfer, der tagein tagaus mit dem Strickstrumpf in der Hand seine Herde bewachte. Ein schwarzer Schäferhund war sein ständiger Begleiter und folgte dem Herrn aufs Wort.

Eines Tages jedoch bekam der Hund die Angewohnheit, um die Mittagszeit eine halbe Stunde lang zu verschwinden. Wenn das Tier dann zurückkam, verschmähte es sein kärgliches Futter. Nach einer Woche dachte sich der Schäfer eine List aus: Er knüpfte dem Hund ein Ende seines Strickknäuels ans Halsband, und als das Tier zur Mittagsstunde wieder forteilte, brauchte der Hirte nur dem abrollenden Wollfaden folgen. Atemlos erreichte er eine ihm unbekannte Felsspalte und gelangte durch einen langen, schmalen Gang in eine prachtvolle Höhle. Ein Tisch bog sich unter der Last köstlich duftender Speisen, an denen sich ein Dutzend Zwerge labte. Der Hund des Schäfers fraß gierig ihre Speisereste von einem silbernen Teller.

Kaum hatte der Hirte die Höhle betreten, luden die Zwerge den armen Mann freundlich ein, zuzugreifen, und dieser aß sich endlich einmal richtig satt. Als er sich dankbar zum Gehen wandte, bedauerte der Schäfer nur, dass seine liebe Frau sich derweil mit Kartoffelsuppe und Brot begnügen müsse. Da schenkten ihm die Männlein ein blendend weißes Leinentuch und sprachen: »Breite dieses Tuch über Deinen Tisch, und Du wirst nie mehr Not leiden. Aber sprich mit niemandem über das, was Du heute erlebt hast!«

◻ Der Name von Wohnsgehaig leitet sich vom Göttervater Wotan ab.

Daheim angekommen, deckte der Mann sein geheimnisvolles Leintuch über den Tisch. Wie durch Zauberhand erschienen allerlei Köstlichkeiten in prunkvollen Gefäßen. Von nun an aßen die beiden jeden Tag Gebratenes und Gebackenes und luden Freunde und Verwandte ein, um an ihrem Überfluss teilzuhaben. Lange Zeit hielt sich der Schäfer eisern daran, nicht über die Herkunft des sagenhaften Leintuchs zu sprechen. Eines Abends jedoch machte ihn der Wein redselig, und er vertraute seiner Frau das Geheimnis an. Von diesem Augenblick an verlor das Tuch seine Zauberkraft, und die armen Leute aßen wieder Brot, Wassersuppe und alte Kartoffeln. Droben in der Felshöhle aber gerieten die Zwerge in heftigen Streit, weil sie das Tuch einem Unwürdigen geschenkt hatten und erstachen sich gegenseitig. Neun Tage lang quoll Blut aus dem Berg und färbte das Wasser der schönsten Quelle rot. Seit dieser Zeit heißt sie nun Blutsquelle oder Zwergenbrunnen.

Teufelswerk oder Laune der Natur?

Die Wälder südlich von Bayreuth beherbergen Naturschätze, die stark an die Pfalz mit ihren imposanten Buntsandsteinformationen erinnern: Teufelsloch, Teufelsbrücke und Buchstein heißen drei dieser faszinierenden Gebilde, die am nördlichen Rand der fränkischen Karstlandschaft liegen und zahllose Besucher in ihren gar nicht teuflischen Bann ziehen.

Das Naturschutzgebiet **Teufelsloch** ist eine enge, wasserführende Schlucht, in der sage und schreibe 14 Höhlen verborgen liegen.

Bei der **Teufelsbrücke** handelt es sich um einen 11 Meter breiten Naturbogen über den Teufelsgraben. Unter ihr plätschert ein Bächlein, das am oberen Rand der Schlucht entspringt.

Der **Buchstein** ist ein Naturdenkmal bestehend aus einer ganzen Reihe von Sandsteinfelsen, die wie die Zinnsoldaten am Hang aufgereiht sind. Fachleute erkennen an ihnen unterschiedlichste Verwitterungsformen wie Waben- und Röhrenstrukturen, Bröckellöcher, Krusten oder Alaunausblühungen. Doch auch dem Laien – und besonders spielenden Kindern – bieten diese Buntsandsteine unzählige Entdeckungsmöglichkeiten!

Hollfeld
Sankt Gangolf lässt grüßen

☐ 38 Meter hoch ist das Wahrzeichen von Hollfeld, der Gangolfs-Turm.

Den Ortskern des 1000 Jahre alten Städtchens überragt der 38 Meter hohe **Gangolfs-Turm** am Marienplatz, das Wahrzeichen von Hollfeld. Mit seinem hölzernen Wehrgang und einer kleinen Türmerwohnung diente er hauptsächlich als Wehrturm. Noch bis 1971 war die Türmerwohnung bewohnt. Sämtliche kleineren Gebrauchsgegenstände sowie Lebensmittel und Wasser wurden bis zuletzt in einem Eimer auf den Turm hinaufgezogen.

Zu den Aufgaben des Türmers gehörte stets auch das Läuten des Irrglöckleins. Dieser Brauch beruht auf einer Sage, nach der drei im Wald verirrte Schwestern nur dank eines schwachen Glockenklanges zu ihren Rettern und zurück nach Hause fanden. Aus Dankbarkeit für die Rettung ihrer Kinder stifteten die damaligen Schlossherren für den Turm der Gangolfskirche ein Glöckchen. Seit über 300 Jahren wird täglich zwischen 21.45 und 22 Uhr das Irrglöcklein geläutet, um verirrte Wanderer wieder auf den rechten Weg zu führen. Ab 1972, nach dem Tod des letzten Türmers, war das Glöckchen allerdings drei Jahre lang nicht mehr zu hören. Erst als der Turm 1975 saniert wurde, belebte eine elektrische Läuteanlage diesen Brauch wieder. Die Ursprünge der angebauten **Gangolfskirche** reichen bis ins 11. Jahrhundert zurück, auch wenn das heutige Gebäude aus dem frühen 18. Jahrhundert stammt. Das »Kulturzentrum St. Gangolf« dient während der alljährlichen Hollfelder Kunstausstellung als Schauraum und wird ganzjährig für Konzert- und Theateraufführungen genutzt.

Das **Rathaus** liegt ebenfalls am Marienplatz. Dort kann während der Amtsstunden (werktags 8–12 Uhr und 14–16 Uhr, bzw. Do. 14–18 Uhr, Tel. 09274-9800) am Empfang der Schlüssel für den Gangolfs-Turm ausgeliehen werden. Über 98 Stufen erklimmt man den hölzernen Wehrkranz des Turms, von dem aus sich eine herrliche Aussicht über das Städtchen bietet.

Vor dem Rathaus befindet sich ein 38 Meter tiefer **Ziehbrunnen**, den vermutlich Kriegsgefangene im 15. Jahrhundert ausheben mussten. Das Brunnenhäuschen, das ihn heute schützt, wurde erst 1936 gebaut.

Vom Marienplatz in Richtung Oberes Tor steht die barocke **Nepomuk-Kapelle** aus dem Jahr 1734. Sie ist mit Blumen und dem Wappen ihres Stifters geschmückt, des Häfners Georg Reis.

Das **Obere Tor** stammt aus der Zeit um 1300. Es war früher ein Brückentorturm, dessen Schlagbrücke über einen tiefen Graben führte. Im 19. Jahrhundert diente das Obere Tor als Herberge für wandernde Zunftgenossen und Handwerksburschen. Heute proben in den Räumen die Jugendblaskapelle und der Spielmannszug.

Doch auch zwei Hollfelder Museen lohnen einen Besuch. In der alten, sanierten **Museumsscheune** erhält der Besucher einen Einblick in bäuerliche Arbeitskultur und alte Handwerkstraditionen. Hier werden landwirtschaftliche Geräte, Hausrat zum Buttern und Brotbacken, Einrichtungen einer Wagnerei, Schmiede, Schusterwerkstatt und Sattlerei mit wertvollem Kuh- und Pferdegeschirr gezeigt.

❑ Früher führte am Oberen Tor eine Schlagbrücke über einen Graben. Etwas unterhalb steht die Nepomuk-Kapelle aus dem Jahr 1734.

Im ehemaligen Hollfelder Brauhaus ist heute das **Künstlerstadl** untergebracht. Hier sind auf 360 Quadratmetern eine Skisammlung, eine alte Zahnarztpraxis, ein Frisörsalon, eine Korbflechterwerkstatt sowie ein Schneiderzimmer nachgebildet (s. Ausflugsziele von A bis Z, S. 253).

Waischenfeld
Sympathisches Städtchen mit Flair
Mit seinem alten Ortskern, den bestens erhaltenen Fachwerkhäusern und Scheunen sowie den schmalen Häuserzeilen ist der Luftkurort Waischenfeld ein beliebtes Urlaubsziel.
1122 wurde Waischenfeld erstmals erwähnt und kam im 13. Jahrhundert in den Besitz der Schlüsselberger. Konrad II. von Schlüsselberg unterstützte König Ludwig den Bayern im Krieg gegen dessen Habsburger Gegenkönig Friedrich den Schönen. Zum Dank dafür verlieh König Ludwig Waischenfeld im Jahr 1316 die Markt- und Stadtrechte. Bald darauf begann der Bau einer Ringmauer, die mit der Burgbefestigung vereint wurde.
Während der zahlreichen Kriege wurden die Befestigungsanlagen jedoch mehrfach zerstört: 1430 fielen die Hussiten in Waischenfeld ein und verwüsteten das Städtchen. Im zweiten Markgrafenkrieg 1553 brannten 80 Häuser nieder, und auch 1632 wurde die Stadt im Schwedenkrieg ausgebrannt. Nach dem Abzug der Schweden rächten sich die Waischenfelder allerdings an den Rabensteinern, die auf der Seite der Schweden gestanden hatten, indem sie ihre Burg in Schutt und Asche legten.

Aussichtsreiches Wahrzeichen
Die Ursprünge der **Burg Waischenfeld** reichen ins 11. Jahrhundert zurück. Wirint von Waischenfeld wurde 1079 in einem Brief von Papst Gregor VII. mit der Exkommunikation bedroht, falls er die zu Unrecht empfangenen Kirchenlehen nicht zurückgebe. Es ist anzunehmen, dass Wirint tatsächlich mit dem Kirchenbann belegt wurde, bevor er 1112 reumütig in das Kloster Michelsberg bei Bamberg eintrat.
Gut hundert Jahre später, anno 1216, gelangte Burg Waischenfeld – wie so viele fränkische Burgen auch – in den Besitz der Schlüsselberger. Nach dem Tod Konrads II. gingen Burg und Stadt

◻ Blick auf den Ortskern mit seinen gut erhaltenen Fachwerkhäusern.

Region Nordost — Städte / Ortschaften

◻ Das Wahrzeichen von Waischenfeld: der Steinerne Beutel.

zu, die nicht mehr repariert wurden. Wenige Jahre später fiel Burg Waischenfeld an Bayern. 1815 wurde das Alte Schloss auf Abbruch verkauft und als Steinbruch für den Bau von Rathaus und Scheunenviertel missbraucht. Bis 1889 hatte Waischenfeld den Hauptteil der »alten« Burg vollständig dem Erdboden gleichgemacht.

Gut erhalten ist dagegen noch das Neue Schloss, das seit 2003 im Besitz der Stadt Waischenfeld ist. Es umfasst als »Haus des Gastes« eine Burgschänke, eine Galerie, Tagungsräume sowie einen einladenden Biergarten, und auf der Freilichtbühne finden im Sommer Aufführungen und Konzerte statt (s. Ausflugsziele von A bis Z, S. 255).

Waischenfeld 1349 an das Hochstift Bamberg über und wurden ein beliebter Sommersitz der Fürstbischöfe. 1518/19 entstand im Burghof an der Stelle des ehemaligen Gesindehauses ein neues Wohnhaus, das Neue Schloss. Die eigentliche Burg, das Alte Schloss, wurde spätestens ab diesem Zeitpunkt nicht mehr bewohnt. Es diente allenfalls noch als Getreidespeicher und verfiel allmählich.

Französische Revolutionstruppen fügten 1796 der Burganlage erhebliche Schäden

> **Übernachtungs- und Einkehrtipp:**
> **Gasthof-Pension Thiem**
> OT Langenloh, Tel. 09202-357,
> Di. Ruhetag, gute Saisonküche,
> Mittags-, Kaffee- und Abendtisch,
> Gästezimmer mit Du/WC, Tel.,
> TV, Radio, Terrasse und Garage,
> www.gasthof-thiem.de

Auch der Rundturm **Steinerner Beutel**, das Wahrzeichen von Waischenfeld, hat die Jahrhunderte gut überdauert. Von ihm bietet sich eine herrliche Rundsicht über das Wiesenttal.

Die katholische **Pfarrkirche St. Johannes der Täufer** geht auf eine Burgkapelle aus dem 14. Jahrhundert zurück, als deren Stifter Konrad II. von Schlüsselberg gilt. Im Hussitenkrieg 1430 wurde die Kirche zerstört und vergrößert wieder aufgebaut. Rund hundert Jahre später wurde sie erneut auf- oder völlig umgebaut. Den Neubau hatte der in Waischenfeld geborene Weihbischof von Wien, Friedrich Grau, genannt Nausea, beauftragt. Nach dessen Tod 1552 und den Schäden, die der zweite Markgrafenkrieg hinterlassen hatte, wurde der Bau jedoch nur vereinfacht zu Ende geführt. An Nausea erinnert eine Gedenktafel an der rechten Innenwand der Pfarrkirche.

Bei Renovierungsarbeiten im Jahre 1935 wurden an den Deckengewölben des Haupt- und Nebenchors Fresken aus dem späten 16. Jahrhundert freigelegt.

Hinter der Pfarrkirche liegt die **St.-Anna-Kapelle** von 1509. In ihr werden die Knochen des Friedhofs aufbewahrt, der einst dem Bau der Pfarrkirche weichen musste. Der Überlieferung zufolge sammelte eine verwirrte Frau all diese Knochen auf und stapelte sie im Gebeinhaus unter der Kapelle wie Holzscheite aufeinander. Erlanger Anatomiestudenten holten sich hier bis Mitte des 20. Jahrhunderts original fränkische Totenschädel, bis diese Selbstbedienung durch ein Eisengitter beendet wurde.

☐ Viel Geschick ist nötig, um beim Brühtrogrennen das Ziel zu erreichen.

Schwein gehabt?!

Jeweils am zweiten Sonntag im August findet auf der Wiesent bei Nankendorf ein ungewöhnliches Spektakel statt: das **Brühtrogrennen**.

Wer denkt, ein Brühtrog sei lediglich eine Holzwanne, in der geschlachteten Schweinen die Borsten entfernt werden, der kann sich hier eines Besseren belehren lassen.

Alljährlich gehen rund zwanzig Zweierteams an den Start der 250 Meter langen Strecke: Dabei wird die erste Hälfte flussabwärts gefahren, die zweite Hälfte jedoch gegen die Strömung.

Da ist eine gehörige Portion Kraft gefordert – aber noch mehr Geschick, denn diese wackeligen Holzbottiche haben alles andere als eine stabile Wasserlage. Zur allgemeinen Belustigung landen daher viele Mannschaften vorzeitig im Wasser. Doch Mitmachen lohnt sich, denn den zeitschnellsten Damen- und Herren-Teams winken attraktive Preise. Zusätzliche Wettbewerbe ergänzen das Programm, wie etwa das Schubkarrenrennen über einen schwankenden Baumstamm, bei dem nur etwa zehn Prozent der Teams das Ziel erreichen. Die Teilnahme ist übrigens kostenlos und für jedermann möglich, Brühtröge und Schubkarren werden gestellt. Ansprechpartner ist Kurt Neuner (Tel. 09204-1218).

Veranstalter ist die Freiwillige Feuerwehr Nankendorf, die auch die Kinder bestens beschäftigt: Sie können zum Beispiel unter fachmännischer Anleitung ein brennendes Häuschen löschen oder sich auf der Hüpfburg austoben, während sich die Eltern an gemütlicher Blasmusik und fränkischen Spezialitäten wie Küchla und gegrilltem Fisch erfreuen.

Region Nordost — Städte / Ortschaften

Überragend – Burg Rabeneck

Hoch über dem Wiesenttal ragt auf der äußeren Spitze eines Dolomitfelsens Burg Rabeneck empor. Im Jahr 1257 wurde ein Mann namens Siboto von Rabeneck erstmals urkundlich erwähnt, doch die Burg ist vermutlich noch deutlich älter.

Um 1322 gelangte die Anlage unter Konrad II. in Schlüsselberger Besitz. Sie hatte strategische Bedeutung, da der Verbindungsweg zwischen den Hauptburgen Neideck und Waischenfeld einst hier über den Höhenzug führte. Nach dem Erlöschen des Geschlechts der Schlüsselberger gelangte Burg Rabeneck 1353 an die Rabensteiner und deren Verbündete, die Stadt Nürnberg.

1525 wurde Rabeneck von aufständischen Bauern niedergebrannt. Diesmal wurden die Burgmauern jedoch aus massiven Steinen wieder aufgebaut, und die Mauerteile der Hauptburg überdauerten viele Epochen.

Eine Blütezeit erlebte die Burg als Besitz des Daniel von Rabenstein, doch unter seinen Nachfahren verfiel ein Großteil der Anlage. Da es Unsummen gekostet hätte, sie zu restaurieren, wurde Burg Rabeneck 1620 an das Hochstift Bamberg verpfändet. In dieser so genannten Kipper- und Wipperzeit trat allerdings eine drastische Münzverschlechterung und Geldentwertung ein, die bis 1623 dauerte. Die Pfandzahlungen wurden somit fast wertlos, und die Rabensteiner

»Literaturhochburg« Pulvermühle

Im Oktober 1967 stand der Gasthof Pulvermühle bei Waischenfeld im Rampenlicht der deutschen Literaturszene. Die politisch motivierte »Gruppe 47«, die Hans Werner Richter 1947 ins Leben gerufen hatte, hielt hier ihr jährliches Treffen ab.

Über siebzig Schriftsteller, darunter so bekannte Namen wie Siegfried Lenz, Günter Eich, Günter Grass und Marcel Reich-Ranicki, hatten sich für die Fränkische Schweiz entschieden, um in aller Ruhe diskutieren zu können. Doch in der schwer angeschlagenen Gruppe herrschte schon zu Beginn eine gedrückte Stimmung, da viele – vor allem Kritiker – gekommen waren, um das Scheitern der Gruppe mitzuerleben. Gerade als sich die vertraute Atmosphäre wieder einstellen wollte, sorg-

ten Störenfriede vor dem Gasthaus für Tumult, und dieser schwappte auch in den Lesungssaal über. Es kam zum Streit zwischen Reinhard Lettau und Günter Grass, die ideologischen Fronten brachen auf. Erst im letzten Augenblick konnte Hans Werner Richter die Situation retten, und die Tagung nahm einen versöhnlichen Ausklang. Das »Begräbnis« der Gruppe war somit vorerst abgewendet, doch mit dem Treffen in der Pulvermühle verlor die Literatengruppe an Bedeutung. Im Folgejahr verhinderte der Einmarsch der Roten Armee die geplante Tagung in der Nähe von Prag, und 1972 traf man sich nur im kleinen Kreis in Berlin. Das letzte Treffen der »Gruppe 47« fand schließlich im September 1977 in Saulgau statt.

erhielten schließlich 1717 ihre Burg nach aufwändigen Prozessen vollständig zurück. Zudem musste Bamberg einen Kredit für den Wiederaufbau der Hauptburg gewähren, die Vorburg hingegen wurde aufgelassen.

Nach dem Tod des letzten Rabensteiners 1742 ging Burg Rabeneck als Lehen an die Grafen von Schönborn, ihre letzten adeligen Besitzer (s. Ausflugsziele von A bis Z, S. 255).

☐ War im Mittelalter groß in Mode: Ritterrüstung auf Burg Rabeneck.

1975 erwarb Norman Schiller die Burg und machte sie wieder bewohnbar. Wer sich selbst einmal als Burgherr oder Burgfräulein fühlen möchte, ist herzlich eingeladen, die Burg für eine außergewöhnliche Veranstaltung mit Spanferkel und Fassbier zu mieten (Tel. 09202-565).

Riesenattraktion für Groß und Klein

Die **Riesenburg**, dieser »Wohnsitz der Giganten« in der Nähe von Doos, diente einst schlicht als Stall-Ersatz für Schafe und Ziegen und erhielt so den Namen »Geißkirche«.

Anfang des 19. Jahrhunderts wurde Graf Erwein von Schönborn-Wiesentheid auf die imposanten Felsgewölbe oberhalb der Wiesent aufmerksam. Um sie leichter und ungefährlicher erreichen zu können, ließ der Graf 1817 eine Holztreppe in der Geißkirche anbringen. Da diese aber auf dem Gemeindegrund von Engelhardsberg stand und der Graf nicht ordnungsgemäß um Erlaubnis gefragt hatte, musste er die Treppe wieder abreißen lassen.

Zehn Jahre später gab es erneut eine Holztreppe in der Geißkirche, doch diesmal gelang es dem Grafen nach zähen Verhandlungen, das stolze Felsgemäuer für 100 Gulden zu kaufen. Als König Ludwig I. 1830 auf seiner Reise durch den Obermainkreis auch das Wiesenttal besuchte, wurde der Aufstieg in die Riesenburg durch zahlreiche solide Steinstufen und ein Geländer zugänglich gemacht. So ist sie noch heute ein beliebter Anziehungspunkt für Jung und Alt.

☐ Die Fliegenragwurz (*Ophrys insectifera*) lockt begattungshungrige Grabwespenmännchen an.

Region Nordost — Städte / Ortschaften

Scheinheilig: die Fliegenragwurz

Die Fliegenragwurz (Ophrys insectifera) ist schamlos und egoistisch: Sie täuscht vor, ein begattungswilliges Insektenweibchen zu sein und nutzt so die Kopulationslust der Männchen aus. Ihre oberen, fadenförmigen Blütenblätter sehen aus wie Fühler, die dazwischen liegenden Pollenpakete wie Augen. Und durch ihre samtige Behaarung gleicht die Blüte einem Insektenleib. Die »Zielgruppe« besteht allerdings nicht aus Fliegen, wie der Name vermuten lässt. Vielmehr verströmt die Blüte der Fliegenragwurz den Sexuallockstoff weiblicher Grabwespen. So lockt sie erwartungsvolle Grabwespenmännchen an, die dabei die Pflanze befruchten. Doch nicht genug, dass die Insektenmännchen um den ersehnten »Sex« gebracht werden, die Fliegenragwurz entschädigt sie noch nicht einmal mit Nektar.

Die Orchidee ist obendrein schlau und macht sich nicht von den Insekten abhängig. Haben diese einmal keine Lust oder das falsche Spiel durchschaut, so vermehrt sich die Fliegenragwurz kurzerhand durch Teilung der Knolle.

Da sie es sonnig, warm und kalkhaltig liebt, fühlt sich die Fliegenragwurz in der Fränkischen Schweiz sehr wohl. Trotz allem ist die Pflanze selten, steht unter Naturschutz und sollte nur auf Celluloid (oder als Bilddatei) mit nach Hause genommen werden.

Einen Kilometer westlich von Köttweinsdorf steht die 4,80 Meter hohe **Weiße Marter**, die größte und vielleicht schönste Bildsäule der Fränkischen Schweiz. Ihre Existenz verdankt sie dem Metzger-

☐ Die Weiße Marter bei Köttweinsdorf ist die größte Bildsäule der Fränkischen Schweiz.

meister Otto Wich aus Kronach, der nach seiner Genesung von einer schweren Krankheit nach Gößweinstein pilgerte. Auf dem Weg dorthin sah er in der Ferne die beiden Türme der Dreifaltigkeitsbasilika in der Sonne strahlen. Von diesem Anblick überwältigt, beschloss er, an Ort und Stelle eine Gedenksäule zu Ehren der Heiligen Dreifaltigkeit errichten zu lassen.

Ahorntal
Romantische Burgenwelt

Das enge, gewundene Ailsbachtal ist eine typische Juralandschaft. Schmale Uferwiesen werden von felsigen Berghängen gesäumt, die eine abwechslungsreiche Mischung aus Wacholderheide, Kiefern und Burgen ziert.

◻ Hoch ragt Burg Rabenstein über der hübschen Neumühle empor.

Hauptort der Großgemeinde Ahorntal ist Kirchahorn. **Oberailsfeld** mit seiner stattlichen Kirche ist wahrscheinlich der älteste Ort der Gemeinde und wurde bereits um 850 im Auftrag des Würzburger Bischofs angelegt.

Über Jahrhunderte bestimmte das Geschlecht der Edelfreien von und zu Ahorn die Geschichte des Ailsbachtales. Zunächst ließ die Herrscherfamilie bei Kirchahorn ein Wasserschloss bauen, von dem heute fast nichts mehr zu sehen ist. Später errichteten sie auf dem Klaustein eine sichere Burg – die heutige **Klaussteinkapelle**. Doch diese wurde ihnen allmählich zu klein, und so entstand wiederum **Burg Rabenstein**.

Unterhalb von Burg Rabenstein zieht die **Sophienhöhle**, eine gut ausgebaute Schauhöhle, zudem zahlreiche Touristen in den Bann der Unterwelt.
Auch in **Trockau** und **Adlitz** stehen heute noch Beispiele der reichen Burgenlandschaft des Mittelalters, wenngleich die meisten Herrschaftssitze im Laufe der Jahrhunderte zerstört wurden.

Eine noble Adresse – Burg Rabenstein

Sechzig Meter über dem Ailsbachtal thront diese schöne Felsenburg. Sie wurde Ende des 12. Jahrhunderts von den Edelfreien von und zu Ahorn erbaut, gelangte jedoch bald in den Besitz der Schlüsselberger.

◻ Bei den Mittelalterspielen verwandelt sich das Gelände vor Burg Rabenstein in eine Zeltstadt.

Einkehrtipp:
Gasthof-Pension Neumühle
*(unterhalb der Burg Rabenstein)
Tel. 09202-228, Mo. nachm. geschlossen,
gute fränkische Küche, Lamm aus eigener Zucht, lebendfrische Forellen, Gästezimmer mit Du/WC, z.T. Balkon, auf Wunsch TV, großer Parkplatz*

Region Nordost — Städte / Ortschaften

Sechzig Meter über dem Ailsbachtal thront Burg Rabenstein auf einem Felsen.

Nach dem Tod Konrads II. 1347 fiel Burg Rabenstein an die Nürnberger Burggrafen, die sie daraufhin an verschiedene Adelige verliehen.
1557 wurde das Lehen den Rabensteinern übertragen, und Daniel von Rabenstein ließ die Burg großenteils umbauen. Im Dreißigjährigen Krieg (1618–1648) ging die Burganlage allerdings in Flammen auf: Hans Christoph von Rabenstein hatte auf Seiten der Schweden gestanden, und nach deren Abzug fiel die katholische Landbevölkerung, die vorher arg gelitten hatte, über die Burg her und brannte sie nieder.
Anlässlich des Besuchs von König Ludwig I. wurde die Ruine 1829/30 wieder aufgebaut. Die heutigen Besitzer haben Burg Rabenstein in ein Tagungshotel umgewandelt (s. Ausflugsziele von A bis Z, S. 255).
Seit 2002 wird auf Burg Rabenstein ein mittelalterlicher Markt abgehalten und das einstige Burgleben in Form von Ritterspielen und Ritterturnieren wieder lebendig. Die Termine können unter Tel. 09202-972599 erfragt werden.

Einmal im Jahr bestimmen Ritter und Burgfräulein das Geschehen auf Burg Rabenstein.

Creußen
Vom Roten Main umschlungen

Das Städtchen ist vor allem bei Liebhabern der Creußener Krüge bekannt, hat aber auch Geschichtsfreunden einiges zu bieten: Die mittelalterlich geprägte Altstadt thront auf einem Sandsteinfelsen und wird von einer intakten Stadtmauer aus dem 14. Jahrhundert schützend umgeben. Mehrere Häuser schmiegen sich direkt an die Stadtbefestigung mit ihren Toren und Wehrtürmen an, und die alte Apotheke am Heziloplatz integriert sogar einen Rundturm in ihre Fachwerkfassade. Das historische Rathaus mit den spätmittelalterlichen Brot- und Fleischbänken ist ebenfalls sehenswert.

❏ Der Nachtwächter von Creußen vor den spätmittelalterlichen Brot- und Fleischbänken.

Eine Reise in die Vergangenheit ist nach Voranmeldung bei der Tourist-Information möglich: ein Rundgang mit dem **Nachtwächter**!

Das **Hintere Tor**, der nördliche Haupteingang der Stadt, wurde zwischen 1358 und 1361 errichtet. Die Jahreszahl 1601 im Schlussstein des Torbogens stammt von einer nachträglichen Befestigung. Neben dem Tor steht der Hunger- oder **Malefizturm**, der einst als Wachturm und Gefängnis erbaut wurde.

Die Wächterstube über dem Tor beherbergt heute das Krügemuseum mit dem weltberühmten **Creußener Steinzeug**. Diese Steinzeugkrüge wurden im 17. und 18. Jahrhundert für den ganzen süddeutschen Raum gefertigt. Die Creußener Krüge sind vor allem für ihre Leichtigkeit und schönen Farben bekannt. Nach dem Tod des letzten Krugmachers ging diese Kunst jedoch verloren. Mit über 160 Exponaten bietet das **Creußener Krügemuseum** einen umfassenden Überblick über die Welt der Krugmacherkunst (s. Ausflugsziele von A bis Z, S. 251).

Gleich neben der Wächterstube steht das ehemalige Haus des Scharfrichters, das seit Frühjahr 2004 einen Teil der Ausstellung aufgenommen hat.

Das **Eremitenhäuschen** in Creußen ist eine Rarität: Es gilt als einzige erhaltene bürgerliche Eremitage Deutschlands und steht somit im Gegensatz zu den zahlreichen Eremitagen in Adelsbesitz. Das Gartenhäuschen in der Neuhofer Straße wurde um 1760 vom Creußener Theologen Johann Theodor Künneth in einem Konglomerat verschiedener Baustile und Schmuckelemente erbaut.

Barocke Vierkantpfeiler und spätgotische Spitzbogen von Maßwerkfenstern sowie Engelköpfe aus dem 17. Jahrhundert zieren die Außenseite.

Das Eremitenhäuschen ist in Privatbesitz, kann jedoch nach Rücksprache mit

Region Nordost — Städte / Ortschaften

Herrn oder Frau Kautler (Tel. 09270-8424) oder der Stadt Creußen gerne besichtigt werden.

Im Zentrum des Marktplatzes steht das **ehemalige Brauhaus** Creußens. Bis 1957 brauten die Creußener hier ihr würziges Bier und lagerten es in den vielen verzweigten Sandsteinkellern unter der Stadt. Heute dient das frühere Brauhaus als evangelisches Gemeindehaus.

Du hast wohl einen Vogel?!

Für Naturfreunde ist ein Besuch des **Craimoosweihers** Pflicht. Das Naturschutzgebiet liegt etwa drei Kilometer südlich von Creußen und ist über die B2 / B85 oder von der Bahnstation Schnabelwaid aus gut zu erreichen. Der Weiher ist nicht nur Brutstätte der einzigen Lachmöwenkolonie Oberfrankens. Hier leben auch viele Wasservögel, vor allem Wildenten wie die Knäk-, Löffel-, Reiher- und Schnatterente. Selbst der seltene Schwarzhalstaucher, der Schwarzstorch und sogar Fischadler sind hier noch gelegentlich zu sehen. Das Gelände sollte also während der Brutzeit der Vögel nicht betreten werden, das rege Treiben lässt sich auch aus größerem Abstand durch ein Fernglas beobachten!
Außerdem beherbergt der Craimoosweiher eine reiche Amphibienfauna, deren Quakkonzert während der Laichzeit weithin zu hören ist.
Nicht zuletzt ist der Weiher auch eine geographische Besonderheit als **Wasserscheide**, da er sein Wasser sowohl nach Norden in den Roten Main, als auch nach Süden zur Fichtenohe und damit zur Pegnitz hin abgibt.

Der Grünewaldaltar

Zwischen Creußen und Trockau liegt die kleine Ortschaft **Lindenhardt**.
Die **St.-Michaelskirche** steht nicht nur im Zentrum des Ortes, sie ist auch ihre wichtigste Sehenswürdigkeit.
Der westliche Teil des Chores (mit dem Sterngewölbe) entstand in der ersten Hälfte des 15. Jahrhunderts, später folgte das fast quadratische Kirchenschiff. Nach der Zerstörung der Kirche durch den verheerenden Brand von 1684 wurden beim Wiederaufbau die Emporen eingefügt.
Der geschlossene Altar (Werktagsseite) und die Altarrückseite bergen das erste datierte Werk des Malers Mathis Gothart-Nithart, genannt Grünewald. In diesen Gemälden werden bereits Grundzüge seines Schaffens sichtbar, die überall in seinen späteren Werken anzutreffen sind: die fein differenzierte Farbigkeit und die bewusst malerische Konzeption. Auf den beiden Flügelbildern sind die vierzehn Nothelfer dargestellt. Links führt St. Georg eine Schar von Heiligen an, während rechts St.

☐ **Vogelparadies: der Craimoosweiher.**

Dionysius als Hauptfigur erscheint. Mittelpunkt ist jedoch das Jesuskind auf der Schulter des Christopherus. Der Christus als Schmerzensmann auf der Schreinrückseite dürfte ebenfalls ein Werk von Mathis Grünewald sein.
Von Ostern bis Oktober stehen in einem Mitteilungskasten vor der Kirche die Namen und Anschriften der jeweiligen Kirchenführer. In den Wintermonaten ist eine vorherige Anmeldung unter Tel. 09246-263 erwünscht, die außerhalb der Bürozeiten (Mo. und Do. 14 bis 17.30 Uhr) ein Anrufbeantworter entgegennimmt.

Tödliche Falle – vom Winde verweht

*Ein Insekt, das an den wie Tautropfen glänzenden Tentakeln des **Sonnentaus** (Drosera rotundifolia) seinen Durst stillen will, geht der Fleisch fressenden Pflanze im wahrsten Sinne des Wortes auf den Leim. Die Tröpfchen sind nämlich äußerst klebrig und lassen das Insekt nicht mehr los – Gegenwehr ist zwecklos. Versucht das Tier, sich durch heftiges Zappeln zu befreien, kommt es mit immer mehr Tentakeln in Berührung. Schließlich sondert die Pflanze einen Verdauungssaft ab, dessen Enzyme die Weichteile des Insekts zersetzen. Seine eiweißreiche Nahrung nimmt der Sonnentau über Drüsen auf – die unverdaulichen Reste der Mahlzeit trägt später der Wind mit sich fort. Die Vorliebe für Fleischgerichte hat der Sonnentau mit vielen Franken gemeinsam, doch da er einen feuchten oder gar moorigen Standort benötigt, kommt er in der Fränkischen Schweiz nur sehr selten vor. Er steht aber nicht nur hier, sondern in ganz Deutschland unter Naturschutz.*

☐ Bildausschnitt aus der Vorderansicht des Lindenhardter Altars.

☐ Die tödliche Falle des Sonnentaus (*Drosera rotundifolia*) hat zugeschnappt.

Region Mitte — Städte / Ortschaften

Ebermannstadt
Tor zur Fränkischen Schweiz

Die Entstehung von Ebermannstadt geht wahrscheinlich auf die Zeit vor 531 und einen Thüringer namens Ebermar zurück. 981 wurde der Ort erstmals urkundlich erwähnt, als Kaiser Otto II. ihn aus der weltlichen Gerichtsbarkeit entließ und ausschließlich dem Aschaffenburger Kloster St. Peter unterstellte. Im 14. Jahrhundert kam Ebermannstadt in den Besitz der Edelherren von Schlüsselberg, und 1323 verlieh Kaiser Ludwig der Bayer dem Ort das Stadtrecht, so dass eine Stadtbefestigung gebaut und der Bürgermeister gewählt werden durften.

Vorteil des Stadtrechts war auch das alleinige Marktrecht im Umkreis von einer Meile (etwa 7,5 Kilometer). Außerdem verbriefte die Stadtrechtsurkunde den Ebermannstädtern das Braumonopol, wodurch ein Jahrhunderte langer Streit mit den Nachbarorten entbrannte. So zogen im **Bierkrieg** von 1510 die Ebermannstädter gegen Pretzfeld, um den dortigen Schwarzbrauern mit Waffengewalt das Handwerk zu legen.

Zwei Jahre nach dem Tod des letzten Schlüsselbergers, Konrad II., war Ebermannstadt 1349 an das Hochstift Bamberg übergegangen. Im Zuge der Säkularisation fiel das Städtchen 1803 an Bayern.

Ein altes Wasserschöpfrad aus der Zeit um 1606 schöpfte bis 1950/51 das Abwasser der Ebermannstädter. Bei diesem mittelalterlichen System wurde aus Wohnhäusern und Ställen Schmutzwasser und allerlei Müll in eine offene Rinne am Straßenrand gekippt. Bis zum Bau der Kanalisation lief diese Brühe beidseitig der Hauptstraße bis zum unteren Tor. Das Schöpfrad diente somit nicht nur der Wasserbeförderung sondern auch der Straßenreinigung und spülte den schwimmenden Unrat zu guter Letzt in die Wiesent. Noch heute dreht sich das Rad unweit der Polizei und der Tourismuszentrale, auch wenn mittlerweile die Kanalisation die »Schmutzarbeit« übernommen hat.

❏ Noch heute dreht sich das alte Schöpfrad von Ebermannstadt an einem Arm der Wiesent.

Die **Fränkische-Schweiz-Bibliothek** ist im selben Gebäude untergebracht wie die Polizei und das Landratsamt und beherbergt die wohl umfangreichste Sammlung fränkischer Literatur.

Die **Marienkapelle** direkt am Marktplatz ist das älteste Bauwerk der Stadt. Sie stammt vermutlich aus dem 13. Jahrhundert, wie der fast quadratische Grundriss des Zentralbaus sowie die abwärts führenden Eingangsstufen vermuten lassen. Wenn der Ort in einem der vielen Kriege wieder einmal in Schutt und Asche gelegt worden war, wurden die neuen Gebäude immer wieder auf den Überresten der alten Häuser errichtet. So hob sich im Laufe der Zeit das Bodenniveau um die Kapelle, die selbst offenbar verschont blieb. Der gotische Turm mit seinen Schießscharten zeigt, dass die Marienkapelle im 14. Jahrhundert auch als Wehrkirche

Steigt man die 52 Holzstufen zur **Wallerwarte** hinauf, bietet sich eine prächtige Aussicht über Ebermannstadt und das untere Wiesenttal.

Ein Wolf im Schafspelz

Burg Feuerstein wurde erst 1941 von Dr. Oskar Vierling etwa drei Kilometer westlich von Ebermannstadt erbaut. Doch gut getarnt als mittelalterliche Raubritterburg, entging das Institut für Hochfrequenztechnik den alliierten Luftangriffen. Etwa 70 Wissenschaftler und zeitweise bis zu 250 Mitarbeiter/innen arbeiteten hier in der Forschung und Fertigung von Kodiergeräten und elektronischen Steuerungssystemen für Flugzeuge.

◻ Die Strahlenmadonna von Friedrich Theiler bestimmt das Innere der Ebermannstädter Marienkapelle.

diente. In späteren Jahren wurde sie mehrfach schwer beschädigt, durch die Opferbereitschaft der Bevölkerung jedoch stets wieder in Stand gesetzt. Nach 1633 wurden dabei die Altäre aus so genanntem Bauernmarmor geschaffen: Die Marmorstruktur ist bloße Imitation. Ein echter Kunstschatz entstand jedoch im 18. Jahrhundert bei umfangreichen Restaurationsarbeiten durch den Ebermannstädter Bildhauer und Holzschnitzer Friedrich Theiler (1748–1826): die berühmte **Strahlenmadonna**, die seither das Innere der Marienkirche mit Glanz erfüllt.

◻ Die »mittelalterliche« Burg Feuerstein wurde erst 1941 erbaut.

Seit 1946 gehört die Burg der Erzdiözese Bamberg, die sie als internationale Jugendbildungsstätte betreibt. Gruppen können Burg Feuerstein auch für eigene Bildungsangebote nutzen. Im Laufe der Jahre vergrößerte sich die heutige »Jugendburg Feuerstein« immer weiter und umfasst unter anderem eine Landvolkshochschule, eine Reitschule, eine Segelflugschule sowie die Kirche Verklärung Christi.

Region Mitte — Städte / Ortschaften

**Macht immer noch Dampf:
die Museumsbahn**

1974 gründeten eisenbahnbegeisterte Idealisten den Verein »Dampfbahn Fränkische Schweiz e.V.«. Ihr Ziel war es, die 16 Kilometer lange Eisenbahnstrecke Ebermannstadt-Behringersmühle im Wiesenttal zu erhalten und einen historischen Zugbetrieb einzurichten. Die beiden dienstältesten Dampfloks, die noch original mit Holz und Kohle geschürt werden, sind die »Ebermannstadt« und »Nürnberg« vom Typ Ploxemam, Baujahr 1927. In ehrenamtlicher Arbeit wurden die Originalwagen liebevoll in Stand gesetzt: Allein die Restauration der »Nürnberg« dauerte über 13.000 Stunden! Von Mai bis Oktober lädt die Bahn zu einem nostalgischen Ausflug durch das reizvolle Wiesenttal ein (s. Ausflugsziele von A bis Z, S. 255).

Auch im privaten **Modelleisenbahnmuseum** »Die Bahnschranke« lebt die Dampflokzeit weiter. Dort sind Sammlerstücke sowie alte Dokumente und Verkehrsschilder der Königlich Sächsischen Staatseisenbahn und eine Schauanlage der Spur »N« ausgestellt. Schmuckstück der Ausstellung ist eine Blecheisenbahn-Miniatur der Spur »S« im Maßstab 1:64. Einmalig in Deutschland ist zudem das komplette Produktionsprogramm der Spur »S«, die von 1948 bis 1964 von den beiden Firmen Bub (Nürnberg) und Metallwarenfabrik Stadtilm (Thüringen) gefertigt wurde. Ein besonderer Höhepunkt ist die Gartenbahngroßanlage. Außerdem werden im Museum Modelleisenbahnen und Zubehör verkauft (s. Ausflugsziele von A bis Z, S. 253).

◻ Zwischen Ebermannstadt und Behringersmühle macht die Museumsbahn immer noch Dampf.

Versteinerte Zeitzeugen

Die Fränkische Schweiz ist ein reiches Fundgebiet für Fossilien, und so verwundert es nicht, dass in zahlreichen Museen einige stattliche Exemplare zu bewundern sind, zum Beispiel in den Heimatmuseen von Betzenstein und Ebermannstadt, im Großuhren- und Fossilienmuseum Gräfenberg, im Ammonitenmuseum Streitberg und im Fränkische-Schweiz-Museum in Tüchersfeld (s. Ausflugsziele von A bis Z, S. 251 ff.).

Zu den schönsten und häufigsten Fossilien zählen die **Ammoniten**. Sie spielen daher in den verschiedensten Kulturen seit langem eine wichtige Rolle: Die Tibeter nannten sie Götterräder, im frühen Europa wurden sie als Schlangensteine verehrt, und in der Fränkischen Alb wurden Ammoniten als Glücksbringer in Hauswände eingemauert.

Die heutige Bedeutung der Ammoniten besteht vor allem in ihrer Funktion als Leitfossilien, das heißt mit Hilfe von Ammonitenfunden lässt sich das Alter von Gesteinsschichten relativ genau bestimmen.

◻ Dieser Ammonit ist im Fränkische-Schweiz-Museum zu sehen.

Trotz ihrer verblüffenden Ähnlichkeit mit einem Schneckenhaus gehören die Ammoniten zu einer ganz anderen Tierklasse, nämlich den Kopffüßlern (*Cephalopoda*). Ihre nächsten lebenden Verwandten sind die Tintenfische, Kalmare, Kraken und der im Indischen und Pazifischen Ozean vorkommende Nautilus, der wegen seiner schönen Form auch als »Perlboot« bekannt ist.
Ammoniten bevölkerten ab dem Unteren Devon vor 395 Millionen Jahren die Weltmeere. Mit rund 12.000 Arten waren die Ammoniten eine der arten- und formenreichsten Tiergruppen der Erdgeschichte. Ihre Größe reichte von wenigen Millimetern bis zu zwei Metern Durchmesser.
Gleichzeitig mit den Dinosauriern starben sie am Ende der Kreidezeit vor ca. 65 Millionen Jahren vollständig aus.
Belemniten, die im Volksmund auch Donnerkeile oder Teufelsfinger genannt werden, sind mit den Ammoniten nahe verwandt und ebenfalls seit vielen Millionen Jahren ausgestorben.

Es geht um die Wurst

Eine inzwischen weltbekannte Wurstspezialität verdankt ihre Erfindung dem Gasseldorfer Johann Georg Lahner: das Wiener Würstchen – das in Wien »Frankfurter« und in Frankfurt »Wiener« heißt.
Am 12. August 1772 wurde Johann Georg Lahner in Gasseldorf bei Ebermannstadt geboren. Da der Ertrag des Familienackers jedoch nur für einen Nachfolger ausreichte, wurde der Junge in die Metzgerlehre nach Frankfurt geschickt. Nach deren Abschluss folgte ein Jahr der Wanderschaft, und 1798 heuerte Johann Georg auf einem Donauschiff nach Wien an, um in der Weltmetropole sein Glück zu versuchen.
Eine adelige Dame lieh ihm 300 Gulden als Startkapital für eine eigene Selcherei. Was die strengen Zunftregeln in Frankfurt nie erlaubt hätten, war hier möglich: Johann Georg Lahner verwurstete das Fleisch zweier Tierarten, des Rindes und des Schweins. Das Wiener Würstchen war geboren.
Der Welterfolg seines über Buchenholz geräucherten und anschließend gebrühten Würstchens beruht vor allem auf dessen hauchzarter Hülle aus Schafsaitling; bis dato kannte man nur dicken Schweine- und Rinderdarm.
1842 erhielt Lahner das Wiener Bürgerrecht, eine für Zugereiste sehr seltene Auszeichnung. Hätte er doch seine Würstchen die »Gasseldorfer« oder die »Ebermannstädter« getauft. Die Fränkische Schweiz stünde international noch bekannter da!

Region Mitte — Städte / Ortschaften

Heute back' ich, morgen brau' ich...

In vielen Orten der Fränkischen Schweiz wird noch gebacken und gebraut wie in alten Zeiten – und dazu in fröhlicher Runde gefeiert.

Die Backofenfeste sind dabei insgesamt recht jung; sie entstanden erst nach dem zweiten Weltkrieg, als das Brot zunehmend von Großbäckereien geliefert wurde und die guten alten Steinbacköfen vorübergehend in Vergessenheit gerieten.

Am letzten Wochenende im Juli findet das **Gasseldorfer Backofenfest** statt, das mit viel Musik, frisch gezapftem Bier sowie Brot und Hax'n aus dem Steinbackofen gefeiert wird.

Auch im Ortsteil Rüssenbach ist der traditionelle Backofen noch in Betrieb, wovon sich jeder beim **Rüssenbacher Backofenfest** überzeugen kann, das jeweils im August eine Woche nach dem Ebermannstädter Altstadtfest stattfindet.

❏ Der Steinbackofen in Waiganz ist leider nicht mehr in Betrieb.

Demokratie für Wohlmuthshüll

Während in anderen Gemeinden der amerikanisch besetzten Zone freie Wahlen erst ein halbes Jahr später abgehalten wurden, wählte das 480-Seelendorf Wohlmuthshüll bei Ebermannstadt bereits am 18. Juli 1945 seinen Gemeinderat selbst. Johann Sponsel ging daraufhin als erster demokratisch und frei gewählter Bürgermeister seit Hitlers Machtübernahme in die deutsche Geschichte ein.

Wie aber war ausgerechnet Wohlmuthshüll zu dieser Ehre gekommen? Der Grund war ebenso einfach wie ungewöhnlich: 1942 starb mit dem damaligen Bürgermeister von Wohlmuthshüll auch das einzige NSDAP-Mitglied des Ortes. Zwar sollte sein Posten wieder durch einen Parteigenossen besetzt werden, doch war im ganzen Ort niemand bereit, der NSDAP beizutreten. So wurde Wohlmuthshüll mit seinem Ortsteil Buckenreuth kommissarisch von Ebermannstadt verwaltet, bis die Amerikaner der nazifreien Gemeinde 1945 den Wunsch nach Selbstverwaltung erfüllten.

Streitberg
Umstrittener Herrschaftssitz

Wer von Forchheim die Wiesent entlang fährt, dem fällt der deutliche Landschaftswechsel bei Streitberg sofort auf. Ab hier wird es typisch fränkisch: Das Wiesenttal wird schmaler, und helle Kalkfelsen säumen die Hänge. Mit zwei prächtigen Burgruinen und der Binghöhle zieht der Luftkurort Geschichts- und Naturliebhaber gleichermaßen an. Noch 1939 zählte das Dorf gerade einmal 420 Einwohner. Nach dem Ende des zweiten Weltkrieges jedoch erlebte es den prozentual stärksten Flüchtlingszustrom in Westdeutschland. 1949 lebten hier bereits 1.400 Menschen!

Heute bilden Muggendorf und Streitberg sowie einige umliegende Dörfer die verwaltungstechnische Einheit Markt Wiesenttal.

❑ Das Wiesenttal bei Streitberg ist ein beliebtes Wandergebiet.

Binghöhle

Die Binghöhle ist die einzige Schauhöhle der Fränkischen Alb, die nicht im Schwammkalk oder Dolomit, sondern im Schichtkalk liegt. Der Besucher wandelt in ihr wie durch eine Bildergalerie aus bezaubernden Tropfsteinen, wodurch auch die Bezeichnung Tropfstein-Galeriehöhle geprägt wurde.

Entdeckt wurde die Binghöhle im Jahr 1905 rein zufällig, als der Geheime Kommerzienrat Ignaz Bing aus Nürnberg einen Dachsbau freilegen ließ. Er war auf der Suche nach prähistorischen Fundstücken, und im Eingangsbereich gab es tatsächlich Spuren menschlicher Besiedlung sowie zahlreiche Knochen von Wisent, Hirsch und Reh.

Da man sich in der Höhle anfangs nur kriechend fortbewegen konnte, wurden gleich nach der Entdeckung Gänge angelegt, so dass nun aufrecht zwischen den Naturschönheiten entlang spaziert werden kann. Als die Höhle auf einer Länge von 120 Metern begehbar war, wurde ein weiterer Durchschlupf entdeckt, der eine Fortsetzung der unterirdischen Gänge vermuten ließ. Der Spalt war jedoch für einen Erwachsenen zu schmal, und so kroch ein 13-jähriger Junge wagemutig hindurch.

Hier prangt nach wenigen Metern das Wahrzeichen der Binghöhle, die schlanke Riesensäule mit ihrem gestuften Aufbau, der an abgestorbene Reste alter

❑ Der größte und schönste Tropfstein in der Binghöhle ist die Riesensäule.

Palmwedel erinnert. Anschließend folgt der größte Raum der Binghöhle, der »Kerzensaal«. Die »Kristallgrotte« bildete lange Zeit das Ende der Schauhöhle, doch auch diesmal ließ sich eine Verlängerung finden, und so hat die Binghöhle inzwischen einen separaten Ausgang zum Schauertal erhalten (s. Ausflugsziele von A bis Z, S. 251).

Romantischer geht's nicht

Vor allem als Ruine trug **Burg Neideck** ganz wesentlich zur Berühmtheit der Fränkischen Schweiz bei. So schwärmten um 1800 zahlreiche Romantiker in den höchsten Tönen von Neideck, und der Dichter Ernst Moritz Arndt bezeichnete die malerische Burgruine 1798 als »die größte und romantischste Ruine, die schönsten Trümmer einer Burg, die ich je auf deutschem Boden gesehen habe«. Das spätere Burggelände wurde bereits um 1000 v. Chr. besiedelt. Ab etwa 800 befand sich dort ein militärischer Stützpunkt, der ab 1050 massiv ausgebaut und in Stein befestigt wurde. Burg Neideck wurde so zur wichtigsten Burganlage der Region. Ab etwa 1312 bis 1347 war sie Herrschaftssitz der Schlüsselberger und wurde zu einer großen Wehranlage ausgebaut. Doch als Konrad II. von Schlüsselberg bei Streitberg eine Zollstelle errichten wollte, setzten die vereinten Streitkräfte der Nürnberger Burggrafen sowie der Bamberger und Würzburger Bischöfe nicht nur seinen hochtrabenden Ansprüchen, sondern auch seinem Leben ein Ende. Eine Anekdote erzählt, er habe gerade auf dem stillen Örtchen gesessen, das über die Burgmauer ragte, als er von einem Wurfgeschoss tödlich getroffen wurde.

☐ **Auf Burg Neideck ließ Konrad II. von Schlüsselberg 1347 sein Leben.**

1348 richteten die Bamberger Fürstbischöfe auf Burg Neideck ein Amt mit Hochgericht ein, das der Vorläufer des späteren Bezirksamtes und Landkreises Ebermannstadt war. Während die Anlage den Bauernkrieg 1525 überstand, rückten 1553 die Truppen der Markgrafen Brandenburg-Kulmbach mit 500 so genannten Hakenschützen und sieben Kanonen vor Neideck an. Angesichts dieser drückenden Übermacht ergaben sich die schlecht bewaffneten Verteidiger, und die Burg wurde niedergebrannt. Auf einen Wiederaufbau wurde verzichtet, und der Sitz des Amtmannes endgültig nach Ebermannstadt verlegt. Die Burg blieb als Ruine liegen, ihre Trümmer waren bald begehrtes Baumaterial.

Vor der wildromantischen Kulisse der Ruine finden alle zwei Jahre Theateraufführungen des Neideck-Ensembles statt. Außerdem ist ein Picknick auf Neideck fester Programmpunkt der Kräuterwanderungen, die von der Tourist-Information Wiesenttal organisiert werden (Tel. 09196-19433).

Der eifersüchtige Graf

Eine Sage erzählt, dass Burg Neideck vor vielen Jahrhunderten im Besitz eines Grafen war, der seiner bildhübschen Tochter die Vermählung mit einem tapferen Ritter verweigerte. Als der Graf auf einem Jagdausflug war, beschlossen die Liebenden, heimlich zu heiraten und von der Burg zu fliehen. Der Burgkaplan wurde mit dem Schwert gezwungen, sie zu trauen. Als der Graf nach seiner Rückkehr von der Flucht hörte, verfluchte er seine Tochter, und der Burgkaplan musste seine Tat schwer büßen: Er wurde bei Wasser und Brot in den Kerker geworfen. Erst Jahre später konnte er bei einer Eroberung der Burg völlig abgemagert und geistig verwirrt befreit werden.

Opfer der Streitsucht

Die **Streitburg** wurde im frühen 12. Jahrhundert von dem Rittergeschlecht der Streitberger erbaut. Ihre Lage war strategisch äußerst günstig: Von hier aus konnte man die Verkehrsader von Erlangen nach Kulmbach und Bayreuth überwachen. Daher interessierten sich auch die Fürstbischöfe von Bamberg und die Herren von Schlüsselberg für die Anlage. Dem Schlüsselberger Ulrich V. gelang es schließlich im Jahr 1280, ein Viertel der Burg zu erwerben.
Konrad II. von Schlüsselberg war ein Enkel Ulrichs V. Als er am 14. September 1347 seine Machtgier letztlich mit dem Leben bezahlte, fiel mangels männlicher Nachkommen der schlüsselbergische Anteil an der Streitburg an das Hochstift Bamberg. Die Herren von Streitberg machten ihrem Namen hingegen alle Ehre, denn ständige Familienfehden sorgten für häufige Besitzerwechsel der Streitburg.
Diese dauernden Fehden machten sich die Markgrafen von Brandenburg-Kulmbach zunutze. Für sie war die Streitburg von großer Bedeutung, da das Wiesenttal ihr markgräfliches Ober- und Unterland miteinander verband – beziehungsweise beide Gebiete voneinander trennte. 1507 erwarben die Markgrafen schließlich den Hauptanteil der Anlage. Es kam, wie es kommen musste: Zwischen den Markgrafen und dem Bistum Bamberg entbrannte ein heftiger Streit.

◻ **Auf dem Felsen oberhalb von Streitberg stand einst die Streitburg, die gegenüberliegende Talseite beherrscht noch heute Ruine Neideck.**

Am 17. Mai 1553 griffen die Truppen der Markgrafen die bischöfliche Nachbarburg Neideck an und brannten sie nieder. Die Rache der Fürstbischöfe ließ nicht lange auf sich warten: Am 16. Juni desselben Jahres legten sie ihrerseits die Streitburg in Schutt und Asche.
Im Gegensatz zu Burg Neideck wurde die Streitburg 1563–1565 im Stil eines Renaissanceschlosses wieder aufgebaut, aber 1632 erneut zerstört. Zwar wurde sie abermals neu errichtet, von strategischer Bedeutung aber war die Anlage nicht mehr. Durch die Geldnot der Landesherren verfiel die Streitburg schließlich immer mehr. 1802 wurde die Ruine

Region Mitte — Städte / Ortschaften

dem Kurfürstentum Bayern zugesprochen und als Steinbruch missbraucht. Auch wenn die einstige Pracht nur mehr zu erahnen ist, lohnt sich ein Aufstieg zur Ruine schon allein wegen der herrlichen Aussicht auf Streitberg und das Wiesenttal.

Die Streitburg erhebt sich über den Felswänden des Streitberger Schildes, und so kann es durchaus vorkommen, dass von der schroffen Südseite der eine oder andere Kletterer den Direktanstieg zum Gipfelfähnchen wählt.

Muggendorf
Das touristische Kerngebiet
Zusammen mit Streitberg und den umliegenden Dörfern bildet Muggendorf die Verwaltungseinheit Markt Wiesenttal. In der unmittelbaren Umgebung wimmelt es geradezu von ober- und unterirdischen Felsgebilden. Als J. F. Esper 1774 seine berühmte Abhandlung über die Höhlenwelt des »Muggendorfer Gebürg« veröffentlichte, machte er die Region um Muggendorf mit einem Schlag weltbekannt und legte gleichzeitig den Grundstein für den Tourismus in der gesamten Fränkischen Schweiz.

❑ Muggendorf ist ein beliebter Endpunkt für Schlauchboot- und Kajakfahrten.

So kamen Anfang des 19. Jahrhunderts zahlreiche vornehme Reisende ins »Gebürg«, die sich bald nicht nur für die Höhlenwelt interessierten, sondern auch Erholung suchten, denn Muggendorf und Streitberg sind bereits seit 1857 die beiden ältesten Luftkurorte der Fränkischen Schweiz. 1879 besuchte unter anderem Richard Wagner mit seiner Familie den Ort.
Selbstverständlich blieb auch Muggendorf von den üblichen Kriegen der Region (Hussitenraubzüge, erster und zweiter Markgrafenkrieg und Dreißigjähriger Krieg) nicht verschont. Zudem wurde der Ort 1601, 1667 und 1726 von verheerenden Feuersbrünsten heimgesucht. Während des Dreißigjährigen Krieges wurde 1632 sogar der gesamte Ort ein Opfer der Flammen.
Größtenteils nach dieser gewaltigen Brandkatastrophe wurde die evangelische **Laurentiuskirche** erbaut, an deren Emporentäfelungen 1971 ein sehenswerter Bilderzyklus wiederentdeckt wurde.

Das kleine **Waldschwimmbad** am Westrand von Muggendorf bietet im Sommer eine herrliche Erfrischung in klarem Quellwasser.

Rosenmüllerhöhle
Der natürliche Eingang der Höhle liegt am Rand der Albhochfläche. Um hinabsteigen zu können, mussten ihre Erforscher mehrere Leitern auf eine Länge von 16 Metern zusammenbinden. Die erste belegte Begehung der Rosenmüllerhöhle fand am 18. Oktober 1793 statt. Teilnehmer waren Johann Christian Rosenmüller, nach dem die Höhle später benannt wurde, Höhleninspektor Jo-

hann Georg Wunder und dessen Sohn. Eine Sensation war die Entdeckung von zwei menschlichen Skeletten auf dem Schuttkegel am Spaltengrund. Es konnte jedoch nicht geklärt werden, ob sie Opfer eines Unfalls oder eines Mordes geworden waren oder in der Höhle einfach nur bestattet wurden.

Die Rosenmüllerhöhle besteht aus einem einzigen großen Raum, in den im Jahr 1920 Wege und Geländer gebaut wurden. Kerzenhalter am Geländer ermöglichen eine stimmungsvolle Ausleuchtung der Höhle, die heute durch einen künstlichen Zugang bequem und frei zugänglich ist. Allerdings sind nur noch einzelne Reste von Deckentropfsteinen zu sehen.

Oswaldhöhle

Das Nordportal der 62,5 Meter langen **Durchgangshöhle** ist ca. 16 Meter breit und 6 Meter hoch. Ihren Namen verdankt sie dem 1791 erschienenen Roman »Heinrich von Neideck«, in dem der Einsiedler Oswald in einer Höhle oberhalb von Muggendorf gehaust haben soll. Einen wirklichen Einsiedler habe es in der Oswaldhöhle aber nie gegeben, sagen die Forscher.

☐ In der Oswaldhöhle bilden sich im Winter oft zahlreiche »Tropfsteine« aus Eis.

Witzenhöhle

In ihr soll es früher einen **Altar** gegeben haben, auf dem Sklaven geopfert wurden. Auch wenn dies nicht mehr nachweisbar ist, hat die Höhle bestimmt bei feindlichen Angriffen für Mensch und Tier als Zufluchtsort gedient. Sie ist durch einen unterirdischen Gang mit der **Wundershöhle** verbunden.

Kultstätte der Druiden oder natürliche Geometrie?

Ein wahres Paradies für herumtollende Kinder und mystisch veranlagte Menschen liegt an der Straße von Wohlmannsgesees nach Windischgaillenreuth: der Druidenhain. Die ersten Erforscher haben die auffällige, geometrische Anordnung der tonnenschweren Felsbrocken als keltische Kultstätte gedeutet, an der die stern- und zauberkundigen Druiden astronomische Berechnungen durchgeführt haben sollen. Wissenschaftlich konnte diese Vermutung bisher zwar nicht belegt werden, doch jeder sollte selbst entscheiden, welche Wirkung der Druidenhain auf ihn ausübt!

Der »Wackelstein« soll durch bloße Willenskraft bewegt worden sein, und klangvolle Namen wie »Sternstein«, »Opferstein« und »Eingang zur Unterwelt« wecken nicht nur die Neugier der Kinder. Der »Taufstein«, ein vier Meter langer und etwa 40 Zentimeter dicker Felsblock soll religiöse und astronomische Funktionen erfüllt haben: Durch das kreisrunde »Sonnenloch« in seiner Mitte passt gerade ein Neugeborenes. An Sonnwendtagen fallen durch dieses Loch außerdem die ersten und letzten Sonnenstrahlen auf die umliegenden Felsen: bei der Sommersonnenwende (frühester Sonnenaufgang, Symbol für

Region Mitte — Städte / Ortschaften

Geburt) auf den Winkelstein, bei der Wintersonnwende (spätester Sonnenuntergang, Symbol für Tod) auf das »Grab«. Interessant ist, dass der »Wächter«, ein Felsblock mit geradezu menschlichen Zügen, direkt auf den Taufstein blickt.

☐ Waren die geometrisch angeordneten Felsklötze des Druidenhains eine keltische Kultstätte?

Gößweinstein
Wallfahrtsort nicht nur für Pilger

1076 wurde Gößweinstein erstmals urkundlich erwähnt. Im Jahr 1160 gehörte der Ort bereits zum Hochstift Bamberg. Abgesehen von einer längeren Phase als schlüsselbergischer Besitz und einer kurzen Zugehörigkeit zur Markgrafschaft Ansbach-Bayreuth, blieb er dies auch bis 1803. Mit der Auflösung des Hochstifts Bamberg kam Gößweinstein an das Kurfürstentum und spätere Königreich Bayern.

Der beliebte Luftkurort steht ganz im Zeichen seiner **Wallfahrtskirche zur Heiligen Dreifaltigkeit**, die jährlich etwa 15.000 Pilger anzieht. Rund zwei Drittel von ihnen kommen zu Fuß. Die Pilgersaison dauert von April bis Oktober; ihren Höhepunkt bildet der erste Sonntag nach Pfingsten, der Namenstag der Basilika. Gößweinstein gilt als der bedeutendste Dreifaltigkeits-Wallfahrtsort in Deutschland.

Die Anfänge der Wallfahrt lassen sich nicht mehr genau nachweisen, liegen jedoch vermutlich in der Zeit um 1240. Zu dieser Zeit ließ Konrad I. von Schlüsselberg hier eine Kirche errichten.

Als die Wallfahrtsbewegung im 16. und 17. Jahrhundert einen enormen Auf-

---

**Übernachtungstipp:
Hotel Garni »Fränkischer Hahn«**

*Badangerstraße 35, Tel. 09242-402, 10 Komfortzimmer mit Du/WC, Tel., meist Balkon, TV, gr. Parkplatz und Garage, Liegewiese, Ortsrandlage
www.fraenkischer-hahn.de*

◻ Jedes Jahr kommen etwa 10.000 Pilger zu Fuß nach Gößweinstein.

schwung erlebte, machten die Pilgermassen den Bau einer wesentlich größeren Kirche notwendig. Bereits 1715 plante Fürstbischof Lothar Franz von Schönborn einen Neubau, doch schien dieser zu kostspielig. Sein Neffe und Nachfolger Friedrich Carl von Schönborn ging das Projekt erneut an und beauftragte dafür den wohl bekanntesten Barockbaumeister in Franken, Balthasar Neumann (1687–1753). Zwischen 1730 und 1739 entstand dann schließlich die heutige Wallfahrtsbasilika. Ihr Inneres wird von einem imposanten, über und über in Gold getauchten Hochaltar dominiert. Hinter der Basilika befindet sich eine Nachbildung der Wallfahrtsgrotte von Lourdes.

Nahe der Wallfahrtsbasilika ist in einem denkmalgeschützten Gebäude das Gößweinsteiner **Spielzeugmuseum** untergebracht. Zu sehen sind überwiegend Exponate aus den 50er und 60er Jahren, darunter Puppen und Puppenküchen, Teddys, Figuren, Blechspielzeug und Metallbaukästen (s. Ausflugsziele von A bis Z, S. 252).

Die Wagner'sche Gralsburg?

Burg Gößweinstein soll Richard Wagner als Motiv für die Gralsburg in seiner Oper Parsival gedient haben. Doch auch wenn diese Vermutung nachweislich falsch ist, gehört Wagner zu den berühmtesten Persönlichkeiten, die den Ort besucht haben.
Die Burg wurde um 1062 von Fürstbischof Gunther von Bamberg errichtet und dem Grafen Goswin übertragen, dessen Name auf Burg und Ort überging. Um 1100 gelangte Burg Gößweinstein durch Schenkung in den Besitz des Hochstifts Bamberg, das die Anlage zur wehrhaften Festung ausbauen ließ. Noch vor 1243 wurde die Burg an Eberhard V. von Schlüsselberg verpfändet, 1308 fiel sie jedoch als Erbschaft wieder an Bamberg zurück.
Im Bauernkrieg, im Markgrafenkrieg und gegen Ende des Dreißigjährigen Krieges (1618–1648) wurde Burg Gößweinstein fast völlig zerstört und erst in der zweiten Hälfte des 18. Jahrhunderts unter Fürstbischof Philipp von Gebsattel wieder aufgebaut. Seither ziert sein Wappen die Fassade des Hauptbaus.

Region Mitte — Städte / Ortschaften

Nachdem der Burgvogt 1731 nach Pottenstein umgezogen war, wurde Burg Gößweinstein nur noch als Jägerwohnung und Getreidespeicher genutzt. Erst als die Vogteien 1770 wieder getrennt wurden, diente die Burg erneut als Vogtssitz.

der ursprüngliche, mittelalterliche Charakter stark verändert. Erhalten ist bis heute der 40 Meter tiefe **Burgbrunnen** im Burghof. Zwischen Kapelle und Wohngebäude liegt das **Burgverlies**, in das die Gefangenen nur durch eine schmale Öffnung in der Decke hinab

◻ Das Ortsbild von Gößweinstein prägen die Basilika und die gut erhaltene Burg.

15 Jahre später wurde ernsthaft erwogen, die mittlerweile baufällige Anlage abzureißen, doch entschied sich Bamberg glücklicherweise für eine gründliche Renovierung.
Im Zuge der Säkularisation kam Burg Gößweinstein 1803 an Bayern. 1875 kaufte dann Edgar Freiherr von Sohlern die Burg und ließ sie im Stil der Neugotik umgestalten. Dabei erhielt der Schneckenturm sein hervorstehendes Obergeschoss und den Zinnenkranz. Die Nachkommen Edgar von Sohlerns bewohnen die Burg noch heute und kümmern sich um ihren Erhalt. Durch häufigen Um- und Neuaufbau hat sich

gelassen (und wieder herausgeholt) werden konnten. Zwei Räume im Erdgeschoss, der Hausflur und das Treppenhaus der Burg sowie das Verlies und die Burgkapelle können besichtigt werden (s. Ausflugsziele von A bis Z, S. 254).

Das 1723 von Graf Lothar Franz von Schönborn gestiftete **Kapuzinerkloster** hatte das seltene Glück, während der Säkularisation nicht aufgehoben zu werden. Es wurde als Aussterbekloster aufrecht erhalten, bevor es 1828 den Franziskanern übergeben wurde, die noch heute in Gößweinstein ansässig sind.

◻ Ernie, der Triceratops, überwacht das Geschehen auf der Minigolf-Anlage.

Dinofieber in Gößweinstein

Seit März 2004 gibt es wieder Dinosaurier in Gößweinstein! Ernie, der sympathische Triceratops der Familie Kern, hat auf der Anlage für Minigolf- und Pit-Pat sein neues Heim gefunden. Doch keine Sorge: Ernie ist ein reiner Pflanzenfresser!
Riesen-Ackerschachtelhalm, Ginkgo und Mammutbaum erinnern an seinen einstigen Lebensraum. Der Triceratops lebte vor rund 70 Millionen Jahren und war der größte und häufigste Horndinosaurier, der jetzt in Originalgröße zu bewundern ist.

Stempfermühle

Das rund 600 Jahre alte Mühlgebäude flussabwärts von Behringersmühle wurde in den letzten Tagen des zweiten Weltkrieges zerstört. Heute steht an der gleichen Stelle ein schmuckes Gasthaus. Erhalten geblieben ist trotz einiger Überschwemmungen das Mühlwehr, das früher die Wiesent aufstaute, damit immer genug Wasser die Mühlräder antrieb. Leider dreht sich das große Mühlrad heutzutage nicht mehr. Es steht allerdings noch neben dem Fluss auf der Wiese – und wartet auf einen Fachmann, der es kostengünstig restauriert.

Original Minigolf und Pit-Pat
Tel. 09242-1718 oder 0160-6718077
Behringersmühlerstr. 3, bei gutem Wetter Ende März bis Ende Juni tägl. ab 13 Uhr geöffnet, Juli bis Mitte Sept. ab 10 Uhr geöffnet; parkähnliche Anlage, Biergarten
www.minigolf-goessweinstein.de

Esperhöhle

Diese romantisch gelegene Höhlenruine bei Leutzdorf ist ein wahres Labyrinth aus Grotten, Einbrüchen und Nebenhöhlen. Interessant ist das Klingloch: Wirft man einen Stein in den 13 Meter tiefen Schacht, klingt er mehrmals, bevor der Stein am Boden ankommt. Funde von menschlichen Schädelresten, Keramiken und Bronzeschmuck lassen vermuten, dass es sich bei der Esperhöhle um einen ehemaligen Opferschacht handelt.
Die Esperhöhle ist Naturdenkmal und darf aus Gründen des Fledermausschutzes von Oktober bis April nicht betreten werden.

◻ Winterruhe in der Esperhöhle: Hier zeigt uns eine Mausohrfledermaus (*Myotis myotis*) ihren schönen Rücken.

Region Mitte   Städte / Ortschaften

Pottenstein
Alt und bewährt

Mit über 200.000 Übernachtungen pro Jahr ist Pottenstein einer der Haupttouristenorte der Fränkischen Schweiz. Der staatlich anerkannte Luftkurort liegt im schmalen Tal der Püttlach, umrahmt von bizarren Felspartien. Überragt wird Pottenstein von seiner 1000-jährigen Burg, von der sich ein herrlicher Blick über das Städtchen mit seinen hübschen Fachwerkhäusern bietet.

Der **Elisabethenbrunnen** auf dem Marktplatz erinnert an den Aufenthalt der Heiligen Elisabeth in Pottenstein. Die Anfänge der Siedlung »Bothone-Stein« (Pottenstein) gehen urkundlich gesichert bis ins Jahr 918 zurück. Seit der Gründung des Bistums Bamberg im Jahr 1007 war Pottenstein ein strategisch wichtiger Grenzort, und nach Verleihung der Stadtrechte 1323 erhielt der Ort seine obligatorische Stadtmauer.

Ein Großbrand verwüstete im 18. Jahrhundert fast alle Häuser von Pottenstein. Daher gibt es im Stadtgebiet außer der Burg und dem Bürgerspital keine Gebäude mehr, die vor 1736 erbaut worden sind.

Durch den Bau der Eisenbahnlinie Nürnberg–Bayreuth (1877) verlor Pottenstein seine Bedeutung als Verkehrsort. Ebenso erging es dem einst blühenden Handwerk: Von den acht Mühlen wird heute nur noch die Weihersmühle betrieben.

Ein touristenwirksames Ereignis belebt das Städtchen jedes Jahr am Dreikönigstag (6. Januar): Zur feierlichen Abschlussprozession der Ewigen Anbetung erstrahlt das Städtchen im Lichterglanz von über tausend Felsfeuern.

❏ Der Schöngrundsee wurde im Dritten Reich von KZ-Insassen ausgehoben.

❏ Auf dem Marktplatz von Pottenstein erinnert der Elisabethenbrunnen an die Heilige Elisabeth.

Eher unbekannt ist dagegen, dass Pottenstein im Dritten Reich ein Außenlager des KZ Flossenbürg beherbergte. Die Insassen dieses Lagers wurden unter anderem gezwungen, den heute als Ausflugsziel beliebten Schöngrundsee anzulegen.

Schutz und Trutz

Malerisch thront **Burg Pottenstein** auf ihrem rund 60 Meter hohen Dolomitfelsen über dem gleichnamigen Ort und zieht die Blicke der Besucher magisch an. Sie ist ständiger Wohnsitz der Familie von Wintzingerode, die es sich zur Aufgabe gemacht hat, die Burg mit ihrem Inventar für kommende Generationen zu erhalten.

Burg Pottenstein entstand vermutlich bereits im 10. Jahrhundert als Festung gegen die Magyaren und Slawen. Da er keine männlichen Nachkommen hatte, vermachte der Namensgeber von Pottenstein, Pfalzgraf Botho von Kärnten, die Burg im Jahr 1104 dem Hochstift Bamberg.

Ehrenwerten »Besuch« erhielt Burg Pottenstein 1227/28, als die **heilige Elisabeth** mit ihren drei Kindern für einige Monate auf der Burg Zuflucht suchte. Wegen ihrer Großzügigkeit gegenüber den Armen (»Rosenwunder«) hatte ihr Schwager sie nach dem Tod ihres Mannes von der Wartburg vertrieben. Elisabeth starb drei Jahre später im Alter von nur 24 Jahren in Marburg an der Lahn und wurde 1235 von Papst Gregor IX. heilig gesprochen.

Auch der Bevölkerung von Pottenstein bot die Burg in zahlreichen Kriegen Schutz, etwa 1430 bei der erfolglosen Belagerung durch die Hussiten und 1634, als ein schwedischer Ansturm abgewehrt wurde. Im Bauernkrieg wurde die Burg besetzt und geplündert, doch erst im zweiten Markgrafenkrieg nahm sie ernsthaft Schaden. Ihr heutiges Aussehen erhielt die Burg im Wesentlichen beim anschließenden Wiederaufbau.

Nachdem Burg Pottenstein im Zuge der Säkularisation an Bayern gefallen war, stand sie einige Jahrzehnte leer und war dem Verfall überlassen. Erst der Apotheker Dr. Kleemann aus Nürnberg ließ die verbliebenen Gebäude ab 1878 wieder restaurieren. 1918 erwarb dann Offizier Wilhelm Clothar Freiherr von Wintzingerode Burg Pottenstein und schrieb in einer Familienstiftung ihre Unverkäuflichkeit fest.

Das Hauptgebäude (der Palas) der Burg mit Rittersaal, Rotem Salon und Elisabethenzimmer sowie das Brunnenhaus und die Zehntscheune sind als **Burg-**

Wer einmal lügt

Als Ende des 19. Jahrhunderts die Ur- und Frühgeschichtsforschung in Schwung kam, setzte ein Ansturm auf die Höhlen um Pottenstein und ihre Höhlenbärenknochen ein. Ein Antiquar aus Passau kaufte meist sämtliche Grabungsfunde auf und verkaufte sie an verschiedene Museen. Die Gier der Museen nach immer neuen Besonderheiten konnte schließlich nur noch der Schwarzhandel befriedigen: Unter Leitung eines Pottensteiner Gastwirtes und Müllers arbeiteten die Einwohner teils echte Fundstücke, teils Rinderknochen zu kunstvollen »Fossilien« um. Dieser Schwindel fiel erst auf, als ein Berliner Museum eine »prähistorische Tabakspfeife« erstanden hatte! Der florierende Schwarzmarkt brach somit wie ein Kartenhaus in sich zusammen, und der Begriff »Pottensteiner Fälschungen« machte schnell die Runde. Schlagartig interessierte sich niemand mehr für Knochenfunde aus Pottenstein, denn vielleicht bekam man ja wieder statt eines Bären eine Katze aufgebunden...?

museum zu besichtigen. Zu den Ausstellungsstücken gehören vor- und frühgeschichtliche Funde sowie eine Waffen- und eine Büchersammlung (s. Ausflugsziele von A bis Z, S. 255).

◻ Rechts der Palas, links die Zehntscheune der 1000-jährigen Burg Pottenstein.

Die Turmuntergeschosse der katholischen **Pfarrkirche St. Bartholomäus** stammen von einer Kirche aus dem 12. Jahrhundert. Sehenswert ist der Hochaltar, dessen Altarblatt das Martyrium des Kirchenpatrons zeigt. Künstlerisch wertvoll sind auch die Figuren der beiden Heiligen Nikolaus und Kunigunde. Gekrönt wird der Altar von einer Darstellung der Heiligen Dreifaltigkeit.

Die Pottensteiner **Schmiede** stand einst außerhalb der Stadtmauern. Hier lieferten sich die Dorfbewohner 1635 im Dreißigjährigen Krieg mit einer Bande schwedischer Landsknechte ein heftiges Scharmützel. Mit Äxten, Dreschflegeln, Sensen und glühenden Eisen wurden die Eindringlinge attackiert und zumeist erschlagen. Anführer der Pottensteiner war der Schmied. Er entriss dem schwedischen Fahnenträger die Kriegsflagge und vermachte sie der Pottensteiner Pfarrkirche. Dort blieb sie bis zum Ende des 19. Jahrhunderts, als sie an ein Münchener Museum verkauft wurde. Hinweise, wo sich die Fahne zurzeit befindet, nimmt der Heimatverein Pottenstein gerne entgegen...

Der Pottensteiner F. Max Näbe schrieb 1919 über diese Schlacht am Siechenberg ein historisches Theaterspiel »Der Schmied von Pottenstein«, das gelegentlich bei Heimatveranstaltungen aufgeführt wird.

Teufelshöhle

Ihren Namen verdankt die Teufelshöhle einer Sage, die behauptet, dass hier der Teufel seine Opfer direkt in die Hölle zerre.

◻ Dreieinhalb Meter hoch ist der »Baum« in der Teufelshöhle.

Die Höhle liegt rund zwei Kilometer südlich von Pottenstein im Weihersbachtal. Erschlossen wurde sie ab 1922 durch den Geologen Professor Dr. Hans Brand. Seit dieser Zeit ist sie auch der Öffentlichkeit zugänglich.

Einzelne Tropfsteingruppen tragen Namen wie »Papstkrone«, »Orgel«, »Barbarossabart« oder »Kreuzigungsgruppe«. Über eine Million Jahre alt soll »Goliath« sein, einer der mächtigsten Tropfsteine der Höhle.

In der Teufelshöhle wurden zahlreiche Knochenreste typischer Beutetiere wie Wisent, Elch, Hirsch und Rentier gefunden. Herausragend unter den vielen Fossilienfunden ist jedoch das vollständige Skelett eines **Höhlenbären**.

◻ **In der Teufelshöhle steht ein vollständig nachgebautes Skelett eines Höhlenbären.**

◻ **Unweit der Teufelshöhle markiert dieser hübsche Felsknubbel den Eingang des Klumpertals.**

Eine weitere Besonderheit der Teufelshöhle besteht in ihrer heilenden Wirkung: Sie weist ideale Voraussetzungen auf, um bronchiale und asthmatische Beschwerden unterstützend zu kurieren. Schon vor über zwanzig Jahren wurde hier eine **Therapiestation** für Atemwegs- und Hautkrankheiten eingerichtet. Durch die gleichbleibend niedrige Temperatur von 9 Grad Celsius und die hohe Luftfeuchtigkeit von fast 98 Prozent enthält die Luft besonders wenige Schadstoffe, Pollen, Staub und Schimmelpilze. Beim Atmen gelangen somit kaum Fremdstoffe in die Lunge, die überreizten Schleimhäute beruhigen sich, und die Patienten können wieder durchatmen.

Aber auch der »normale« Höhlenbesucher sollte beim Rundgang durch die Höhle kräftig durchatmen – schließlich freuen sich auch seine Lungen über eine kleine Streicheleinheit (s. Ausflugsziele von A bis Z, S. 251).

Der riesige Höhlenvorraum ist mit 14 Metern Höhe und 25 Metern Breite der größte seiner Art in Deutschland. Er wird wegen seiner guten Akustik in den Sommermonaten auch für Theateraufführungen und Konzerte genutzt.

Region Mitte — Städte / Ortschaften

Tüchersfeld
Tausendfach auf Celluloid

Das ideale Postkartenmotiv der Fränkischen Schweiz ist und bleibt der **Judenhof**. Früher stand an dieser Stelle die **Burg Untertüchersfeld**, die jedoch im Dreißigjährigen Krieg (1618–1648) zerstört wurde und in der Folgezeit verfiel. Anfang des 18. Jahrhunderts entstand aus den Ruinen eine jüdische Siedlung, die sich um 1871/72 allerdings wegen Überalterung und Wegzug wieder auflöste.

1985 wurde der Gebäudekomplex für damals 2,7 Millionen Mark aufwändig restauriert. Seither beherbergt er die umfangreiche Sammlung des **Fränkische-Schweiz-Museums**. 43 Schauräume vermitteln einen umfassenden Überblick über die geologische Entstehung, Archäologie und Geschichte, Lebens- und Arbeitsweisen, Zünfte, Trachten und Bräuche der Fränkischen

◻ Kleinod der Fossilienausstellung: ein versteinertes Lias-Krokodil.

Schweiz. In den für heutige Verhältnisse teils winzigen Räumen haben früher einmal ganze Familien gelebt. Die Originalsynagoge und der Frauenbetraum geben einen Einblick in das religiöse Leben und die Tradition einer jüdischen Landgemeinde.

Kleinod der beeindruckenden Fossilienausstellung ist ein versteinertes Lias-Krokodil – eines von weltweit nur drei vollständigen Exemplaren (s. Ausflugsziele von A bis Z, S. 254).

◻ Das ideale Postkartenmotiv: der Judenhof von Tüchersfeld.

Planen Sie Ihre Freizeit im Internet!
Mit
Frankenjura.com!

Freizeit
Museen, Burgen, Höhlen, Sport ...

Wandern
Wanderkarten, Wandertipps, Wanderbilder ...

Klettern
Topos, Felsen, Routen, Kommentare ...

Unterkunft
Ferienwohnungen, Campingplätze, Pensionen ...

Winter
Langlaufen, Rodeln, Alpin ...

Gemeinden
Alle Gemeinden im Überblick ...

Einkaufen
Wanderführer, Kletterführer, Outdoorartikel ...

www.frankenjura.com
Das virtuelle Franken

detailgenau – themenorientiert – kostenlos

Nur hundert Meter entfernt stand einst **Burg Obertüchersfeld**. Sie stammte wie die Untere Burg aus dem 13. Jahrhundert, wurde jedoch nach den Hussitenraubzügen 1430 dem Verfall überlassen. Die beiden Burgen mögen einst als Stützpunkt und Zollstation an der uralten Handelsstraße von Hiltpoltstein über Gößweinstein nach Hollfeld gedient haben.

◻ Die Bärenschlucht ist eine bedeutende Fundstätte prähistorischer Knochen und Werkzeuge.

Im Püttlachtal zwischen Pottenstein und Tüchersfeld liegt eine bedeutende prähistorische Fundstätte der Fränkischen Schweiz: die Breit, oder auch **Bärenschlucht**. Der klangvolle Name beruht jedoch nicht unbedingt auf Funden von Bärenknochen. Vielmehr wurden hier in nicht autorisierten Grabungen Steinwerkzeuge aus der Mittel- und Jungsteinzeit (10.000 – 3.000 v. Chr.) ans Tageslicht gefördert. Viele dieser Fundstücke sind heute im Fränkische-Schweiz-Museum zu sehen.

Region Mitte — Städte / Ortschaften

Pegnitz
Die Drei-Flüsse-Stadt

Nicht nur das niederbayerische Passau verdient das Prädikat »Drei-Flüsse-Stadt«. Auch in Pegnitz gibt es ein Gewässertrio – Fichtenohe, Mühlbach und Pegnitz –, dem die Stadt einen **wasserwirtschaftlichen Lehrpfad** gewidmet hat.

Insgesamt 18 Schautafeln informieren unter anderem über den Wasserkreislauf, die Juragruppe, Gewässergüte, Abwasserbeseitigung sowie Tiere und Pflanzen am Gewässer.

Neben heimischen Bäumen und Sträuchern wachsen an Pegnitz, Fichtenohe und Mühlbach auch viele »ausländische« Gewächse. Die so genannten Neophyten wurden im Lauf der Jahrhunderte durch Reisende mehr oder weniger absichtlich hier angesiedelt, darunter das Indische Springkraut, der Japanische Knöterich oder gar der extrem giftige Riesenbärenklau aus den Steppen Afrikas.

Ebenfalls gelöst werden die **»Rätsel der Pegnitz«**. Der Düker beispielsweise ist eine »Flusskreuzung«, bei der die Pegnitz geradeaus weiterströmt, während der Mühlbach von links in einem Schacht unter der Pegnitz hindurch und weiter nach rechts in Richtung Wasserberg fließt.

Das zweite »Pegnitzrätsel« ist der »Wasserberg«, häufig auch als Karstwunder bezeichnet, der einen Teil des Mühlbachwassers schluckt. Während die Pegnitz den Wasserberg in weitem Bogen umfließt, verliert der Mühlbach am Nordhang des Berges einen Teil seines Wassers in den verzweigten Höhlen und Klüften des Werkkalks. Und während die Pegnitz die oberirdische Strecke in 15 Minuten zurücklegt, braucht der unterirdisch fließende Mühlbach rund 3 Stunden für die 320 Meter Luftlinie. Außer der Hauptquellgrotte am Südosthang des Wasserbergs treten vor allem nach Gewitterregen kurzzeitig einige Pseudoquellen auf.

Wenn Frau Holle ihre Betten ausschüttelt, wirbeln bei uns herrlich weiße Schneeflocken. Einen ihrer vielen weltlichen Wohnsitze in Deutschland hat Frau Holle in der Fränkischen Schweiz. Vom **Hollenberg** *zwischen Pegnitz und Pottenstein soll sie nachts in die umliegenden Dörfer hinabgestiegen sein und dem Müller und Bauer, dem Köhler und den Waldarbeitern bei manch' harter Arbeit geholfen haben, die am Tage nicht fertig geworden war. Doch Neugierige lauerten der guten Frau immer wieder auf und spielten ihr üble Streiche. So verließ Frau Holle schließlich den Berg, der heute nur noch ihren Namen trägt. Doch der herrliche Weitblick von den Mauerresten der Ruine Hollenberg ist auch ohne Frau Holle bezaubernd. Am Pfad von der Ruine Hollenberg Richtung Pegnitz steht ein Wegweiser zur* **Zwergenhöhle**. *Die nüchterne Erklärung, woher der Hollenberg seinen Namen hat, lautet schlicht und einfach, dass er früher als »hohler Berg« bezeichnet wurde.*

Pegnitz entstand am 16. Juli 1876 durch die Vereinigung zweier separater Ortsteile: Der ältere Ortsteil an der »Begenze«, auch Altenstadt genannt, wurde 1119 erstmals in einer Stiftungsurkunde des Bamberger Klosters Michelsberg erwähnt.

☐ Blick von Pegnitz auf den Schlossberg, auf dem Karl IV. Burg Böheimstein erbauen ließ.

Der eigentliche Ortskern dagegen wurde 1347 bis 1357 als Planstadt der Landgrafen von Leuchtenberg gegründet und verdankt seine Entstehung der verteidigungstechnisch günstigen Lage.
Bereits 1355 verliehen die Herren von Leuchtenberg ihrer Neugründung das Stadtrecht und erhoben die Bevölkerung zu Bürgern. Im Jahr 2005 feiert Pegnitz somit sein 650-jähriges Stadtjubiläum. 1357 wurde das junge Städtchen aus Geldnöten an Böhmen verkauft. Karl IV. ließ daraufhin auf dem Schlossberg **Burg Böheimstein** bauen, deren Name noch heute daran erinnert, dass Pegnitz einst zu Böhmen gehörte. Von der Burg ist allerdings nur noch der Burggraben zu erkennen, der um den Aussichtsturm herum führt.

Im späten 14. Jahrhundert hatte Karls Sohn Wenzel sein Reich tief verschuldet. Er verpfändete Pegnitz daher an Ritter Borzewoy von Swinar, der das Städtchen wiederum an die Burggrafen von Nürnberg weitergab. Die böhmische Krone konnte jedoch das Pfand nicht wieder einlösen, und so blieb Pegnitz fast vier Jahrhunderte lang im Besitz der Hohenzollern. Ab 1792 wurde Pegnitz kurzzeitig preußisch, 1810 dann bayerisch.
Mit der Eröffnung der Bahnlinie Nürnberg–Bayreuth (1877) nahm die Bedeutung des Verkehrsknotenpunktes Pegnitz zulasten von Pottenstein spürbar zu. Seither hat sich Pegnitz allmählich zur Industriestadt entwickelt. Entscheidend dazu beigetragen hat auch der Flüchtlingsstrom nach dem zweiten Weltkrieg, durch den sich die Einwohnerzahl der Stadt glatt verdoppelte.

Das **Rathaus** am malerischen Marktplatz stammt aus dem 14. Jahrhundert und ist ebenso sehenswert wie die **Zaußenmühle** am Fuße des Schlossbergs. Die Mühle wurde von Hans Zauß um 1450 erbaut und diente später auch als Bad- und Waschstube. Im Dreißigjährigen Krieg (1618–1648) zerstört, blieb sie bis 1710 eine Ruine, ehe sie wieder aufgebaut wurde. Heute gehört die Zaußenmühle der Stadt Pegnitz, die sie renoviert und an einen Gastwirt verpachtet hat.

Übernachtungstipp:
Hotel Ratsstube
Hauptstraße 43, Tel./Fax 09241-2279, durchgehend geöffnet, Di. Ruhetag, günstige Lage im Ortskern, alle Zimmer mit Du/WC/TV

Region Mitte — Städte / Ortschaften

◻ Das alte Rathaus von Pegnitz stammt aus dem 14. Jahrhundert.

Nur wenige Meter oberhalb des prächtigen Fachwerkbaus entspringt die **Pegnitz**. In ihrem idyllisch angelegten Quellbecken schwimmen einige kapitale Regenbogenforellen. Die Pegnitzquelle hieß früher auch Zaußenbrunnen und ist eine typische Karstquelle. Lange Zeit reichte ihre starke Schüttung aus, dass schon nach wenigen Metern die Zaußenmühle betrieben werden konnte. Außerdem lieferte die Pegnitz das Trinkwasser für die Bewohner der damals so genannten neuen Stadt. Bereits nach etwa hundert Metern vereint sich ihr Wasser mit dem der Fichtenohe, die erstaunlicherweise ihren Namen an die deutlich kleinere Pegnitz verliert.

Die fünfte Jahreszeit

Von Mitte April bis Mitte Juni herrscht in Pegnitz die »fünfte Jahreszeit«, wie der Brauch des Flinderns gerne genannt wird. Das Bier- und Schlachtfest geht auf das Jahr 1728 zurück.

Damals lag auf jedem Haus der Neustadt ein Braurecht. Während der Sommermonate wurde der Bierausschank auf jeweils drei Bürger pro Woche beschränkt, die dann im Kommunbrauhaus ihr Selbstgebrautes ausschenken durften. Unter ihnen befand sich stets auch ein Metzger, der die Biergäste mit »fleischigen Snacks« aus der Hausschlachtung versorgte.

◻ Das Mühlrad der Zaußenmühle dreht sich noch heute.

Das Flindern war gleichzeitig eine Art Arbeitsteilung, denn wer zu Hause für den Bierausschank sorgte, konnte nicht gleichzeitig seine Ernte einfahren. Daher übernahmen die Nachbarn der Flinderer deren Feldarbeit während der Woche des Ausschanks mit, damit keiner einen Nachteil hatte.

Ab 1864 nahm die Zahl der Flinderer stetig ab, da infolge einer Verordnung jeder der ein Jahr beim Flindern ausgesetzt hatte, sich später nicht mehr daran beteiligen durfte. Wo heute noch das eigens gebraute Flinderer-Bier aus-

geschenkt wird, ist an einem Büschel grüner Zweige zu erkennen, der am Eingang des jeweiligen Gasthauses »flindert«, das heißt im Wind flattert. Die einst ebenfalls übliche, aufgeblasene Schweinsblase gehört aber zunehmend der Vergangenheit an.
Auskünfte über die Termine und teilnehmenden Gasthäuser gibt die Tourist-Information (Tel. 09241-72311).

Doch nicht nur die Flinderergaststätten haben in Pegnitz etwas Besonderes zu bieten. Auch die Wirtevereinigung veranstaltet einmal im Jahr ein **Kneipenfestival** mit Livemusik in den teilnehmenden Lokalen.
Seit einigen Jahren locken außerdem das **Waldstockfestival** und das **Sommernachtsfest der Jugend** zahllose Besucher auf den Pegnitzer Schlossberg. Im Juni haben knapp ein Dutzend internationaler Independent Bands das Vergnügen, sich von 14 bis 24 Uhr einem begeisterten Publikum zu präsentieren. Das Programm ist bunt gemischt, und die Stimmung lässt nichts zu wünschen übrig.

❑ Lord Bishop und die Rockadelic Kids beim Waldstockfestival 2003.

Eine liebenswerte Schweinerei

Ab 1922 fand von Februar bis Oktober vor den Häusern Nr. 2 bis 6 der Hauptstraße in Pegnitz eine echte Schweinerei statt: Das muntere Treiben quiekender Ferkel, grunzender Mastschweine, krakeelender Händler und Käufer während des Saumarktes hat den Anwohnern allerdings mächtig gestunken. Sie dürften in gewisser Weise aufgeatmet haben, als während der Kriegsjahre 1939 bis 1945 der private Vieh- und Fleischhandel verboten war und der Schweinemarkt daher bis 1949 nicht abgehalten werden konnte.
1973 wurde er auf Antrag der Anwohner an den Wiesweiher verlegt und 1978 wegen zu geringen Interesses wieder aufgehoben.
Seit 1982 erinnert ein ungewöhnliches **Bronzedenkmal** an diesen Saumarkt. Es zeigt einen Schweinehändler mit lustig funkelnden Äuglein, der seine linke Hand den Passanten wie zum Geldeinnehmen entgegenstreckt. Ähnlich wie seine vier drolligen Schweinchen ist auch er sehr wohlgenährt. Eines der Tiere beschnüffelt neugierig die Inschriftentafel: »Schweinemarkt 1922/1978. Errichtet von den Spenden der Bürger und Freunde der Stadt Pegnitz. Pegnitz im Juli 1982. Konrad Löhr, 1. Bürgermeister.«
Das Denkmal steht am Übergang der Haupt- in die Bahnhofstraße.

Forchheim
Die Stadt der Könige

Viele tausend Jahre alt sind die ersten Spuren menschlicher Besiedlung aus der Altsteinzeit, die im Regnitztal bei Forchheim gefunden wurden und jetzt im Pfalzmuseum in der Kaiserpfalz zu besichtigen sind. In der zweiten Hälfte des ersten Jahrtausends siedelten sich hier die Franken an.

❏ Sehenswert: der spätmittelalterliche Marktplatz von Forchheim mit dem Rathaus.

Dank seiner verkehrsgünstigen Lage entwickelte sich Forchheim im 9. und 10. Jahrhundert zum **Handelsknotenpunkt** und diente sogar als **Königssitz**. Außerdem war Forchheim Schauplatz von Königswahlen und -krönungen: Ludwig das Kind wurde im Jahr 900 im Alter von nur sieben Jahren als erster gewählter König gekrönt – bis dato war die Königskrone stets vererbt worden. Doch nur elf Jahre später fand mit Konrad I. (König von 911–918) die letzte Königskrönung in Forchheim statt.
Im Jahr 1007 übertrug Heinrich II. den Ort dem Hochstift Bamberg, unter dessen Herrschaft es auch bis zur Säkularisation 1803 blieb.

1077 schrieb Forchheim Weltgeschichte: König Heinrich IV. und Papst Gregor VII. lieferten sich heftige Auseinandersetzungen über die Vorherrschaft der weltlichen oder kirchlichen Macht. Als Heinrich IV. auf die Drohung Gregors VII., ihn abzusetzen, seinerseits den Papst absetzte, belegte ihn dieser mit dem Bann. Davon konnte sich Heinrich zwar durch seinen legendären Gang nach Canossa 1077 lösen, doch im selben Jahr fand im Pilatushof zu Forchheim eine Versammlung aus Bischöfen und Erzbischöfen, päpstlichen Legaten aus Rom und Marseille sowie zahlreichen Adeligen statt, die den König kurzerhand entmachteten und seinen Schwager Rudolf von Rheinfelden zu seinem Nachfolger ernannten. Die Bedeutung dieser ersten Gegenkönigswahl in der deutschen Geschichte lag darin, dass das Wahlrecht über das Erbrecht gesiegt hatte.

Einzigartig – die Kaiserpfalz

Otto der Heilige (1102 bis 1139) ließ im 12. Jahrhundert eine Pfalz und die dazugehörige Marienkapelle errichten. Die Kaiserpfalz diente den Bamberger Fürstbischöfen als zweite Residenz und in unruhigen Zeiten als Zufluchtsort.
Das heutige Gebäude wurde zwischen 1350 und 1400 erbaut und war einst von einem Wassergraben umgeben. Im »Kaisersaal« und der Hauskapelle des Wasserschlosses sind noch heute die in Franken einzigartigen Wandmalereien erhalten. Nur dem Einsatz engagierter Bürger ist es zu verdanken, dass das Schloss Anfang des 20. Jahrhunderts nicht abgerissen wurde. Stattdessen wurde 1911 im Hauptgebäude das Pfalzmuseum eingerichtet.

Das **Pfalzmuseum** bietet auf knapp 1.000 Quadratmetern Ausstellungsfläche Sammlungen zur Volkskunde sowie der Vor- und Frühgeschichte der Region. »Glockenbecher« aus der Spätsteinzeit, die berühmten Zeichensteine aus der Bronzezeit, Äxte und Speerspitzen sowie ein 1582 in Nürnberg gefertigter Goldpokal faszinieren den interessierten Besucher.

Während in der volkskundlichen Abteilung alte Möbel, Werkzeuge und Haushaltsgeräte zu sehen sind, beherbergt das zweite Obergeschoss eine Gemäldegalerie mit über 60 Werken des in Forchheim geborenen Malers Georg Mayer-Franken (1870–1926).

Seit Mai 2004 ist das Museum nach längeren Umbauarbeiten wieder geöffnet (s. Ausflugsziele von A bis Z, S. 252).

◻ In der Kaiserpfalz ist heute das Pfalzmuseum untergebracht.

Nach den beiden Markgrafenkriegen ließen die Bamberger Fürstbischöfe die Stadt im 16. Jahrhundert zur Grenzfestung ausbauen. Die damals topmodernen **Verteidigungsanlagen** bewährten sich vor allem im Dreißigjährigen Krieg (1618–1648). Gut erhalten sind noch das Nürnberger Tor, die Geschützbastionen sowie das Kommandantenhaus am Paradeplatz.

Das jetzige **Rathaus**, das für das Forchheimer Stadtbild so charakteristisch ist, stammt aus dem Spätmittelalter. Der Hauptbau wurde um 1490 errichtet. Die Rückwand des Magistratsbaus aus dem Jahr 1535 trägt ein Relief des Forchheimer **Stadtwappens**: zwei Fische, die von links nach rechts schwimmen; im heutigen Stadtwappen schwimmen sie dagegen von rechts nach links.

Wer nun denkt, Forchheim verdanke seinen Namen einem besonderen Forellenreichtum, der irrt. Denn als das Stadtwappen entworfen wurde, nahm man an, dass sich »Vorchheim« von »vorhe« (althochdeutsch für Forelle) ableite. Heute wird vielmehr davon ausgegangen, dass der Name vom althochdeutschen Wort für Föhre, Kiefer (»vorha«) abstammt, die hier früher noch weit verbreitet waren.

Wie die Stadt im Mittelalter verteidigt wurde, kann man bei einem Gang durch die Bastionsanlagen und Türme der Stadt nachempfinden. Von April bis Oktober veranstaltet die Tourist-Information (Tel. 09191-714338) sonntags ab 14 Uhr eine zweistündige Führung.

Auf den Keller gehen?!
Richtig, die Forchheimer gehen nicht »in«, sondern »auf den Keller« – zumindest wenn sie ihre echt bierige Attraktion am Südostrand der Stadt meinen: den **Kellerwald**.

Der Kellerberg liegt etwa 340 Meter über dem Meeresspiegel und ist durchlöchert wie ein Schweizer Käse. Bereits seit dem 16./17. Jahrhundert wurde der weiche Rhätsandstein unterkellert und zur Lagerung von Getränken und Lebensmitteln genutzt, besonders von Bier. In den beiden Forchheimer Kommunbrauhäusern konnten berechtigte Bürger gegen den so genannten Kesselzins ihr eigenes Bier brauen. Die anschließende Gärung fand meist im häuslichen Keller statt, doch für die monatelange Lagerung wurden größere Räumlichkeiten benötigt. Dazu waren die Sandsteinkeller mit ihrer Temperatur von 6 bis 10 Grad Celsius bestens geeignet. Zusätzlich wurden über den Kellern schattenspendende Bäume gepflanzt, die mittlerweile rund 200 Jahre alt sind. Durch moderne Brau- und Kühltechniken nahm die Bedeutung der Keller als Bierlager jedoch ab. Stattdessen wurden sie zunehmend als Schankstätten beliebt. Zunächst waren die Kellerwirtschaften nur während des **Annafestes** und an schönen Sommertagen geöffnet, doch mittlerweile kann in einigen rustikalen Waldgaststätten auch ganzjährig eingekehrt werden.

◻ Aus der spätmittelalterlichen Burg Wiesenthau wurde ein mächtiges Renaissance-Schloss.

Wiesenthau
Lebendige Renaissance

Wiesenthau liegt zwischen Forchheim und dem zweigipfligen Bergrücken der Ehrenbürg am Rande der namengebenden Wiesent-Au. Das Ortsbild wird bestimmt von einem eindrucksvollen **Renaissance-Schloss** mit seinen fünf Türmen und hohen Giebeln.

Bereits im 12. Jahrhundert war die ursprüngliche Burg im Besitz der Herren von und zu Wiesenthau, eines Bamberger Vasallengeschlechts. Der Südflügel des Schlosses stammt aus dem 14. Jahrhundert. In den Hussiten- und Bauernkriegen wurde die Anlage stark beschädigt und ab 1529 neu aufgebaut: Neben dem Südflügel wurde der Westflügel mit zwei Ecktürmen ergänzt. Von 1560 bis 1566 folgten dann größere Umbaumaßnahmen im Stil der Renaissance, und der Ostflügel mit dem Treppenturm kam hinzu. So entwickelte sich die einst spätmittelalterliche Burg zu einem schmucken Renaissance-Schloss. Als 1814 das Geschlecht derer von und zu Wiesenthau ausstarb, wechselte das Anwesen in privaten Besitz.

Die **Pfarrkirche St. Matthäus** ist als Schlosskapelle bereits im Jahr 1410 erwähnt. Der Hochaltar mit Figuren aus dem 16. Jahrhundert ist ebenso bemerkenswert wie die Plastik des heiligen Sebastian (um 1500) im rechten Seitenaltar und die heilige Ottilie, die der Ebermannstädter Bildhauer Friedrich Theiler um 1800 schuf. 1802/03 fiel Wiesenthau wie alle Gebiete der reichsunmittelbaren fränkischen Ritterschaft an das Kurfürstentum und spätere Königreich Bayern.

Der Fränkische Fudschijama
Will ein Mädchen sicher sein, dass es den richtigen Mann fürs Leben findet, so muss es sieben Mal in sieben Jahren zum Walberlafest auf den Gipfel steigen. So zumindest heißt es im Volksmund. Doch zieht dieser Bergrücken nicht nur die fränkischen Mädchen, sondern fast alle Besucher der Region in seinen Bann. Der Nürnberger Mundartdichter Fitzgerald Kusz hat das **Walberla** einmal als »fränkischen Fudschijama« bezeichnet, den jeder einmal in seinem Leben hinaufsteigen müsse.
Der zweigipflige Zeugenberg heißt zwar offiziell »Ehrenbürg«, aber alle Welt kennt ihn hauptsächlich unter dem Namen Walberla, obwohl dies nur der nördliche, 514 Meter hohe Gipfel ist, der von seinem südlichen Nachbarn, dem Rodenstein, geringfügig überragt wird.

Schon vor 3.000 Jahren lockte das Walberla die ersten Siedler an. Wo sich früher ein heidnischer Kultplatz befand, wurde im 14. Jahrhundert die Walpurgiskapelle gebaut – daher stammt auch der heutige Bergname »Walberla«.
Seit mindestens 1360 wird auf dem höchsten Punkt des Berges jeweils am ersten Wochenende im Mai das **Walberlafest** gefeiert.
1987 wurde das **Naturschutzgebiet Ehrenbürg** ausgewiesen und somit zahlreichen seltenen Orchideen und anderen Pflanzenarten eine bessere Überlebenschance eingeräumt.

Faltet keine Zitronen

*Der **Zitronenfalter** (Genopteryx rhamni) heißt nicht etwa so, weil er Zitronen faltet oder sich nur von Zitronen ernährt, sondern weil das Männchen zitronengelbe Flügel hat. Das Weibchen ist dagegen hell gelblich-weiß und hat Ähnlichkeit mit einem Kohlweißling. Die Flügel des Kohlweißlings sind jedoch stets rundlich, und nur der Vorderflügel trägt zwei dunkle Punkte, während beide Flügel des Zitronenfalters je einen dunklen Punkt und spitzere Ränder haben.*
Der Zitronenfalter wurde 2002 zum »Insekt des Jahres« gewählt. Er ist, anders als viele andere »Tiere des Jahres«, noch nicht selten geworden oder gar vom Aussterben bedroht, sondern eine unserer verbreitetsten Schmetterlingsarten. Die Raupen fressen sich drei bis sieben Wochen lang satt, bevor sie sich verpuppen. Ab Ende Juni schlüpfen dann die Falter, die nach einer etwa zweiwöchigen Flugphase in eine Sommerruhe verfallen. Im Herbst fliegen die Zitronenfalter erneut für wenige Wochen, dann halten sie Winterschlaf. Dabei überwintern die Tiere meist frei sitzend an Sträuchern oder Mauern.
Im nächsten Frühjahr tauen die Zitronenfalter regelrecht wieder auf und erscheinen bereits ab März / April in einer dritten und letzten Flugperiode, paaren sich, legen die Eier ab und sterben. Mit neun Monaten hat der Zitronenfalter dabei die höchste Lebenserwartung aller Schmetterlinge.

Region Südwest — Städte / Ortschaften

❑ Die Ehrenbürg ist der bekannteste Berg der Region.

Leutenbach
Der Ehrenbürg zu Füßen

Die **Dorfkirche Sankt Jakobus** wurde Ende des 19. Jahrhunderts an der Stelle eines spätmittelalterlichen Kirchleins erbaut. Am Kirchturm fallen die vier Scharwachttürmchen auf, die früher nicht der Verzierung, sondern als Beobachtungsposten dienten. Hinter den Turmfenstern hielt in unruhigen Zeiten der Turmwächter Ausschau nach anrückenden Feinden. War Gefahr im Verzug, läutete er die Sturmglocke, damit sich die Frauen und Kinder rechtzeitig im Kirchhof in Sicherheit bringen und die Männer Verteidigungspositionen beziehen konnten. Näherten sich jedoch so übermächtige Heere wie die der Schweden, Preußen oder Franzosen, war an Gegenwehr kaum zu denken, und die Bevölkerung blieb schlicht in ihren Häusern.

❑ Der Zitronenfalter (*Genopteryx rhamni*) fliegt trotz seines langen Lebens nur während weniger Wochen.

Pretzfeld
Die Kirschenhauptstadt
Pretzfeld liegt mitten im größten Süßkirschenanbaugebiet Deutschlands, und zur Zeit der Kirschblüte verwandelt sich die ganze Region in ein weißes Blütenmeer. Höhepunkt der Kirschenzeit bildet im Juli jeden Jahres das **Kirschenfest**, bei dem aus Dankbarkeit für die Ernte sechs Tage lang gefeiert wird.

Auch wurden hier einst zahlreiche **Mühlen** betrieben. Über Jahrhunderte hinweg führten die Müller nicht nur ein beschwerliches, sondern auch recht unsicheres Leben außerhalb jeglicher Stadtmauern oder Befestigungsanlagen und waren ein leichtes Ziel für herumziehende Räuberbanden.

❑ Zur Zeit der Kirschblüte verwandelt sich die Region in ein weiß-gelbes Blütenmeer.

❑ Pretzfeld liegt mitten im größten Süßkirschenanbaugebiet Deutschlands.

Pretzfeld liegt direkt an der Trubachmündung und wird auch »das Tor zum Trubachtal« genannt. Die Marktgemeinde ist über 800 Jahre alt und eine der ältesten Ansiedlungen der Fränkischen Schweiz.
Zwischen ihrer Quelle bei Obertrubach und ihrer Mündung in die Wiesent fließt die Trubach, der »trübe Bach«, auf einer Strecke von nur 25 Kilometern an mehreren Burgen und Burgruinen vorbei.

Mit der Industrialisierung Ende des 19. Jahrhunderts begann dann der flächendeckende Untergang der Wasser- und Windmühlen. Ursache dafür war, dass motorgetriebene Dampfmaschinen deutlich leistungsfähiger und somit rentabler waren als der altdeutsche Mahlgang. Auch konnten sie außerhalb von abgelegenen Flusstälern oder windigen Hochflächen an jedem beliebigen Ort betrieben werden. Viele klein- und mittelständische Betriebe konnten dem Konkurrenzdruck durch die Großmühlen nicht standhalten. Als schließlich durch das Mühlengesetz von 1957 die Stilllegung von Mühlen mit staatlichen Prämien belohnt wurde, gingen zahlreiche weitere Mühlen zugrunde. Im Trubachtal ist heute nur noch das Sägewerk der Reichelsmühle in Betrieb.

Region Südwest — Städte / Ortschaften

Eines der stattlichsten Gebäude der Marktgemeinde ist das **Pretzfelder Schloss**. Hier schuf einst Curt Herrmann (1854–1929), einer der bedeutendsten Neoimpressionisten seiner Zeit, viele seiner schönsten Werke. Heute ist das Schloss im Privatbesitz seiner beiden Enkel und daher leider nicht öffentlich zugänglich.

Die Gemäldesammlung im Schloss kann jedoch nach Rücksprache mit Josef Seitz (Tel. 09194-5640) besichtigt werden. In ihr sind dauerhaft 60 Werke von Curt Herrmann ausgestellt. Von einem seiner Bilder ist allerdings nur eine Fotografie erhalten, da das Original ein Opfer verblendeten Nazieifers wurde.

In der Reichskristallnacht 1938 drangen mehrere SA-Leute aus der Forchheimer Umgebung in das Schloss ein, zerschlugen die Fensterscheiben des Schlosses und zerstörten etliche Gemälde, Möbel und andere Einrichtungsstücke. Auswärtige Hitlerjungen entwendeten das Bild »Knabenakt« und verbrannten es auf dem Forchheimer Marktplatz öffentlich als Beispiel »entarteter Kunst«.

In der Folgezeit geriet das Werk Curt Herrmanns in Vergessenheit.

Erst vor etwa fünfzig Jahren erwachte das Interesse an seinen Bildern dank zahlreicher Ausstellungen von neuem.

> **Einkehrtipp:**
> **Gasthof-Brauerei Meister**
> *OT Unterzaunsbach, Tel. 09194-9126, Di. Ruhetag, lebendfrische Forellen und andere Fischspezialitäten, hervorragendes Bier aus eigener Brauerei, freundliche Bedienung*

Die Pretzfelder **St. Kilianskirche** zählt zu den wichtigsten Landkirchen Frankens und entstand in den Jahren 1741–1761. Entworfen und erbaut hat sie der Bamberger Hofarchitekt Johann Jakob Küchel. Das wäre nicht weiter erwähnenswert, doch war derselbe Mann zuvor beschuldigt worden, am Einsturz des Turmes der Vorgängerkirche schuld gewesen zu sein.

1739 war nämlich der alte Kirchturm unter Baumeister Küchel um sieben Meter aufgestockt worden. Das Vergnügen währte jedoch nicht lange: Der Turmaufbau stürzte ein und begrub das Kirchenschiff sowie die daneben stehenden Torhäuser unter sich. Eine Klage des berühmten Baumeisters Balthasar Neumann zog sich allerdings mehrere Jahre hin, und Küchel konnte in der Zwischenzeit die neue Kirche im Rokoko-Stil bauen – die noch immer steht!

❏ Gleich neben der Brauerei Meister steht das ehemalige Feuerwehrhäuschen von Unterzaunsbach.

Egloffstein
Hoch über dem Trubachtal

Egloffstein wurde 1358 erstmals urkundlich erwähnt, war zu diesem Zeitpunkt aber sicher schon ein paar Jahrhunderte alt. Den weithin sichtbaren **Schlossberg** des Ortes kann man sowohl von außen, als auch von innen bewundern. Mit einer Fläche von 12.000 Quadratmetern haben die Egloffsteiner **Felsenkeller** riesige Ausmaße! In ihnen lagerten die Wirte und Brauer ihr Bier. Die Metzger bewahrten in den Kellern ihr Fleisch auf und die Bauern Kartoffeln und Rüben. Während im frühen Mittelalter die Bevölkerung bei Gefahr vor allem in der Burg Schutz suchte, dienten in späteren Zeiten die Keller auch als Zufluchtstätte. Zurzeit kann dieses unterirdische Kellersystem noch auf eigene Faust und Gefahr besichtigt werden (Taschenlampen nicht vergessen!). Der Eingang ist unterhalb der Felsenkellerstraße neben der Raiffeisenbank.

❑ Auf Burg Egloffstein lebte die von Goethe bewunderte Gräfin Julie.

Unterhalb von **Burg Egloffstein** erinnert eine Tafel daran, dass hier Johann Wolfgang von Goethe (1749–1832) des öfteren mit Gräfin Julie von Egloffstein (1792–1869) gesessen haben soll. Sie war eine ebenso hübsche wie begabte Malerin und fand in Goethe einen Bewunderer und Förderer. Bekannt wurde sie unter anderem durch Portraits von Goethe und dem Bayernkönig Ludwig I. Im Gegenzug widmete Goethe ihr mehrere Gedichte.

❑ Den weithin sichtbaren Schlossberg kann man auch von innen bewundern.

Es heißt, Burg Egloffstein wurde einst von einem Hieronymus bewohnt, der wie Odysseus erst nach zwanzigjähriger Reise in die Heimat zurückgekehrt war. Die liebe Verwandtschaft, die sich mittlerweile auf der Burg eingenistet hatte, war von seiner Heimkehr jedoch gar nicht begeistert, und erst, als Hieronymus sie zielstrebig zum Versteck seines Lieblingsschwertes führen konnte, räumten sie die Burg wieder. Dieser Sage liegt die wahre Begebenheit zugrunde, dass Hieronymus I. im Jahr 1545 vom Deutschen Orden in Preußen nach Egloffstein kam, um besitzrechtliche Fragen zu klären. Als preußischer Ordensritter wurde er von den Egloffstei-

Übernachtungstipp:
Gasthof Zur Post

Tel. 09197-555, 40 Betten, gutbürgerliche Küche, Mo. Ruhetag, schöne Lage unterhalb der Burg, im Winter mit Loipenanschluss, www.gasthofzurpost-egloffstein.net

nern zunächst nicht als Verwandter anerkannt, konnte diese Zweifel jedoch durch einen Wappenring zerstreuen, den er von einem Vetter geerbt hatte. Die Burg und ihre Kapelle wurden im ersten Markgrafenkrieg (1449–1453) völlig niedergebrannt, Ende des 15. Jahrhunderts wieder aufgebaut, doch im 1504 entbrannten Landshuter Erbfolgekrieg erneut eingeäschert. Auch im Bauernkrieg 1525 und während des Dreißigjährigen Krieges (1618–1648) wurde die Burg mehrfach schwer beschädigt.

Wer einmal das moderne Burgleben genießen möchte, kann eine von zwei Ferienwohnungen auf der Burg mieten (Tel. 09197-8780). Ansonsten kann Burg Egloffstein nur von Gruppen ab zehn Personen besichtigt werden, da sie heute in Privatbesitz ist. Die hübsche **Burgkirche Sankt Bartholomäus** am Eingang zur Burg ist dagegen frei zugänglich. Ein Epitaph in der Burgkirche erinnert an Hieronymus II. von Egloffstein (1600–1654), den gleich zwei seiner Verwandten zur Notwehr zwangen: In einer handfesten Auseinandersetzung über die Mitgift seiner Frau wurde Hieronymus von seinem Schwager angegriffen.

Dieser bezahlte seine Hitzigkeit jedoch mit dem Leben. Ein Tauschhandel zwischen Hieronymus und seinem Vetter Hans von Schaumburg war Auslöser einer weiteren Familienfehde, die ebenfalls tödlich endete. In beiden Fällen wurde Hieronymus jedoch freigesprochen. 1653 wurde ihm sogar noch die Ehre zuteil, als Burggraf auf dem Rothenberg gewählt zu werden.

> **Einkehrtipp:**
> **Gasthof-Pension Schlehenmühle**
> *Tel. 09197-291, Do. Ruhetag, Hausschlachtung, wasserfrische Forellen und fleischlose Gerichte, durchgehend warme Küche, Speiseterrasse, Minigolfplatz*

In der **Frauenhöhle** nördlich von Egloffstein suchten einst ein Bettler und eine geizige Frau Schutz. Als die Frau ihm nicht ein einziges Stückchen Brot abgeben wollte, verfluchte der Bettler sie. Augenblicklich erstarrte die Frau mitsamt ihren Habseligkeiten zu Stein. Mit etwas Fantasie ist sie noch heute in der Höhle zu erkennen.

◻ **Winterstimmung im Trubachtal bei Egloffstein.**

Hundshaupten
Tierisches Vergnügen
Schloss Hundshaupten steht stolz auf einem Felssporn am Ende des gleichnamigen Ortes. Die Burg taucht 1369 erstmals urkundlich im Besitz der Herren von und zu Wiesenthau auf. 1388 und 1412 wurde die Veste von den Nürnbergern erobert und ausgebrannt, da Mitglieder der Familie von Wiesenthau der Straßenräuberei bezichtigt wurden. Nicht zuletzt durch diese Zerstörungen waren die von Wiesenthau ständig in Geldnot. 1613 ging der Besitz an das Bamberger Kloster Michelsberg über, weil Ernst von Wiesenthau in jugendlichem Alter ohne männliche Nachkommen gestorben war.
1661 erwarb der Freiherr von Pölnitz das Schloss und ließ es zu einem wohnlichen barocken Landsitz ausbauen. Guilda von Pölnitz schenkte das Anwesen 1991 schließlich dem Landkreis Forchheim.
Der romantische Schlosspark ist im Sommer die Kulisse für verschiedene Konzerte. Das Schloss selbst beherbergt heute ein hübsches Museum (s. Ausflugsziele von A bis Z, S. 254).

Unterhalb des Dorfes liegt der **Wildpark Hundshaupten**, die Hauptattraktion des Ortes. Hier kann der Besucher mitteleuropäische Tiere wie Elch, Wisent, Mufflon, Steinbock und Waschbär hautnah erleben. Auch Woll- und Hängebauchschweine, Heidschnucken, Nutrias und zahlreiche Wasservögel leben hier (s. Ausflugsziele von A bis Z, S. 255).

◻ Mufflons im Wildpark Hundshaupten.

Kunreuth
Im Zeichen des Schlosses
Eine Besonderheit in der Fränkischen Schweiz ist das **Wasserschloss Kunreuth** mit seinen Fachwerkgiebeln, dicken Wehrmauern, Zinnen und Türmchen. Das Schloss ist zwar nicht öffentlich zugänglich, doch kann man zumindest den Vorhof begehen oder sich von einem Fußweg zwischen dem Schlossgarten und dem Dorfbach einen Eindruck von der Anlage machen. Das Schloss wurde Anfang des 15. Jahrhunderts erstmals erwähnt, im Dreißigjährigen Krieg (1618–1648) mehrfach zerstört und wieder aufgebaut. Nach dem zweiten Weltkrieg diente es als Einwohnermeldeamt der Stadt Nürnberg und später als Altersheim. Heute ist das Schloss in Privatbesitz des Freiherrn von und zu Egloffstein.

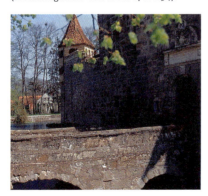
◻ Das Wasserschloss in Kunreuth ist das einzige seiner Art in der Fränkischen Schweiz.

Effeltrich
Wehrhaftes Trachtendorf

Der Ort mit seinen rund 2.500 Einwohnern zeichnet sich vor allem durch seine Wehrkirche, die 1000-jährige Linde und zahlreiche lebendig gebliebene fränkische Bräuche aus.

Als Effeltrich, das zu Bamberg gehörte, im ersten Markgrafenkrieg (1449–1453) wiederholt von den Nürnbergern geplündert worden war, wurde die Kirche zur **Wehrkirche** befestigt. Im zweiten Markgrafenkrieg (1541–1553) leistete die Kirchenfestung dann bereits erfolgreich Widerstand. Seinen Zorn darüber ließ Markgraf Albrecht Alcibiades von Brandenburg-Kulmbach an den umliegenden Bauernhäusern aus und brannte sie nieder.

Die Wehrkirche steht direkt in Ortsmitte und ist von einer mächtigen Mauer und fünf Türmen umgeben. Sie wurde 1470–1490 in gotischem Stil erbaut, doch in ihrem Innern mischen sich verschiedene Bauweisen. Der spätgotische Chor ist mit einem feinen Netzgewölbe verziert, dessen Fresken bei der letzten Renovierung freigelegt wurden. Im Chorraum ragt der auffallende barocke Hochaltar aus der Zeit um 1720 bis 1730 empor. Die prächtige Rokokokanzel am rechten Torbogen ist aus marmoriertem Holz und vergoldetem Muschelkalk gefertigt. In den drei Nischen des Außentores stehen hölzerne Statuen der Heiligen Laurentius, Georg und Sebastian. Einen weiteren Erker ziert die Reiterfigur des Kirchenpatrons St. Georg aus dem frühen 16. Jahrhundert. Beim **Georgi-Ritt** (s. Bräuche und Feste S. 45) wird diese Holzplastik in einem feierlichen Umzug durch den Ort getragen.

Im Ortszentrum lädt die **1000-jährige Dorflinde** zu einer schattigen Rast ein. Dieser Platz war noch bis 1950 einer der originellsten Biergärten der Fränkischen Schweiz. Der Stamm der Linde ist neun Meter dick – um ihn zu umarmen müssen fünf Erwachsene »zusammenhalten«!

Effeltrich ist auch als **Trachtendorf** weithin bekannt: An Sonn- und Feiertagen tragen viele Frauen noch ihre malerische Sonntagstracht, während die Männer ihre schlichteren Trachten nur noch bei besonderen kirchlichen Feiern, Heimat- und Trachtenfesten anziehen. Die einst übliche bäuerliche Werktagstracht wird dagegen nur noch von wenigen älteren Frauen getragen.

◻ Vier hölzerne Heiligenstatuen zieren die Erker der Wehrkirche von Effeltrich.

Der Hohe Kranz

»Sparsam währt am längsten« mögen sich die Menschen früher gedacht haben, als sie beschlossen, die frischen Blumen ihrer Festtagskronen durch langlebigere Materialien zu ersetzen.

▫ **An besonderen kirchlichen Feiertagen tragen junge Frauen in Effeltrich den Hohen Kranz.**

Früher trugen Mädchen die Krone erstmals zur Erstkommunion. Diese findet heutzutage jedoch schon im Alter von zwölf oder dreizehn Jahren statt, so dass hierfür eine etwas kleinere Krone verwendet wird. Der eigentliche Hohe Kranz wurde zur Hochzeit wohlhabender Bauern gefertigt. Er wird stets in Verbindung mit einer Bauerntracht getragen, letztmalig am Tag der Hochzeit, und über Generationen vererbt. Blüten, Kräuter, Getreide und andere Fruchtbarkeitssymbole sind von zahlreichen Sonnengesichtern, Sternen, Blättern und Obst umrahmt. Die drei dominierenden Farben Blau, Grün und Rot stehen für Glaube, Hoffnung und Liebe. Alte Kronen sind mit rund 900 Gramm etwas leichter als neuere, da früher mundgeblasene statt Glasperlen verwendet wurden. Ein handgefertigter Hoher Kranz besteht aus mehreren tausend Einzelteilen und kostet etwa 2.500 €.

In seiner heutigen Form wurde der Hohe Kranz vermutlich nur im Raum Forchheim getragen. In katholischen Orten wie Hetzles, Effeltrich, Hausen, Reuth, und in neuerer Zeit auch Neunkirchen am Brand, wird die Tradition noch gepflegt, insbesondere an hohen Feiertagen wie Fronleichnam und Pfingsten. Der Überlieferung nach brachten fahrende Zigeuner im 17. und 18. Jahrhundert die damaligen Metallkränze nach Franken. Wahrscheinlicher aber ist, dass sich die Verwendung der Flitterplättchen von Nürnberg aus auf das umgebende Land ausbreitete. Nachdem bereits die alten Ägypter feine Messingplättchen hergestellt hatten, war diese Kunst im Mittelalter verloren gegangen. Erst Anfang der Neuzeit fanden Nürnberger Messingschläger wieder eine geeignete Legierung. Um dieses Wissen zu schützen, durften die Zunfthandwerker die Stadt nicht verlassen. Doch auch die österreichische Kaiserin Maria Theresia begehrte eine eigene Werkstätte und bestach einige Nürnberger Messingschläger, die daraufhin in einer Nacht- und-Nebel-Aktion mit dem Heuwagen nach Wien flohen. Bevor sie allerdings ihre Künste in den Dienst Österreichs stellen durften, mussten die protestantischen Franken erst noch zum katholischen Glauben übertreten.

Im Nürnberger Raum übernahmen im Laufe der Zeit Juden das Handwerk der Messingschläger und brachten es zu einigem Wohlstand. Mit der Nazizeit und den Deportationen in Konzentra-

Region Südwest — Städte / Ortschaften

tionslager wurden die jüdischen Betriebe jedoch geschlossen. Die wertvollen Stanzeisen fielen danach Plünderungen oder dem Müll zum Opfer.

Effeltrich ist auch für seine zahlreichen **Baumschulen** bekannt, die hauptsächlich auf die Obstbaumzucht spezialisiert sind. Der Name Effeltrich heißt bezeichnenderweise »apfelreich«, und schon im 17. Jahrhundert exportierten die Effeltricher Obstbaumverkäufer ihre Bäume bis nach Schweden und Russland. Ihre reiche und vielseitige Obsternte bieten die Bauern je nach Saison am Straßenrand günstig an – entsprechend rege ist im Sommer der Verkehr auf den Zufahrtsstraßen rund um den Ort.

Auch in der Vorweihnachtszeit lockt Effeltrich zahlreiche Besucher an: Am zweiten und dritten Adventwochenende sind auf der größten **Krippenausstellung** im weiten Umkreis rund 35 Krippen aus Franken, dem Erzgebirge, dem Orient, dem Alpenland und der Oberpfalz ausgestellt.

☐ Fränkische Krippe auf der Effeltricher Krippenausstellung.

Bubenreuth
Hier spielt die Musik

Erst nach dem zweiten Weltkrieg hat sich Bubenreuth, das bis dato eher ländlich geprägt war, zu einem international anerkannten Zentrum des Streich- und Zupfinstrumentenbaus entwickelt. Damals siedelten sich Hunderte aus Böhmen und Sachsen vertriebene Instrumentenbauer mit ihren Familien hier an. Bis 1955 hatten sich 1.500 heimatvertriebene Geigenbauer in Bubenreuth niedergelassen und von da an den wirtschaftlichen Aufschwung des Landstriches entscheidend mitgeprägt. Im Jahr 1989 wurden in ganz Deutschland rund 60.000 Streichinstrumente wie Geigen, Bratschen, Celli und Kontrabässe hergestellt – davon 80 Prozent in Bubenreuth! Bei den Zupfinstrumenten war der Anteil mit 70 Prozent ähnlich hoch. Diese Zahlen sprechen für die Qualität, mit der die Bubenreuther ihre Instrumente fertigten. Dabei fehlten auch so ungewöhnliche Konstruktionen wie eine fünfsaitige Bratsche nicht, die Geigenbaumeister Walter Mahr 2000 auf Wunsch eines Berufsmusikers anfertigte, der gerne auch höhere Töne spielen wollte als bei einer viersaitigen Bratsche üblich. Ein weiteres Glanzstück gelang Mahr, als er in Zusammenarbeit mit einem anderen Künstler Bernstein und Gold für die Bogenherstellung verwendete. Dieses kostbare Stück begeisterte auf der Frankfurter Musikmesse 1999 die Weltöffentlichkeit vor allem durch seine Tonqualität und Klangfülle.

Im Jahr 1979 wurde in zwei Räumen des Bubenreuther Rathauses das **Geigenbaumuseum** eröffnet. Die Sammlung umfasst ca. 120 Geigen und Gitarren alter Meister, Barock- und Renaissancelauten, Celli, Gamben und Violen von 1820 bis heute. Darüber hinaus sind alte Werkzeuge und Maschinen zur Herstellung der Instrumente und des Zubehörs zu sehen. In Bubenreuth ist auch die kleinste spielbare Geige der Welt mit Koffer und Bogen zu bewundern, die im Guinness-Buch der Rekorde verzeichnet ist, sowie das kleinste Streichquartett der Welt. Weitere Highlights sind der

◻ Im Bubenreuther Geigenbaumuseum ist die Werkstatt eines Instrumentenbauers nachgestellt.

◻ Nur wenige Admirale (*Vanessa atalanta*) können in Mitteleuropa überwintern.

legendäre »Beatles-Bass«, der speziell für Paul McCartney hergestellt wurde, und eine mit einfachsten Mitteln gebaute »Gefangenschaftsgeige«. Voraussichtlich 2005 wird das Museum in neue Räume umziehen (s. Ausflugsziele von A bis Z, 251).

Alle Jahre wieder – Besuch aus Afrika

*Der **Admiral** (Vanessa atalanta) ist ein so genannter Wanderfalter. Das sind sehr reisefreudige Gesellen, die meist aus trockenen, warmen Gebieten stammen, wo sie in klimatisch günstigen Zeiten heranwachsen und sich verpuppen. Mit Eintritt der Trockenzeit wandern die Falter dann in fruchtbarere Gebiete ab.*

Da der Wind die Wanderung erheblich erleichtert, hängt der Weg dieser Schmetterlinge stark von der vorherrschenden Windrichtung ab. So können die Tiere von Afrika her das Mittelmeer überfliegen und kommen bei geeigneten Wetterlagen bis hinauf nach Skandinavien. Auf dem Weg reifen sie heran und legen ihre Eier ab. Daraus schlüpfen die Raupen, die sich ausschließlich von Brennnesseln ernähren.

Im Herbst versuchen die Admirale, in den wärmeren Süden zurückzuweichen, können aber die oft schon zu kalten Alpen nicht mehr überfliegen und gehen vielfach zugrunde. Es gibt zwar auch Populationen, die in Mitteleuropa überwintern können, um die Art bei uns aber dauerhaft zu erhalten, ist jedes Jahr eine Neuzuwanderung nötig!

Region Südwest — Städte / Ortschaften

Neunkirchen am Brand
Moderner, historischer Ortskern

Die Antwort auf die Frage nach der frühesten Besiedelung von Neunkirchen am Brand ergab sich, wie so oft, durch einen Zufall. Bei Feld- und Kanalisationsarbeiten kamen Mitte des 20. Jahrhunderts einige vollständig erhaltene Urnen ans Tageslicht.

Diese Funde stammen aus der so genannten Hallstattzeit (1000–500 v. Chr.) und zeigen, dass sich schon in vorgeschichtlicher Zeit gerne Menschen rund um den Hetzleser Berg ansiedelten.

Die Urnen wurden bei den damals üblichen Brandbestattungen verwendet und in flachen, etwa 40 Zentimeter tiefen Gräben in sandigem Erdreich beigesetzt. Die eigentliche Ortsgründung dürfte das Bistum Bamberg im 11. Jahrhundert veranlasst haben. Der Wald wurde gerodet und ausgebrannt, und Bauern siedelten sich am Brandbach an. Bald entstand eine neue Kirche, die dem Ort den Namen gab: zur neuen Kirche auf dem Brande.

1314 wurde weiterhin ein **Augustiner-Chorherrenstift** ins Leben gerufen, das dem Ort Macht und Reichtum einbrachte. Durch eine klostereigene Bäckerei, Brauerei, Kelterei, Metzgerei und Mühle war das Kloster autark; der letzte Propst ließ in Neunkirchen sogar Wein anbauen.

1555 wurde das Kloster aufgelöst, und in den folgenden Jahrhunderten wurden an der Stiftsanlage zahlreiche Umbauten vorgenommen. Gleichzeitig ließen das Ansehen, aber auch das wirtschaftliche und kulturelle Leben der Marktgemeinde nach.

Das Marktrecht erhielt Neunkirchen im Jahr 1410, 1444 kamen Wappen und Siegel hinzu. Im frühen 16. Jahrhundert wurde mit dem Bau der **Wehranlage** begonnen. Diese konnte allerdings in den Bauern- und Markgrafenkriegen nur wenig gegen die anstürmenden Angreifer ausrichten. Auch im Dreißigjährigen Krieg (1618–1648) wurden weite Teile von Neunkirchen zerstört. Danach blieb der Ort eine Zeit lang verschont, bis 1796 die französischen Revolutionsheere in Bayern einfielen.

Von den mittelalterlichen Wehrmauern ist leider nicht mehr viel übrig geblieben, da sie Anfang des 20. Jahrhunderts größtenteils abgetragen und zum Häuserbau verwendet wurden.

◻ Der Ortskern von Neunkirchen am Brand: Das kleinste Haus in der Färbergasse (vorne links) hat gerade mal 56 Quadratmeter Wohnfläche – auf zwei Etagen!

Von den einst fünf **Stadttoren** sind immerhin noch vier erhalten, und um in das Ortszentrum mit seinen schönen Fachwerkhäusern zu gelangen, führt kein Weg an ihnen vorbei.

Häusliche Vielfalt
Neben dem Erlanger Tor steht das älteste Haus der Marktgemeinde, das **Schafhaus**. Es dürfte rund 400 Jahre alt sein und beherbergte früher den Schäfer samt seinen Schafen.

> **Einkehrtipp:**
> **Kugler-Wirt (Inh. Fam. Gailer)**
> OT Großenbuch, Dorfstraße 3,
> Tel. 09134-997866, Mo.+Di. Ruhetag, Sa.+So. durchgehend geöffnet und warme Küche, fränkische Spezialitäten, auch vegetarische Gerichte

◻ Neben dem Erlanger Tor steht das Schafhaus, das älteste Haus von Neunkirchen.

Das kleinste Haus von Neunkirchen steht in der Färbergasse und ist ein so genanntes **Tropfhaus**. Auf zwei Etagen bietet das Häuschen gerade mal rund 56 Quadratmeter Wohnfläche. Es stammt aus dem frühen 19. Jahrhundert und steht heute unter Denkmalschutz. Im Jahr 1996 verlieh der Fränkische-Schweiz-Verein der Besitzerin für die vorbildliche Restauration des Häuschens seine »Schmuckziegel-Auszeichnung«. Die Bezeichnung Tropfhaus stammt daher, dass mangels Dachrinne und Kanalisation das Regenwasser stets auf die Straße oder das Nachbargrundstück tropfte, denn das Grundstück war so klein, dass es nur das Wohnhaus und einen Misthaufen fasste und keinerlei freie Fläche mehr blieb.

Lebendige Kunst des Malers und Bildhauers **Felix Müller** (1904–1997) ist in Neunkirchen überall zu entdecken: Bronzegusstüren, Skulpturen, ein Kriegerehrenmal, Glas- und Eingangstüren, Wappen, Firmen- und Reklametafeln. Dem Leben und Werk Felix Müllers ist auch ein Museum gewidmet. Im Dachgeschoss eines Zehntspeichers sind zahlreiche Skulpturen, Gemälde und Grafiken von 1930 bis zu seinem Lebensende 1997 ausgestellt (s. Ausflugsziele von A bis Z, S. 253).

In **Ermreuth**, dem größten Neunkirchner Ortsteil, siedelten sich bereits Ende des 15. Jahrhunderts Juden an, die vermutlich aus Nürnberg vertrieben wurden. Die Familie Muffel, die nicht allzu gut auf die Stadt zu sprechen war, ließ die Juden gegen Schutzzahlungen in Ermreuth siedeln; in einer Urkunde aus dem Jahr 1554 wird erwähnt, dass sie jährlich ein Pfund Pulver zum Kirchweihschutz liefern mussten.
Die jüdische Gemeinde wuchs stetig und machte Anfang des 19. Jahrhunderts bis zu 40 Prozent der Ermreuther Bevölkerung aus. 1711 wurde ein jüdischer Friedhof angelegt und 1738 eine **Synagoge** errichtet. Diese wurde jedoch zu klein und 1822 durch eine geräumigere ersetzt. Diese neue Synagoge war eine der größten und bedeutendsten Dorfsynagogen in Oberfranken. Ab 1992 wurde sie aufwändig restauriert und am 19. Juni 1994 wieder eingeweiht.

Heute dient die Synagoge in der Wagnergasse 8 als Kulturhaus und beherbergt eine Dauerausstellung über das Leben der Juden auf dem Land (s. Ausflugsziele von A bis Z, S. 252).

Gräfenberg
Im Zeichen der Ritter

Die Wurzeln der Stadt reichen weit ins Mittelalter zurück. Um 1170 wurde mit »Ritter Wirnt von Grefenberc« der bedeutendste Sohn der Stadt geboren. Er war Minnesänger und Verfasser des Heldenepos »Wigalois, der Ritter mit dem Rade«. In 11.700 Versen erzählt er die abenteuerliche Suche eines jungen Ritters nach seinem Vater Gawein, der am Artushof lebte. Während seiner Bewährungsprobe eroberte Wigalois ein geraubtes Königreich zurück und befreite den verzauberten König. Bei seiner Hochzeit mit der Königstochter und ihrer Krönung feierten wundersamerweise auch Gawein und eine Abordnung von König Artus mit.

Vom 12. bis 14. Jahrhundert war der Ort im Besitz der Herren von Gräfenberg, zu denen auch Ritter Wirnt zählte. Auch Chunrat Graf stammte aus dieser Familie. Er erwarb 1333 von Kaiser Ludwig dem Bayern das Marktrecht für Gräfenberg und seine damals rund 200 Einwohner. Im Umkreis von rund 7,5 Kilometern war somit jeder ländliche Handel verboten. Der Schwiegersohn und Erbe von Chunrat Graf übergab den Markt als Lehen an Ludwigs Thronfolger Kaiser Karl IV. von Böhmen und erhielt dafür 1371 das Stadtrecht. Damit verbunden war die kaiserliche Genehmigung, den Ort zu befestigen und einen Burggraben, Mauern, Türme und vier Tore zu errichten. Drei Stadttore sowie große Teile der südlichen und westlichen Stadtmauer sind noch erhalten. Das vierte Tor fiel 1834 einer Straßenerweiterung zum Opfer.

Auch Kriege, Plünderungen, Stadtbrände, Seuchen und Naturkatastrophen blieben der Stadt und ihren Bürgern nicht erspart. So war das 15. Jahrhundert durch drei große Pestepidemien geprägt. Und am 4. Juni 1567 wurde die Stadt von der größten Brandkatastrophe ihrer Geschichte heimgesucht: Ausgelöst durch die Unachtsamkeit eines Stallknechts, der einen brennenden Kienspan an einer Holzsäule stecken ließ, ging das Städtchen in Flammen auf. 58 Häuser wurden durch das Feuer zerstört. Im Dreißigjährigen Krieg (1618–1648) brannte Gräfenberg erneut völlig nieder und wurde von Kroaten und

◻ Die Statue des Ritter Wirnt ziert den Brunnen am Marktplatz.

Schweden geplündert. Auch von 1796 bis 1805 erschütterten immer wieder Koalitionskriege die Stadt. 1806 wurde Gräfenberg dann mit seinen mittlerweile 1.200 Einwohnern dem Königreich Bayern einverleibt.

Vor dem Egloffsteiner und Hiltpoltsteiner Tor liegt das **Scheunenviertel**. In den unterirdischen Scheunenkellern lagerte einst das Gräfenberger Bier.

Am Südrand des Marktplatzes steht eines der ältesten Häuser der Stadt, das so genannte **Wolfsberger Schloss**. Seine Fassadenmalerei zeigt eine Szene aus dem Heldenepos *Wigalois*.

> **Einkehrtipp:**
> **Ristorante Pizzeria Peluso**
> *Am Marktplatz 1a, Tel. 09192-6186, März–Nov. durchgehend geöffnet, im Winter ab 17 Uhr, Di. Ruhetag günstige Familien- und Party-Pizza*

Ungewöhnlich ist auch das **Großuhren- und Fossilienmuseum**, das einen umfassenden Überblick über die verschiedensten Turm-, Hof-, Fabrik-, Bahnhofs- und Perron-Uhren bietet. Signal-Läutwerke, elektrische Uhren sowie Seildurchlässe und Klöppel ergänzen die Sammlung.
Das Museum beherbergt außerdem eine Fossiliensammlung, in der ein repräsentativer Querschnitt von 220 bis 150 Millionen Jahre alten Fundstücken zu bestaunen ist. Neben einer Vielfalt an Ammoniten sind verschiedene Arten von Belemniten, Seelilien, Schwämmen und Sinterstufen zu sehen (s. Ausflugsziele von A bis Z, S. 252).

☐ Szene aus dem Heldenepos »Wigalois« an der Fassade des Wolfsberger Schlosses.

Weißenohe
Klösterlicher Fremdkörper

Südöstlich von Gräfenberg liegt die Ortschaft Weißenohe. Das Ortsbild wird von der **barocken Klosteranlage** und der **Pfarrkirche St. Bonifatius** mit ihrem 45 Meter hohen Turm dominiert.
Das Kloster – und somit auch die Gemeinde Weißenohe – gehörte fast während seines gesamten 750-jährigen Bestehens zur Oberpfalz. Es ragte geradezu wie ein Fremdkörper in das Gebiet der Reichsstadt Nürnberg hinein und war zeitweise sogar völlig von der Oberpfalz abgeschnitten. Nürnberg ließ daher über Jahrhunderte hinweg nichts unversucht, um seine – meist unberechtigten – Ansprüche geltend zu machen. Auch die Geistlichkeit, besonders die Fürstbischöfe von Bamberg, versuchten immer wieder, ihren weltlichen Einfluss auf Weißenohe auszudehnen. Diese Reibereien endeten erst, als das Kloster 1804 aufgelöst und Weißenohe dem Königreich Bayern zugesprochen wurde.
Alljährlich findet am Muttertags-Wochenende in Weißenohe das **Brauereifest** statt. Nach einem Gottesdienst in der Pfarrkirche kann auch die Brauerei besichtigt werden, die sonst nur für angemeldete Gruppen zugänglich ist.

Region Südwest — Städte / Ortschaften

Die Sinterstufen im Lillachtal
Die Lillach ist einer der in Deutschland sehr seltenen Kalktuffbäche. Gut drei Kilometer östlich von Weißenohe sprudelt die Lillachquelle und bildet schon nach wenigen hundert Metern die ersten Sinterstufen aus. Diese sind in der letzten Eiszeit vor rund 10.000 Jahren entstanden und wurden wegen ihrer Schönheit und Einmaligkeit 1976 zum Naturdenkmal erhoben.
Tuffbäche haben stets sehr kalkreiches Wasser. Sprudel und Verwirbelungen im Bach führen dazu, dass das Kohlendioxid entweicht und der Kalk ausfällt. Feine Kalknadeln lagern sich dann an den Pflanzen ab. Moose und Algen wachsen über die verkalkte Schicht hinaus, so dass stockwerkartige Kalkgebilde entstehen, so genannte Tuffe. Dadurch wachsen die Sinterstufen jährlich um zwei bis drei Millimeter.
In jüngerer Zeit verlagerte die Lillach allerdings durch Hochwasser und starke Regenfälle ihren Lauf, und das ursprüngliche Bachbett führte immer weniger Wasser: 1997 waren die Sinterstufen daher kurz davor, auszutrocknen. Dies hätte das nahe Ende der Sinterterrassen bedeutet. Die Gemeinde Weißenohe ließ daraufhin die Lillach umfassend sanieren und den Uferrand mit großen Steinen befestigen. Der Fußweg durch den Teufelsgraben ist nun gut ausgebaut, und entlang der Lillach wurde ein Lehrpfad angelegt. Dieser erklärt unter anderem die Bedeutung der Tuffkaskaden in der Lillach als Rückzugsgebiet für seltene und bedrohte Tier- und Pflanzenarten wie den Feuersalamander, die Wasseramsel, die zweigestreifte Quellenjungfer – eine Großlibelle – sowie verschiedene Pflanzen wie das Moschus- oder Milzkraut. Weiterhin leben hier rund 120 Schmetterlingsarten und viele seltene Käfer.

◻ Die einst so verbreiteten Ackerunkräuter Klatschmohn und Kornblume werden auf modernen Feldern immer seltener.

Zwischen Igensdorf und Dachstadt wird noch heute ein kleiner **Hopfengarten** bestellt. Das ist in der Region mittlerweile eine Seltenheit, denn der einst weit verbreitete Hersbrucker Gebirgshopfen ist fast völlig verschwunden, seit die Hallertau die Frankenalb und die Fränkische Schweiz als wichtigstes deutsches Hopfenanbaugebiet abgelöst hat.

**Übernachtungstipp:
Ferienhof Hänfling**
Tel. 09192-7402, FeWo. (2–6 Pers.), ruhige Lage mitten in der Natur, Hasen, Ziegen, Kühe und ein Pony auf dem Hof, ideal für Kinder und Wanderer, www.haenfling-online.de

Hiltpoltstein
Protestantischer Marktfleck

Schon 1109 wurden »Hildepoldesdorf« und eine zugehörige Burg erstmals urkundlich erwähnt. **Burg Hiltpoltstein** thront auf ihrem wuchtigen Felsmassiv über dem Ort und war während der diversen Kriege oft letzte Zufluchtstätte der Dorfbewohner.

Ab 1263 begann für Hiltpoltstein eine unruhige Zeit, denn der Ort wechselte häufig den Besitzer. 1417 beruhigte sich die Lage etwas, als König Sigismund von Böhmen Friedrich von Seckendorf für sein Dorf das Marktrecht verlieh »… mit allen gewöhnlichen Gnaden und Freiheiten, die Märkte festzusetzen und die Marktanlage durch ein oberes und unteres Tor zu sichern.« Im **oberen Stadttor** ist heute ein kleines Heimatmuseum untergebracht.

Für 6000 Gulden wurden im Jahr 1503 die Burg und der Markt Hiltpoltstein an die Reichsstadt Nürnberg versetzt, die hier ein Pflegamt einrichtete. Durch

◻ Burg Hiltpoltstein thront eindrucksvoll über dem Ort.

diese Anbindung an Nürnberg wurde auch Hiltpoltstein 1525 protestantisch, und Martin Glaser, ein Studienfreund Luthers, wurde der erste evangelische Pfarrer der Marktgemeinde.

Die **Matthäuskirche** hat außer ihrer malerischen Lage noch einen interessanten Flügelaltar zu bieten, der Anfang des 17. Jahrhunderts gestiftet wurde. Die Herkunft des Hauptbildes ist etwas umstritten, doch wahrscheinlich stammt es aus einem Dominikanerkloster in der Gegend um Nürnberg. 1626 wurde der barocke hölzerne Altaraufbau ergänzt.

◻ Gewitterstimmung nördlich von Gräfenberg.

Region Südost — Städte / Ortschaften

Obertrubach
Zentrum für Kletterer und Wanderer

Der Luftkurort im oberen Trubachtal zieht alljährlich Tausende von Besuchern an; so lockt Obertrubach unter anderem zur Osterzeit gleich mit zwei hübschen Osterbrunnen. Auf schönen Wald- und Feldwegen sowie einem eigens angelegten Herz-Kreislauf-Wanderweg kann man dem Trubel jedoch hervorragend ausweichen und die Ruhe des Leienfelser Waldes genießen.
Auch eine Wanderung durch das Trubachtal nach Großenohe lässt keine Wünsche offen und führt an etlichen Felsen vorbei, an denen im Sommer regelmäßig Kletterer trainieren.

□ Kletterer am Hartelstein zwischen der Schlöttersmühle und Wolfsberg.

Am Eingang der **St.-Laurentius-Kirche** erinnert eine Plastik an den Heiligen, der in Rom auf einem Feuerrost den Märtyrertod starb. Der Kaiser hatte ihn zwingen wollen, ihm Gut und Habe der römischen Kirchengemeinde auszuliefern. Laurentius aber verteilte allen Besitz an die Armen in Rom und stellte anschließend diese Menschen dem Kaiser als den Schatz der Kirche vor.

> **Übernachtungstipp:**
> **Gasthof-Pension Alte Post**
> *Tel. 09245-322, Komfortzimmer mit Du/WC, TV, z.T. Balkon oder Terrasse, großer Parkplatz, www.postritter.de*

Der **Galgenberg** zwischen Bärnfels und Soranger verdankt seinen Namen dem Galgen, der dort einst gestanden hat. Irgendwann aber, so wird in Bärnfels erzählt, mochte niemand mehr das Handwerk des Henkers ausüben. Da aber weiterhin der eine oder andere Übeltäter zum Tode verurteilt wurde, war guter Rat teuer. Die cleveren Bärnfelser spannten schließlich ein langes Seil vom Galgenberg bis zum dreihundert Meter entfernten Reipertsfelsen. War nun der Verurteilte kräftig genug, sich am Seil bis zum Reipertsfelsen zu hangeln, so war er frei – für immer. Stürzte er jedoch unterwegs erschöpft ab und brach sich das Genick, so war auch kein Henker mehr nötig.

□ Die Trubachquelle ist einer von zwei Osterbrunnen in Obertrubach.

Gasthof Eichler
*Zeltplatz und Schlaflager
OT Wolfsberg, Tel. 09245-383,
März–Oktober offen, Treffpunkt für
Radfahrer, Wanderer und Kletterer;
bitte keine Hunde auf dem Zeltplatz
www.gasthof-eichler.de*

Leienfels
Raubritter- und Falschmünzernest
Leienfels ist ein ruhiges, abgelegenes Juradörfchen. Auf steilem Fels stehen noch heute ansehnliche Reste der einstigen **Burg Leienfels**.
Ab Mitte des 11. Jahrhunderts war es üblich gewesen, einer Burg den Namenszusatz »-stein« zu geben. Ein Jahrhundert später endete der Name einer Burg in der Regel auf »-fels«, so dass Burg Leienfels vermutlich erst Anfang des 13. Jahrhunderts erbaut wurde.

Von der Burgruine bietet sich ein herrlicher Rundblick über weite Teile der Fränkischen Schweiz. Diese »aussichtsreiche« Position war auch der Grund

◻ **Farbenpracht im oberen Trubachtal unweit der Ziegelmühle.**

dafür, dass die Herren von Egloffstein hier einen Wohnsitz bauten. Da die Raubritter nicht nur Freunde in der Umgebung hatten, mussten sie stets auf unliebsamen Besuch gefasst sein.
Im frühen 13. Jahrhundert machte sich Götz von Egloffstein besonders unbeliebt: Da er regelmäßig knapp bei Kasse war, prägte er sich schließlich sein Geld selbst, und die Burg wurde zum Rückzugsgebiet der Falschmünzer. 1397, 1525 und 1553 wurde Burg Leienfels jeweils zerstört, der letzte Wiederaufbau scheiterte im Jahr 1643 an Geldmangel.

◻ **Ihrer »aussichtsreichen« Position verdankte Burg Leienfels ihre Entstehung.**

Region Südost Städte / Ortschaften

Betzenstein
Klein, aber fein!
Mit nur rund 890 Einwohnern ist Betzenstein eine der kleinsten Städte Frankens. Zusammen mit den 1972 eingemeindeten 23 Ortsteilen bringt es der staatlich anerkannte Luftkurort auf immerhin gut 2.700 Einwohner.

Die geteilte Burg
Burg Betzenstein muss schon deutlich vor der ersten Erwähnung des Ortes im Jahr 1187 bestanden haben und ist somit weit über 800 Jahre alt.
1311 erhielt Konrad II. von Schlüsselberg in Anerkennung seiner Verdienste um das Bistum Bamberg die Burg als Lehen. In Wirklichkeit wurde er jedoch nicht mit der gesamten Burg belehnt, denn als eine Hälfte der Burg als Lehen an seinen Vetter Ulrich von Leuchtenberg ging, erhob Konrad keinen Einspruch. Das liegt daran, dass sich auf dem Schlossberg **zwei eigenständige Burgen** erheben. Die Hälfte des Landgrafen Ulrich von Leuchtenberg lag vermutlich auf dem südlichen Gipfel des Schlossberges, diejenige seines Vetters Konrad von Schlüsselberg auf dem nördlichen. Die schlüsselbergische Burghälfte fiel nach Konrads Tod 1349 an die Burggrafen von Nürnberg, die auch diesen Teil an die Landgrafen von Leuchtenberg übertrugen. Als diese wiederum die gesamte Burg dem böhmischen König als Lehen unterstellten, erhielten sie 1357 im Gegenzug das Marktrecht für Betzenstein. Das bedeutete, dass innerhalb der Bannmeile (rund 7,5 Kilometer) jeglicher Handwerks- und Gastbetrieb außerhalb des Marktortes verboten war.

Vom Aussichtsturm **Schmidberg** bietet sich ein herrlicher Blick auf den Schlossberg – und über den ganzen Ort. Mehr als diese Außenansicht ist allerdings auch nicht möglich, denn beide Burgen befinden sich heute in Privatbesitz und sind nicht zu besichtigen.

❏ Blick vom Schmidberg über den Ortskern von Betzenstein und die nördliche Burg.

Im Mittelalter wurde die Bevölkerung Betzensteins mehrmals von der Pest dezimiert, und auch von den zahlreichen Kriegen blieb der Ort nicht ganz verschont. Im Landshuter Erbfolgekrieg fiel Betzenstein 1504 an die Reichsstadt Nürnberg, die Verbündeten der übergangenen Münchener Erblinie. Der Ort wurde daraufhin von der Pfälzer Ge-

> **Übernachtungstipp:**
> **Privat-Pension Windmühle**
> *Tel. 09244-397, 4 ruhige DZ, 15 € ÜF, Etagendusche u. WC, Gruppenraum mit TV, ruhige Lage, Liegewiese, Grill, sehr kinderfreundlich, www.windmuehle-betzenstein.de*

genseite zurückerobert, 1505 jedoch endgültig von Nürnberg besetzt. In diesen wechselhaften Gefechten wurden große Teile Betzensteins zerstört. Auch die bescheidene Stadtbefestigung nahm Schaden. Doch von 1533 bis 1538 errichteten die Nürnberger dann eine neue Befestigung um Betzenstein. Die Mauern waren 4,5 Meter hoch, es gab neun Türme und drei Tore. Einige Mauerreste und zwei Stadttore sind noch erhalten. Unter der Herrschaft der Nürnberger wurde Betzenstein ab 1524 protestantisch. 1611 erhielt der Ort das Stadtrecht und fiel 1806 an das junge Königreich Bayern.

Im alten Rathaus in der Bayreuther Straße 1 ist ein sehenswertes **Heimatmuseum** mit einer umfangreichen Mineraliensammlung untergebracht. Der 1994 verstorbene Ehrenbürger Betzensteins, Anton Buchner, hatte 70 Jahre lang Fossilien und Mineralien in ganz Franken gesammelt: 110 Millionen Jahre alte versteinerte Hölzer, einen Mammutzahn, fluoreszierendes Gestein, und vieles mehr (s. Ausflugsziele von A bis Z, S. 251).

◻ **Ländliche Idylle im Betzensteiner Ortsteil Waiganz.**

◻ **Im Winter bilden sich an der Klauskirche oft riesige Eiszapfen.**

Wie in allen Juradörfern, war auch in Betzenstein die Wasserversorgung früher stets ein Problem. Von 1543 bis 1549 ließ die Stadt Nürnberg den **Tiefen Brunnen** bauen, der 92 Meter weit in die Erde reicht. Einige Utensilien wie Ketten und Wassereimer sind in dem hübschen Fachwerkhaus am **Unteren Tor** ausgestellt (s. Ausflugsziele von A bis Z, S. 251). Erst 1902 wurde das Städtchen an die allgemeine Wasserversorgung angeschlossen. An dieses feierliche Ereignis erinnert ein Denkmal neben dem Unteren Tor.

Am westlichen Rand von Betzenstein, neben dem Freibad, durchzieht die **Klauskirche** den gesamten Berg, eine imposante, rund 30 Meter lange Durchgangshöhle. Im Winter bilden sich hier oft riesige Eiszapfen.

Region Südost — Städte / Ortschaften

Oberhalb von Betzenstein wurde im 16. Jahrhundert eine **Windmühle** errichtet. Diese für die Fränkische Schweiz sehr untypische Mühlenart kaufte 1804 der Dürer-Imitator Abraham Wolfgang Küfner. Da er allerdings mit dem Pinsel viel geschickter war als im Umgang mit Geld, musste er sie bald wieder verkaufen, und 1917 ließ der damalige Besitzer Hyronimus Auernheimer das Gemäuer wegen Baufälligkeit abreißen. Gut 40 Jahre später bauten seine Nachfahren das Mühlenanwesen zu einer idyllischen Fremdenpension um.

Der doppelte Dürer

Am 4. Februar 1760 erblickte der wohl trickreichste Betzensteiner Bürger das Licht der Welt: Abraham Wolfgang Küfner. Als Sohn aus der zweiten Ehe der Mutter, sah er keine Chance, die elterliche Badstube zu übernehmen, und so widmete er sich stattdessen seinem künstlerischen Talent. Die Universität in Altdorf musste er allerdings bald wegen nicht näher bekannter Schwierigkeiten wieder verlassen. Daraufhin wollte er Arzt werden, doch dank seiner außergewöhnlichen Maler- und Zeichenkünste erhielt Küfner 1786 von der Stadt Nürnberg die Bürgerrechte.

Im gleichen Jahr heiratete er die Tochter eines Baders und Wundarztes, doch selbst der Schwiegervater konnte ihn nie von seinem chronischen »Leiden« heilen – dem Geldmangel. Auch die Windmühle von Betzenstein, die Küfner 1804 erwarb, konnte er sich nicht lange leisten.

Aus der finanziellen Not heraus nutzte Küfner schließlich seine Kunstfertigkeit für einen genialen Coup, der an Dreistigkeit kaum zu überbieten war: Er lieh sich von der Stadt Nürnberg das weltberühmte Selbstporträt Albrecht Dürers aus dem Jahr 1500, um es zu kopieren. Ganz ehrlich waren seine Absichten allerdings nicht. Das Originalporträt war auf Holz gemalt und trug als Beweis seiner Echtheit auf der Rückseite das Nürnberger Stadtsiegel. Küfner trennte nun kurzerhand das Gemälde vom Holz ab und malte seine Kopie darauf. Diese gelang ihm so gut, dass er sage und schreibe sein eigenes Werk an die Nürnberger zurückgab und das Original behielt. Dieses verkaufte er 1806 an die Münchener Pinakothek, wo noch heute der echte Dürer zu sehen ist, während im Nürnberger Dürerhaus die Imitation von Küfner hängt. Trotzdem wurde Küfner letztlich Opfer seiner Fälscherei, als er beschloss, sich sein benötigtes Geld selber zu machen. 1810 wurde er der Falschmünzerei überführt und landete für einige Jahre hinter den Gittern der Veste Rothenberg. Nach seiner Entlassung konnte er sich in Nürnberg jedoch nicht mehr sehen lassen und zog nach Ingolstadt, wo er am 5. Oktober 1817 einem Schlaganfall erlag.

Neuhaus an der Pegnitz
Startpunkt für Karstliebhaber
Zentrum des Ortes ist die spätbarocke **Pfarrkirche St. Peter und Paul** mit ihrer Kanzel aus Stuckmarmor, den beiden Seitenaltären und den geschnitzten buntbemalten Zunftstangen.
Wer sich für Karstphänomene interessiert, sollte sich den karstkundlichen Wanderpfad nicht entgehen lassen, der von Neuhaus über Krottensee zur Maximiliansgrotte führt und mit dem grünen Punkt markiert ist.

Fehl am Platz?
Burg Veldenstein ragt hoch über dem Pegnitztal auf. Allerdings nicht, wie der Name vermuten lässt, in Velden, sondern in Neuhaus an der Pegnitz. Wie bei vielen mittelalterlichen Burganlagen, liegt auch das Gründungsdatum dieser Burg im Dunkeln. Die Geschichtsforscher sind sich nicht einig, ob bereits König Konrad I. im Jahr 918 die Burg errichten ließ, ein Bamberger Bischof rund hundert Jahre später, oder ob sie gar erst unter Kaiser Friedrich II. (1212–1250) erbaut wurde.
1269 wird die Burg erstmals als ›novum castrum‹ (das neue Haus) urkundlich erwähnt. Damals gehörte die Burg zum Bistum Bamberg und diente als Amtsburg, also als Verwaltungssitz der Bamberger Fürstbischöfe für die umgebenden Ländereien.
Anfang des 15. Jahrhunderts erhielt Burg Veldenstein den heute noch bestehenden ersten Mauerring. Unter dem Bamberger Fürstbischof Philipp von Henneberg wurde sie um 1476 zur Residenzburg mit ihrer heutigen Ausdehnung ausgebaut.
Dank ihrer starken Befestigung überstand Burg Veldenstein den Bauernkrieg (1524–1525) und auch den Dreißigjährigen Krieg (1618–1648) ohne größere Schäden, auch wenn die Schweden die Burg 1632 vorübergehend erobern konnten.

❑ **Hoch über dem Pegnitztal ragt Burg Veldenstein auf.**

Während des Spanischen Erbfolgekriegs (1701–1714) diente die Burg als Munitionslager. Dies hatte schwerwiegende Folgen, denn am 2. April 1708 schlug ein Blitz in einen der Pulvertürme ein, und bei der folgenden Explosion flog fast die gesamte Burg in die Luft. Für einen Wiederaufbau fehlten die nötigen Gelder, so dass Veldenstein zur Ruine verkam. Im Zuge der Säkularisation fiel sie 1803 an Bayern. Die einst stolze Festung wechselte häufig den Besitzer und wurde zumeist als Steinbruch genutzt. Dies änderte sich erst 1897, als der Berliner Stabsarzt Dr. Hermann von Epenstein die gesamte Anlage für 20.000 Goldmark erwarb und die Burgruine bis 1914 für über eine Million Mark umfassend renovieren ließ.
Mit Epenstein kam auch die befreundete Familie Göring auf Burg Veldenstein. Sohn Hermann ging in Neuhaus und Velden zur Schule, bevor er unter Hitler Reichsmarschall wurde. Nach Epensteins Tod 1939 kaufte er dessen Witwe die Burg ab und setzte als neuer Burgherr

nicht nur die Sanierung fort. Göring ließ sich außerdem unter dem Herrenhaus in fünfzehn Metern Tiefe einen bombensicheren Bunker mit eigener Strom-, Sauerstoff- und Wasserversorgung einbauen. Heute verweist ein Schild auf dieses Überbleibsel aus der Nazizeit, das ebenso begangen werden kann wie die Wehrmauern, der Bergfried und die Burggebäude selbst (s. Ausflugsziele von A bis Z, S. 255).

Im Mai 1945 wühlten die Amerikaner auf ihrer Suche nach Goldschätzen das gesamte Burggelände mit Presslufthämmern akribisch um, entdeckten jedoch nichts außer einigen Kisten Kognak, Sekt und Wein unter einer dicken Betondecke. 1950 wurde der Freistaat Bayern Eigentümer der Burg und stellte sie unter Denkmalschutz. Ab 1968 wurde die Anlage von einer Falknerei genutzt, ehe 1972 der heutige Pächter das ehemalige Herrenhaus zu einem Hotel ausbaute. Sehenswert ist das »Falkenloch«, ein unterirdischer Gang, der einst bis zur (heute nicht mehr vorhandenen) Burg Königstein geführt haben soll.

Da braut sich was zusammen

Früher gab es in Franken und der Oberpfalz **Kommunbrauhäuser** in Hülle und Fülle. Heute gehören sie meist der Vergangenheit an und dienen allenfalls als Lagerräume. Nicht so in Neuhaus: Zwar hat bei weitem nicht mehr jeder Bürger das Braurecht und schenkt sein Selbstgebrautes in der eigenen Wohnstube aus, doch drei Kommunbrauer nutzen das Brauhaus bis heute. Wo gerade ausgeschenkt wird, zeigt der Zoigl, der sechseckige blau-weiße Braustern an der Fassade an.

Durch den Bahnanschluss des Ortes lässt sich Tour Nr. 26 ideal mit einem Besuch von Neuhaus verbinden.

Maximiliansgrotte

Die Maximiliansgrotte ist eine kleine Perle im Krottenseer Wald. Die Höhle verzaubert ihre Besucher mit einigen prächtigen Gebilden, wie dem »Engel«, einem »Elefanten« und »Adler«, der »heiligen Maria« und einem »Taufbecken«. Mit dem »Eisberg« hat die Maximiliansgrotte sogar den größten Tropfstein Deutschlands zu bieten. Etwas ganz Besonderes ist auch die Beleuchtung: Spezielle Glühbirnen leuchten hauptsächlich die Wege aus und verhindern so die Bildung von Algen. Das sieht nicht nur schön aus, sondern ist auch noch umweltschonend!

□ »Versteinertes Gold«: die Schatzkammer in der Maximiliansgrotte.

Der alte Eingang der Maximiliansgrotte ist das 27 Meter tiefe so genannte Windloch. 1596 wurde es erstmals schriftlich erwähnt, nachdem dem Kurfürsten Friedrich IV. von der Pfalz wundersame

Geschichten von einem geheimnisvollen Schacht zu Ohren gekommen waren. Irrgänge und enge Schlupflöcher sollten zu einem prächtigen Palast führen. Da der Kurfürst einen aufwändigen Lebensstil pflegte und ständig in Geldnot war, ließ er alsbald »gelbe Materie« aus der Höhle holen, denn er hoffte, dass seine Alchemisten aus dem – wie vermutet wird – Höhlenlehm Gold machen könnten. Das konnten sie freilich nicht, und so startete Friedrich einen weiteren Anlauf, seine Finanzen aufzubessern. Er ließ zahlreiche Stalaktiten abschlagen und in seine Alchemistenküche bringen. Aus diesen »Salpeterspitzen« wollte der Kurfürst Salpeter gewinnen. Weiterverarbeitet zu Schießpulver, so rechnete er sich aus, könnte dies seine Kasse wieder klingeln lassen. Als auch dieser Versuch fehlschlug, startete er einen dritten: Er begab sich in das Metier der Scharlatane und verkaufte das Wasser, das er aus der Höhle fördern ließ, als Wundermittel; und dieser Plan funktionierte. Es ist zwar nicht bekannt, ob Friedrich IV. mit diesem Schachzug saniert war, doch gibt es Unterlagen, dass ein Glas des Höhlenwassers für den stolzen Preis von 3 Schilling und 28 Pfennig verkauft wurde. Für das gleiche Geld konnte man damals auch 130 Eier oder 5 Hühner kaufen, und ein Tagelöhner musste fast zwei Tage dafür arbeiten!

Einkehrtipp: Grottenhof

Tel. 09156-434, Mo. Ruhetag, durchgehend warme Küche, bayerische Spezialitäten, hausgemachter »Grottenkäse«, schöne Panoramaterrasse, www.grottenhof.de

❑ **Impressionen aus der Maximiliansgrotte: der Eisberg, der größte Tropfstein Deutschlands.**

Nach dieser kurfürstlichen Episode verschwand die Höhle wieder im Dunkel der Geschichte, bis im Jahr 1703 der Spanische Erbfolgekrieg dort seine Spuren hinterließ: Bayern und Österreicher lieferten sich erbitterte Scharmützel, die unter anderem 28 Soldaten das Leben kosteten. Deren Leichname wurden kurzerhand in das Windloch geworfen und eingesegnet. Doch keine Sorge: Mittlerweile haben sie einen würdigeren Platz gefunden und sind bei einer Führung nicht mehr zu sehen.

In der Folgezeit wurde die Höhle vor allem in wissenschaftlichen Texten erwähnt, doch mangelt es ihr auch nicht an einem Wunder. So war beispielsweise 1833 die geistig verwirrte Wirtsfrau Anna Maria Friedl spurlos verschwunden. Nach fünf Tagen endlich fand man sie: Sie war durch das Windloch in die Tiefe gestürzt. Die Gute wurde nicht nur lebend aus der Höhle geborgen, sie war sogar von ihrer Geisteskrankheit geheilt!

Region Südost — Städte / Ortschaften

Doch obwohl ihre Retter von gewaltigen Hallen unter dem Berg sprachen, dauerte es bis 1852, ehe drei wagemutige Männer der Maximiliansgrotte im wahrsten Sinne des Wortes zum Durchbruch verhalfen. Sie stiegen in der Silvesternacht durch das Windloch ein und brachen schließlich an der Stelle nach außen durch, an der sich heute der Eingang befindet.

Seither begann ein regelrechter Sturmlauf auf das Naturwunder. Weil jedoch viele nicht nur zum Schauen kamen, sondern auch jede Menge »Souvenirs« mitnehmen wollten, wurde der Eingang schließlich mit einer Tür verschlossen, um den Reiz der Höhle zu erhalten. Daher kann die Höhle nur noch im Rahmen einer Führung besichtigt werden. Ihren heutigen Namen erhielt die Maximiliansgrotte in Verehrung Maximilians II., der von 1848 bis 1864 König von Bayern war (s. Ausflugsziele von A bis Z, S. 251).

◻ Strohhasen am Veldener Osterbrunnen.

Velden
Liebenswerte Idylle

Velden war schon im 8. und 9. Jahrhundert Verwaltungsmittelpunkt des umliegenden Waldgebietes. Außerdem war es ein Reichshof, in dem der König auf seinen Zügen rasten und Hof halten konnte und der als »Entwicklungszentrum« den bayerischen Nordgau erschließen und christianisieren sollte. Diese Bedeutung spiegelt sich auch darin wider, dass Velden bereits am 1. Mai 889 in einem Schriftstück des Kaisers Arnulf von Kärnten erstmals belegt wurde und somit der urkundlich am frühesten erwähnte Ort des gesamten östlichen Nürnberger Umlandes ist.

◻ Der gemütliche Flusslauf der Pegnitz fließt mitten durch Velden.

Eine weitere interessante Urkunde stammt aus dem Jahr 912. Darin schenkte König Konrad I. dem Bischof von Eichstätt jährlich je drei Wildschweine, drei Hirsche, drei Hirschkühe und dreihundert Fische, die von den Jägern und Fischern des Veldensteiner Forstes gefangen werden sollten.

Das Bistum Eichstätt hatte die Kirche zu Velden als Missionskirche errichten lassen, doch am 6. Juli 1009 wechselte sie den Besitzer: Der König und spätere Kaiser Heinrich II. vermachte das gesamte Reichsgut Velden mit allen Dörfern, Weilern, Kirchen, Knechten und Mägden dem neugegründeten Hochstift Bamberg.

Da ein Bischof als geistlicher Herrscher allerdings nicht die Blutgerichtsbarkeit ausüben konnte, musste er diese einem weltlichen Vogt übertragen. **Blutgerichtsbarkeit** bedeutete im Mittelalter die Verurteilung von Verbrechern, die mit Verstümmelungen oder mit dem Tode bestraft werden konnten. Zu diesen »blutigen Straftaten« zählten vor allem Raub und Mord, Diebstahl, Notzucht / Vergewaltigung, Homosexualität, Hexerei und Kindesmord. Die Hinrichtungsformen bei einem Todesurteil unterschieden sich jeweils nach dem Verbrechen. So wurden Kindesmörderinnen zum Beispiel ertränkt, Vergewaltiger verbrannt und Mörder aufs Rad gespannt.

In der Folgezeit wurden die weltlichen Herrscher immer mächtiger, und die einstigen Besitzungen der Bischöfe schrumpften auf einige Rechte am umgebenden Forstgebiet.

Als Kaiser Karl IV. auch noch die Hälfte des Forstes erworben hatte, kam es 1360 zu dessen endgültiger Teilung: Das gesamte Waldgebiet rechts (also westlich) der Pegnitz blieb bambergisch; es ist der heute noch so genannte Veldensteiner Forst. Das ganze Forstgebiet links (östlich) der Pegnitz fiel dagegen an Karl IV. und gehört seither zur Oberpfalz.

Seit dieser Zeit verlor Velden als Verwaltungsmittelpunkt an Bedeutung: Im bambergischen Teil übernahm Burg Veldenstein in Neuhaus die zentrale Rolle, im Gebiet von Kaiser Karl IV. war es Auerbach.

Velden lag also am südlichsten Rand von Kaiser Karls »Neu-Böhmen«. Quasi als Trost für diese Randlage erhielt der Ort am 14. Mai 1376 die Stadtrechte. Daraufhin wurde noch Ende des 14. Jahrhunderts mit dem Bau der **Stadtbefestigung** begonnen, die aus einer Stadtmauer, drei Stadttoren und acht Mauertürmen aus Holzpalisaden bestand. Erst im 15. Jahrhundert wurde eine Befestigung aus Stein angelegt, von der heute aber nur noch Reste erhalten sind: jeweils ein Mauerzug an der Nord- und Westseite sowie am Pfarrgarten ein etwa 25 Meter langer Abschnitt mit erneuertem Wehrgang. Von den ehemals drei Tortürmen steht heute nur noch das gut restaurierte Mühltor im Westen des Städtchens.

◻ **Das ehemalige Pflegschloss von Velden stammt aus dem 16. Jahrhundert.**

Trotz der Erhebung zur Stadt blieb der Bevölkerungszuwachs weiterhin gering, denn Velden lag an keiner großen europäischen Durchgangsstraße. Es gab daher keinen Fernhandel, der andernorts oft die Grundlage für Wohlstand bildete.

Region Südost / Städte / Ortschaften

Hier musste der regionale, ländliche Marktbetrieb genügen. Heutzutage sind der Pigmenthersteller Eckart Werke und der Fremdenverkehr die wichtigsten Beschäftigungs- und Einnahmequellen für die Bevölkerung.

Touristisch interessant ist das ehemalige **Pflegschloss** an der Südwestecke der Stadtbefestigung. Der ursprüngliche Bau stammte aus dem Jahr 1481, wurde jedoch 1538 eingelegt und von 1540 bis 1543 nach dem Plan des Nürnberger Stadtwerkmeisters Jörg Weber neu erbaut. Im Zuge einer Stadtsanierung hat Velden das markante Gebäude 1990/91 grundlegend restauriert.

Im Landshuter Erbfolgekrieg (1504–1505) kämpften die Truppen der Reichsstadt Nürnberg auf der Seite des Herzogs von Bayern-München gegen Bayern-Pfalz. Angesichts der zahlenmäßig überlegenen Nürnberger ergaben die Veldener sich im Jahr 1504 kampflos und ohne Blutvergießen. Doch nur vier Tage später eroberte Ritter Balthasar von Seckendorf, der Landrichter von Auerbach, Velden für die Oberpfalz zurück und hielt unter den »Verrätern« grausames Gericht: Der Bürgermeister wurde von Seckendorf eigenhändig erstochen, 14 Bürger erlitten das gleiche Schicksal, 22 wurden als Gefangene nach Auerbach geführt und die Stadt Velden in Schutt und Asche gelegt. 1505 jedoch eroberten die Nürnberger Velden ein weiteres Mal und behielten fortan die Landeshoheit. Velden hatte nun zwar die Seiten gewechselt, blieb jedoch nach wie vor in seiner »Außenseiterrolle«: Diesmal lag das Städtchen am nordöstlichen Rand des Nürnberger Gebietes.

Große Schäden erlitt Velden auch in den letzten Tagen des zweiten Weltkrieges: Am 19. April 1945 wurden bei einem Luftangriff 53 Wohnhäuser sowie zahlreiche Scheunen, Stall- und Nebengebäude zerstört. In den noch erhaltenen Wohnungen mussten außer den obdachlos gewordenen Veldenern auch 250 Flüchtlinge und etwa 150 Evakuierte aus Nürnberg aufgenommen werden.

Das **Kriegerdenkmal** am rechten Pegnitzufer Richtung Lungsdorf erinnert noch heute an die Opfer der beiden Weltkriege. Vorarbeit dazu hat die Natur geleistet: Ein grottenartiger Felseinschnitt, ähnlich einem kleinen Tempel, gibt der Gedenkstätte einen würdigen Rahmen.

Schnell verb(r)annt: die Scheunenviertel

Der Platz innerhalb der wehrhaften Stadtmauern war stets begrenzt, und Überfälle durch brandschatzende Truppen gehörten einst zur Tagesordnung.

Daher war der Stadtkern als Standort für Scheunen zu kostbar. Auch gingen sie mit ihrem strohtrockenen Inhalt schnell einmal in Flammen auf. Damit nun ein Feuer nicht so leicht auf die umliegenden Wohnhäuser übergreifen konnte, ließ Kaiser Karl IV. die Scheunen vor die Stadtmauern verbannen. So entstanden in vielen fränkischen Ortschaften die typischen Scheunenviertel, die besonders in Velden, Gräfenberg und Ebermannstadt noch heute gut erhalten sind.

◻ Das Veldener Scheunenensemble hat die Jahrhunderte gut überstanden.

Das Veldener **Scheunenensemble** links und rechts der Friedhofstraße ist in seiner Art einmalig in Deutschland. In den 1990er Jahren veranlasste die Stadt Velden eine umfangreiche Sanierung der zahlreichen Fachwerkscheunen durch die Eigentümer.

Etwa zwei Kilometer südöstlich von Velden liegt im Hartensteiner Forst die **Petershöhle**. Das Natur- und Kulturdenkmal wurde 1914 entdeckt. Während der folgenden Jahre brachten Grabungen zahlreiche eiszeitliche Säugetierknochen von Höhlenbär, Höhlenlöwe, Höhlenhyäne und Wisent sowie Steingeräte aus der Neandertalerzeit vor ca. 80.000 Jahren ans Tageslicht.
Die Petershöhle ist frei zugänglich und hat eine Gesamtlänge von 70 Metern. Wer mehr von ihr sehen möchte als das Eingangsportal, sollte unbedingt eine Taschenlampe mitnehmen!

Wald, so weit das Auge reicht
Der **Veldensteiner Forst** ist eines der größten zusammenhängenden Waldgebiete Deutschlands. Mit seinen gut fahrbaren Forstwegen und interessanten Karsterscheinungen lädt das Gebiet zu ausgedehnten Wanderungen und Radtouren ein.

◻ Lungsdorf gehört zu Velden, und auch hier scheint Hektik ein Fremdwort zu sein.

Eines der bekanntesten Karstphänomene sind hier die **Eislöcher**, vier aneinander gereihte Einsturzdolinen. Diese Einsturztrichter entstehen, wenn die Decke einer Höhle im Laufe der Zeit zu dünn wird und einstürzt. Im Winter dringt in die rund zehn Meter tiefen Höhlen kalte Luft ein und bildet einen so genannten Kältesee. Bei Tauwetter verhindert die wärmere Luftschicht über den Löchern, dass die kalte Luft abzieht. Gleichzeitig rinnt aber Schmelzwasser durch Risse und Klüfte nach unten und gefriert. So entstehen imposante »Tropfsteine« aus Eis, die oft bis ins späte Frühjahr zu bewundern sind. Aber Vorsicht: Die Ränder

Region Südost — Städte / Ortschaften

der Höhle sind sehr steil und eisglatt! Weitere Attraktionen inmitten des weitläufigen Nadelwaldes sind der **Große** und **Kleine Lochstein**: Die beiden Durchgangshöhlen sind vermutlich nicht durch die chemische Lösungskraft des Wassers entstanden, sondern dadurch, dass ein Höhlenfluss die Felsen formte. Möglich ist auch, dass sie einst am Rand eines urzeitlichen Meeres standen und der stete Wellenschlag sie ausgehöhlt hat.

◻ Ein Feldmaikäfer (*Melolontha melolontha*) hat Appetit auf Frühlingsenzian (*Gentiana verna*).

Gefräßigkeit wird bestraft

»Maikäfer, flieg!« beginnt ein beliebtes Kinderlied. Doch sobald Maikäfer (Melolontha sp.) in Massen auftreten, läuten bei vielen Menschen die Alarmglocken, denn die kleinen Krabbler haben einen unersättlichen Appetit. Im Herbst schlüpft aus jeder Puppe ein ausgewachsener Käfer der kurz darauf in einer Erdhöhle überwintert. Im Frühling schwärmen die Maikäfer wie auf Kommando fast gleichzeitig aus, und zwar gerade dann, wenn das saftige, junge Laub an den Blättern steht. Nach einer ersten, ausgiebigen Mahlzeit paaren sich die Tiere, die Weibchen legen ihre Eier wiederum in kleine Erdhöhlen und geben etwas Kot hinzu. Dieser Kot ist für die späteren Larven, die so genannten Engerlinge, lebenswichtig, da sie durch ihn mit Mikroorganismen versorgt werden, die Zellulose aufschließen und ihre Wurzelnahrung genießbar machen.

Je nach Klima dauert die Entwicklung der Larven drei bis vier Jahre. In dieser Zeit fressen sie ausschließlich Wurzeln, was bei massenhaftem Auftreten zu verheerenden Schäden in Gärten und Obstkulturen führt.
Mit Gift und Wurzelschutzchemikalien, die der Darmflora der gefräßigen Engerlinge schaden, wurde ihnen jedoch großflächig der Garaus gemacht, so dass sie heutzutage vielerorts selten bis sehr selten geworden sind.
Dennoch kommt es alle 30 bis 45 Jahre zu katastrophalen Massenvermehrungen. Es bleibt also abzuwarten, ob die Zeit der Maikäferplagen wirklich schon vorbei ist.
Für die Betroffenen dürfte dabei nur ein kleiner Trost sein, dass Maikäferplagen meist nur in eng begrenzten Gebieten auftreten – woanders darf man sich über den sympathischen Brummer jedoch aufrichtig freuen.

Hirschbach
Unter Naturschutz

Das gesamte Gemeindegebiet von Hirschbach mit Eschenfelden und Achtel liegt im Naturpark Fränkische Schweiz Veldensteiner Forst. Die Bevölkerung sieht dies mit einem lachenden und einem weinenden Auge, denn diese Lage schränkt zwar einerseits die Baumöglichkeiten beträchtlich ein, fördert aber andererseits den Fremdenverkehr.

Wie Hirschbach wohl zu seinem Namen gekommen ist? Das mag sich manch einer fragen, wenn er die kapitalen Forellen im glasklaren Wasser des Baches schwimmen sieht, von Hirschen dagegen weit und breit jede Spur fehlt. Im 8. Jahrhundert soll indes Karl der Große (747–814) nach seinem Sieg über die Sachsen hier auf Hirschjagd gegangen sein und dabei den Grundstein für die Entstehung des Ortes gelegt haben. Bis 1188 gehörte Hirschbach nachweisbar zur Grafschaft Sulzbach und anschließend bis 1505 zum Herrschaftsgebiet der Wittelsbacher von Bayern-München. Im Landshuter Erbfolgekrieg (1504–1505) fiel der Ort jedoch an die verfeindete Pfälzer Erblinie und somit zurück an Sulzbach.

Im Mittelalter hatten sich im Hirschbachtal gut gehende **Eisenhammerwerke** angesiedelt, von denen auch die Nürnberger profitieren wollten. Tatsächlich sicherte sich Nürnberg 1529 mit einem Vertrag die Rechte an den Gebieten rechts (nördlich) des Hirschbaches, während das linke Ufer in Sulzbacher Hand blieb und heute zur Oberpfalz gehört.

□ Schmiedevorführung in einem Eisenhammerwerk, hier im Industrie *Museum* Lauf.

Zu den Eisenhämmern kam später auch ein **Kupferhammer** hinzu. Hier wurde nicht nur Kupfer zu Gebrauchsgütern verarbeitet, sondern auch versucht, Silber aus Kupfer zu gewinnen. Der Holzbedarf dieses Kupferhammers war jedoch noch größer als derjenige der Eisenhämmer, und so wurde im Waldgebiet der Umgebung lange Zeit Raubbau betrieben. Dies setzte sich noch fort, als die Hammerwerke längst von der Papierindustrie abgelöst worden waren und fand erst ein Ende, als 1878 aus der Papier- eine Mahlmühle wurde.

□ Blick vom Gipfel der Mittelbergwand über das Hirschbachtal.

Region Südost — Städte / Ortschaften

Größenwahn im Hirschbachtal

Wäre es nach Adolf Hitler gegangen, hießen die olympischen Sportarten heute unter anderem Handgranatenweitwurf, Kleinkaliberschießen und Gepäckmarsch.

Da Hitler zudem davon überzeugt war, dass die Spiele künftig nur noch in Deutschland stattfinden würden, ignorierte er für sein geplantes »Deutsches Stadion« die olympischen Normen. Es sollte Platz für über 400.000 Zuschauer bieten und als größtes Stadion der Welt selbst den Circus Maximus in Rom in den Schatten stellen.

Ein Teilmodell dieses Monumentalbaus entstand zwischen 1937 und 1939 im Hirschbachtal in der Nähe von Oberklausen. Bis zu 400 Arbeiter waren fast drei Jahre lang unter strenger Bewachung Tag und Nacht beschäftigt, einen Berghang zu roden, Erdmassen zu bewegen, Fundamente zu gießen und Holzaufbauten zu zimmern. Da dieser Hang genau die gleiche Neigung hatte wie die geplanten Zuschauerränge des Stadions, sollten hier im Originalmaßstab auf drei Tribünenterrassen die Sichtverhältnisse getestet werden. Das »Deutsche Stadion« sollte auf dem Gelände des Nürnberger Reichsparteitags (beim heutigen Messegelände) entstehen; der Grundstein wurde am 9. Juli 1937 gelegt. Doch die Arbeiten kamen nur schleppend voran. Nach Kriegsende lief die riesige Baugrube schließlich voll Wasser und bildet heute den Silbersee, dessen Südostrand zudem eine Mülldeponie ziert.

Dem Modellhang im Hirschbachtal erging es nicht viel besser. Auf Befehl der US-Armee wurden die Holzaufbauten abgebrochen, die Fundamente beseitigt. Heute ist der Hang wieder mit lichtem Kiefernwald bewachsen, dazwischen ragen allerdings noch Hunderte von Betonblöcken aus dem Boden und zeugen vom einstigen Naziwahn.

Der Riese Zyprian

Im Staatsforst Unterwald nördlich der Ortschaft Achtel liegt ein besonderer »steinerner Schatz«: der Zyprianstein. Der riesige Block aus Quarzitsandstein ist über 100 Tonnen schwer, rund 70 Millionen Jahre alt und verdankt seinen Namen einem treuen Gast der Gemeinde Hirschbach, einem Herrn Zyprian. Im Umfeld des Zypriansteins sind noch etwa hundert weitere Quarzitblöcke verstreut, die jedoch allesamt deutlich kleiner sind.

◻ Viel Luft unter den Füßen bieten die beiden Klettersteige im Hirschbachtal.

Eine weitere Attraktion im Hirschbachtal sind die beiden **Klettersteige** Norissteig und Höhenglücksteig. Bereits in den 1920er beziehungsweise 30er Jahren angelegt, sind sie in deutschen Mittelgebirgen einzigartig. Auskünfte erteilt die örtliche Tourist-Information (Tel. 09152-8395).

Schnaittach
Dem Rothenberg zu Füßen

Der erste urkundliche Beleg für Sneitaha (Schnaittach) stammt aus dem Jahr 1011, als König Heinrich II. den Ort seinem vier Jahre zuvor gegründeten Bistum Bamberg vermachte. Das Bamberger Stift St. Stephan löste den Fronhof Schnaittach im 12. Jahrhundert jedoch auf, so dass die Höfe nunmehr von den Bauern selbstständig bewirtschaftet wurden. Selbstverständlich mussten sie aber weiterhin Abgaben an Bamberg zahlen und waren zusätzlich den Herren des Rothenbergs verpflichtet.

❑ Schnaittach liegt zu Füßen der Veste Rothenberg.

Schnaittacher Juden

Antisemitismus gab es in Deutschland bereits im 14. Jahrhundert, so zum Beispiel das erste Pogrom in Nürnberg. Ab 1499 wurden Juden in der Reichsstadt dann nicht mehr geduldet. Diese Notlage nutzte die Rothenberger Ritterschaft geschickt für sich aus: Sie ließ die vertriebenen Juden in ihrem Gebiet siedeln – und verlangte von ihnen hohe Schutzgelder.

Neben der schon älteren jüdischen Gemeinde in Schnaittach siedelten sich nun auch in den umliegenden Dörfern Hüttenbach, Ottensoos und Forth Juden an. Schnaittach wurde Rabbinat und im 17. Jahrhundert sogar Sitz einer Talmudschule.

Im Jahr 1761 lebten in Schnaittach 63 jüdische Familien, 14 Witwen, der Rabbiner, der Vorsänger und der Schulklopfer. Dessen Aufgabe war es, die Gemeindemitglieder rechtzeitig und möglichst vollständig zum Frühgottesdienst in der Synagoge zusammenzurufen. Am Sabbat und an Festtagen geschah dies durch lautes Rufen vor den einzelnen Wohnungen, an Wochentagen durch Klopfen an den Haustüren.

Jüdisches Museum

In der Schnaittacher Synagoge vermittelt eine Dauerausstellung einen lebendigen Eindruck vom fränkischen Landjudentum. Zum Museumskomplex gehören ein Rabbiner- und ein Vorsängerhaus mit einem jüdischen Ritualbad. Außerdem dokumentieren die Schicksale von vier Personen die Leiden der Schnaitta-

❑ In der Schnaittacher Synagoge ist das Jüdische Museum untergebracht.

cher und Hüttenbacher Juden während des Nationalsozialismus (s. Ausflugsziele von A bis Z, S. 253).
Außer seiner Synagoge besitzt Schnaittach noch **drei jüdische Friedhöfe** am nordöstlichen Ortsrand. Auf dem spätmittelalterlichen Friedhof am Krankenhausweg sind noch zahlreiche alte Grabsteine erhalten, die zum Teil tief in den Boden eingesunken sind.
Im jüdischen Glauben hat jedoch die Friedhofsruhe eine viel höhere Bedeutung als für Christen, das heißt, die Toten sollen bis zur Auferstehung in keiner Weise gestört werden. Das Betreten des Friedhofs ist daher nicht erwünscht.

Kirchensittenbach
Historischer Ortskern
Der Sittenbach entspringt unweit von Hormersdorf und mündet bei Hersbruck in die Pegnitz. Mittelpunkt des Sittenbachtals ist Kirchensittenbach, dessen Ortsbild noch heute von zahlreichen historischen Bauwerken bestimmt wird. Hierzu gehört etwa die evangelisch-lutherische Kirche **St. Bartholomäus**. Sie stammt aus spätromantischer Zeit Anfang des 19. Jahrhunderts und wurde als **Wehrkirche** angelegt. Unter anderem in den Jahren 1391 und 1450 war die Kirchenfestung letzte Zufluchtstätte für die Bewohner von Kirchensittenbach, als Nürnberger Landsknechte das Dorf plünderten und niederbrannten. Von der alten Befestigungsanlage sind das Torhaus und das so genannte Frühmessnerhaus aus dem Jahr 1474 gut erhalten.
In der Folgezeit dehnte die Reichsstadt Nürnberg durch regen Handel und politisches Kalkül ihren Einflussbereich im-

◻ Die Kirche von Kirchensittenbach war im Mittelalter oft letzte Zufluchtstätte für die Bevölkerung.

mer weiter aus, bis Kirchensittenbach im Landshuter Erbfolgekrieg 1504 nürnbergisch wurde. Nachdem die Reformation in der Reichsstadt bereits ab 1524/1525 eingeführt worden war, hielt sie ab 1528 auch Einzug in das Sittenbachtal. Deutlichen Fortschritt erlebte der Ort im 16. Jahrhundert, als der Nürnberger Ratsherr Jobst Tetzel den bisherigen Grundherrn Klaus Erlbeck ablöste. Für die Bewohner von Kirchensittenbach bedeutete dieser Herrschaftswechsel viel Gutes: Tetzel förderte nicht nur Landwirtschaft und Obstbau, sondern sorgte mit einer neuen Ziegelhütte dafür, dass die Häuser künftig mit Ziegeln statt mit Stroh gedeckt werden konnten. Außerdem wurden unter seiner Herrschaft

eine Feuerwehr aufgestellt und die Schulpflicht eingeführt. Als im Jahr 1591 die Wehrkirche bis auf die Grundmauern abbrannte, konnte sie durch die Unterstützung von Tetzels Sohn Jobst Friedrich wieder aufgebaut werden.
Dieser ließ in den Jahren 1590/95 auch das hübsche **Tetzelschloss** bauen, das nach wie vor die Blicke auf sich zieht. Da Jobst Friedrich Tetzel allerdings trotz zweier Ehen kinderlos blieb und mit seinem Bruder Karl in erbitterter Feindschaft lebte, legte er seinen Besitz in einer Familienstiftung fest. Dieser Stiftung gehört das Schloss noch heute, so dass es nicht öffentlich besichtigt werden kann.

❑ **Das Tetzelschloss entstand Ende des 16. Jahrhunderts.**

❑ **Grabhügel am archäologischen Lehrpfad von Speikern nach Oberkrumbach.**

Typische **Hopfenhäuser** im Ortskern zeugen vom bedeutenden Hopfenanbau, der Mitte des 17. Jahrhunderts in und um Kirchensittenbach aufkam (s. Seite 152). Gut drei Jahrhunderte lang prägten die Hopfenäcker mit ihren Stangenkuppeln das Sittenbachtal, bis der Hopfenanbau 1973 endgültig aufgegeben wurde. Da in der Hallertau jedoch klimatisch günstigere Anbaubedingungen herrschen als in der Frankenalb oder der Fränkischen Schweiz, wurde der Hopfenanbau immer mehr in diese Region verlagert, die sich mittlerweile zum wichtigsten deutschen Hopfenanbaugebiet entwickelt hat.

Zum Gemeindegebiet von Kirchensittenbach gehört auch **Oberkrumbach**, das sehr malerisch in einem waldumrahmten Talkessel liegt. In den Fluren des Ortes wurden zahlreiche Zeugnisse aus vergangenen Zeiten gefunden: Das Grabfeld im Weidenschlag stammt aus der ausklingenden Bronzezeit ca. 1300–800 v. Chr.
Ebenfalls zu Oberkrumbach gehört die Beckersloher Flur, in der 15 Grabhügel aus der anschließenden Hallstatt- und Latènezeit (ca. 750–350 v. Chr.) liegen. Dass die Menschen damals an ein besseres Jenseits glaubten, belegen die reichen Grabbeigaben. Bekanntester Fund ist ein Terrakottapferdchen mit einer Schale auf dem Rücken, das sich heute in einer Sammlung der Naturhistorischen Gesellschaft Nürnberg befindet. Weiteren Aufschluss über die handwerklichen Künste und den Totenkult der damaligen Zeit geben schwere Arm- und Halsgarnituren sowie Gewand- und Körperschmuck aus Bronze und Eisen. Die reichen Funde gebrannter Tonwaren, so genannter Terrakotten, weisen auf ein weit entwickeltes Töpferhandwerk hin.

Region Südost — Städte / Ortschaften

Wer gerne auf vor- und frühgeschichtlichen Spuren wandelt, dem sei der Archäologische Lehrpfad von Oberkrumbach nach Kersbach und Speikern empfohlen, der über den 572 Meter hohen Glatzenstein verläuft, von wo aus sich eine großartige Aussicht bietet.

> »Groß und mächtig –
> Schicksalsträchtig.
> Um seinen Gipfel jagen
> Nebelschwaden.«

Für diese Strophe aus Wolfgang Ambros' Lied »Der Watzmann« könnte auch der Ort Hohenstein mit seiner gleichnamigen Burg Pate gestanden haben. Steil ragt der mächtige Dolomitfels über dem Sittenbachtal empor, gekrönt von der **Burg Hohenstein**, deren Spitzen und Türmchen ein wenig verspielt wirken. Mit 634 Metern über dem Meeresspiegel ist Hohenstein der höchste bewohnte Ort Mittelfrankens, und bis 1973 lagen in den Fluren des Ortes die höchsten Hopfengärten Deutschlands, in denen der so genannte Hersbrucker Gebirgshopfen angebaut wurde.

Entgegen der (Wunsch-)Vorstellung mancher Romantiker, war die Felsenburg jedoch zu keinem Zeitpunkt ein Ritter- oder gar Raubritternest – Burg Hohenstein war seit ihrer Entstehung Ende des 11. Jahrhunderts eine Verwaltungsburg.

1505 erwarb die Reichsstadt Nürnberg Hohenstein mit Umland. Dies hatte zur Folge, dass Hohenstein im zweiten Markgrafenkrieg 1553 niedergebrannt wurde, als Albrecht Alcibiades in seinem Machtkampf mit Nürnberg vor allem das ländliche Vorland der Reichsstadt zerstörte. Die Burg wurde nie mehr vollständig aufgebaut, und als sie 1806 an das Königreich Bayern fiel, wurden bald darauf die zugehörigen Felder, Wiesen und Wälder sowie ein Teil der Burggebäude auf Abbruch verkauft. Erst 1840 begannen umfangreiche Sanierungen, insbesondere am Palas, dem Hauptgebäude der Burg. 1983 kaufte der Verschönerungsverein Hohenstein e.V. die gesamte Oberburg vom Freistaat Bayern und übernahm somit die Unterhaltspflicht. Dadurch stellte der Verein sicher, dass die Burg der Öffentlichkeit auch künftig als aussichtsreiches Geschichtszeugnis zugänglich bleibt (s. Ausflugsziele von A bis Z, S. 254).

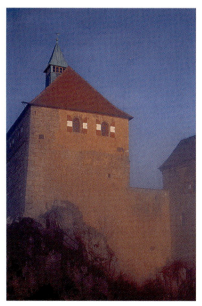

◻ **Groß und mächtig: Burg Hohenstein.**

Neunkirchen am Sand
Strategisch gelegen
Nur etwa drei Kilometer nordöstlich von Lauf liegt Neunkirchen am Sand, das seine Entstehung vor allem seiner verkehrstechnisch günstigen Lage verdankt. Schon vor rund 1000 Jahren herrschte in Neunkirchen am Sand reger Verkehr, da sich hier zwei große Fernverbindungen kreuzten: die alte böhmische Straße von Eger nach Nürnberg und die Handelsstraße zwischen Donau und Main, die von Regensburg nach Forchheim und weiter nach Bamberg führte. Warum diese alten Fernverbindungen den

□ Blick auf den Ortskern und die katholische Kirche von Neunkirchen am Sand.

mühsameren Verlauf über Berg und Tal wählten und nicht den recht ebenen Weg durch das Pegnitztal, hat einen einfachen Grund: Die Ufer entlang der Pegnitz waren damals sumpfig und morastig und für die Befestigung von Straßen nicht geeignet.
Entsprechend seiner zentralen Lage umfasste der Neunkirchener Pfarrsprengel ein großes Gebiet, das im Jahr 1016 an das 1007 gegründete Bistum Bamberg abgetreten wurde. Ab dem 14. Jahrhundert erhielten die umliegenden Ortschaften dann allmählich eigene Pfarreien.

Ab 1478 unterstanden Neunkirchen am Sand sowie die Gemeindeteile Kersbach, Weißenbach, Rollhofen und Speikern der Herrschaft der Rothenberger Ritter, die 1529 in ihrem Gebiet die Reformation einführten. Als nach dem Dreißigjährigen Krieg (1618–1648) der Landstrich an das Kurfürstentum Bayern fiel, hielt jedoch die Gegenreformation Einzug, und das Rothenberger Land wurde rekatholisiert.

□ Die Gemeinden Kersbach und Rollhofen gehörten ab 1478 zum Herrschaftsgebiet der Rothenberger Ritter.

Veste Rothenberg – der bayerische Pfahl im Fleische der Nürnberger
Heiß umkämpft war die Veste Rothenberg, von Kurbayern belagert, von den Nürnbergern zerstört und 1838 dem Verfall preisgegeben, bis der Schnaittacher Heimat- und Verschönerungsverein den einstigen Rittersitz vor dem endgültigen Ruin bewahrte. Seither wurde das historische Gemäuer weitgehend restauriert und zum beliebten Ausflugsziel. Das erste Burggebäude auf dem Rothenberg, dem »roten Berg«, entstand zwischen 1300 und 1330 durch Dietrich von Wildenstein. 1360 verkaufte er die Burg samt Umland an Kaiser Karl IV., der von Böhmen her sein Herrschaftsgebiet nach Norden und Westen vergrößern wollte. Karl IV. ließ Burg Rothen-

berg als wichtigen Stützpunkt weiter befestigen. 1478 erwarben 44 angesehene fränkische Ritter die Burg. Sie bildeten eine Ganerbenschaft, eine Erbengemeinschaft mit vertraglich festgelegten Rechten und Pflichten. Die Ritter waren es auch, die die Burg zur Veste Rothenberg ausbauen und damit für damalige Verhältnisse uneinnehmbar werden ließen.

Die ständigen Händel der Ganerben mit Nürnberg brachten den umliegenden Ortschaften allerdings viel Leid: Durchziehende Truppen hielten sich am Hab und Gut der Bauern schadlos, wo immer sie konnten.

Die Alleinherrschaft der Ritter endete im Dreißigjährigen Krieg (1618–1648), als das Kurfürstentum Bayern die Übergabe der Festung erzwang und seine Soldaten dort einquartierte. Während der nächsten Jahrzehnte versuchten die Ganerben, die bayerischen Eindringlinge wieder zu vertreiben. Aber vergeblich: Die Kurbayern saßen am längeren Hebel und konnten den Rothenberg Ende des 17. Jahrhunderts endgültig in ihren Alleinbesitz bringen. Der Spanische Erbfolgekrieg (1701–1714) trübte jedoch schon bald ihre Freude daran, denn die Veste wurde 1703 ausgehungert und als Entschädigung für Kriegskosten der Reichsstadt Nürnberg übereignet. Die Nürnberger nutzten diese Gelegenheit und zerstörten die Veste sofort. Aus ihrer Sicht die richtige Entscheidung, denn nach Kriegsende fiel die Festung 1714 wieder an das verfeindete Bayern zurück. Unter Kurfürst Karl Albrecht begann 1729 auch prompt der Wiederaufbau der Anlage. Diese wurde diesmal nach französischem Vorbild im Stil einer Bastion errichtet und musste bereits 1744 im Österreichischen Erbfolgekrieg ihre Feuertaufe bestehen.

1806 endete der dritte Koalitionskrieg, in dem Bayern auf der Seite der Franzosen gestanden hatte, mit einem Sieg Napoleons. Dieser erhob daraufhin das Kurfürstentum Bayern zum Königreich und schenkte ihm Franken. Somit verlor die Veste Rothenberg ihre strategische Bedeutung und machte sich stattdessen einen Namen als gefürchtetes Festungsgefängnis. Aus Geldmangel wurde die Veste 1838 auf Geheiß von Bayernkönig Ludwig I. schließlich aufgelassen. Alles, was nicht niet- und nagelfest war, wurde versilbert oder geplündert; zuletzt wurden sogar Mauer- und Pflastersteine abgetragen und verkauft.

▫ **Die Veste Rothenberg ist die letztgebaute Rokokofestung in Europa.**

Erst der Heimatverein Schnaittach setzte sich ab 1892 für den Erhalt der Festung ein, deren historische Hallen heutzutage auch für ritterliche Feste vermietet werden. Sie ist die letztgebaute Rokokofestung in Europa (s. Ausflugsziele von A bis Z, S. 255).

Guter Ton mit gutem Ruf

Am Fuße des Rothenbergs liegt der kleine Ortsteil **Wolfshöhe**. Je nach persönlicher Interessenlage kennt man vor allem die Tonwerke oder das Bier des Ortes. 1856 erweiterte Lorenz Wolf die alte Schnaittacher Ziegelei um ein neues **Tonwerk**, das seit 1869 den Namen Wolfshöhe trägt. Dank entsprechend reicher Tonvorkommen in der Umgebung spezialisierte sich Wolf bald auf die Herstellung feuerfester Schamotteprodukte.

Als 1897 dann die Bahnlinie Schnaittach-Simmelsdorf eröffnet wurde, belebte die Bahnstation Rollhofen den Absatz des Tonwerks beträchtlich, und bald erwarb sich der gute Ton aus dem Wolfshöher Werk in ganz Süddeutschland, der nördlichen Schweiz und Österreich einen hervorragenden Ruf.

1872 errichtete Familie Wolf auf der Wolfshöhe außerdem eine **Brauerei**, die zehn Jahre später von der Nürnberger Bierbrauerfamilie Weber übernommen wurde. Seit 1991 führt Stephan Weber nun den Betrieb in der vierten Generation und legt großen Wert darauf, dass ausschließlich Produkte aus der Region verwendet werden.

Eine Besonderheit der Wolfshöher Brauerei ist das **Vollmondbier**, das jeweils in der Vollmondnacht gebraut wird. Ob der vollmundige Geschmack nun von Öko-Hopfen und Öko-Malz stammt, oder von den magischen Kräften des Mondes, sei dahingestellt. Von der Qualität des Bieres überzeugt man sich am besten bei einem **Vollmondbierfest**, das in jeder Vollmondnacht im Bräustüberl gefeiert wird. Zweimal im Jahr steigt auf der Wolfshöhe auch eine große **Vollmondbier-Party**. Die jeweiligen Termine werden rechtzeitig im Internet unter www.wolfshoeher.de angekündigt.

◻ Altes Hopfenhaus in Speikern.

Region Südost — Städte / Ortschaften

◻ Bei der Vollmondbier-Party der Wolfshöher Brauerei ist gute Stimmung garantiert.

Der Neunkirchener Ortsteil Speikern ist vor allem wegen seiner **Fränkischen Hopfenscheune** bekannt, die ein lebendiges Bild aus der Zeit des Hopfenanbaus zeichnet. Neben zahlreichen Hopfenpflügen und -spritzen zeigen drei Generationen von Hopfendarren wie der Hopfen getrocknet wurde, und Hopfensiebe, Hopfenwaagen sowie von Brauereien zur Verfügung gestellte Exponate runden die Ausstellung ab. Die umfangreiche Hopfensammlung ist schon deshalb besonders wertvoll, weil es bald keine Hopfenbauern im Hersbrucker Land mehr geben wird. Seit die klimatisch begünstigte Hallertau sich allmählich zum wichtigsten deutschen Hopfenanbaugebiet entwickelt hat, lohnt sich der Anbau auf den verbliebenen kleinen Feldern kaum noch.

Ältestes Stück der zugehörigen heimatkundlichen Sammlung ist eine Getreideputzmaschine von 1896. Nicht viel jünger dürfte eine Holmmaschine sein, die nur mit Muskelkraft bedient wurde. Das Pferdegeschirr des Leichenwagens von Neunkirchen ist hier ebenso zu sehen wie alte Transportschlitten (s. Ausflugsziele von A bis Z, S. 254).

Kerzen am Baum

*Die **Gemeine Fichte** (Picea abies) kann bis zu 70 Meter hoch werden und ist damit der höchste in Europa heimische Baum.*
Im Gegensatz zu zweihäusigen Pflanzen wie dem Wacholder oder dem Hopfen ist die Fichte einhäusig, das heißt, auf ein und demselben Baum wachsen sowohl männliche als auch weibliche Blütenstände. Die männlichen Blütenstände sind mit etwa einem Zentimeter Länge recht klein. Die weiblichen Zapfen dagegen verändern sich auf interessante Weise: Beim Aufblühen stehen die jungen Zapfen wie kleine rötliche »Kerzen« aufrecht auf den Spitzen der Zweige. Doch schon bald neigen sie sich nach unten und reifen zu länglichen braunen Zapfen heran, aus denen an sonnigen Frühlingstagen geflügelte Samen wehen.

◻ Junge Fichtenzapfen stehen wie rote Kerzen auf den Zweigspitzen.

Hersbruck
Stadt der Hirten und des Hopfens

Der obere Flusslauf der Pegnitz ist größtenteils eng und kurvenreich. Doch etwa vier Kilometer vor Hersbruck ändert sie abrupt ihre Flussrichtung und wendet sich nach Westen der sympathischen Kleinstadt zu.

Ursprünglich bestand Hersbruck aus zwei kleineren Siedlungen, die Kaiser Heinrich II. im Jahr 1011 vereinigt und dem Hochstift Bamberg vermacht hatte.

❑ Das Hersbrucker Wassertor und Pflasterzollhaus.

❑ Im Hersbrucker Schloss ist heute das Amtsgericht untergebracht.

Wie Neunkirchen am Sand und Schnaittach, lag auch Hersbruck an der Eisenstraße. Der wichtige Übergang über die Pegnitz eignete sich hervorragend für den Bau einer Brücke, die hier noch vor dem Jahr 1000 errichtet wurde. Diese »Brücke des Haderich« (= des Streitbaren) wurde als Haderihesprucga 1011 erstmals urkundlich erwähnt. Ihr verdankt Hersbruck wohl auch seinen Namen. Um die Brücke zu schützen und um Brückenzoll zu erheben, entstand die **Hersbrucker Burg**.

Als Zeichen seiner wirtschaftlichen Bedeutung wurde Hersbruck bereits 1057 das Markt-, Münz- und Zollrecht verliehen, 1297 folgte dann das Stadtrecht. Als Kaiser Karl IV. das Städtchen 1353 für sein Königreich Böhmen erwarb, verlor die in Nord-Süd-Richtung verlaufende Eisenstraße an Bedeutung. Ihre Rolle übernahm während der nächsten zwanzig Jahre die »Goldene Straße« von Nürnberg nach Prag, bis die Wittelsbacher Hersbruck 1373 für Bayern zurückerwarben.

Gegen Ende des 14. Jahrhunderts erhielt Hersbruck mit einiger Verspätung eine Stadtbefestigung, von der alle drei Stadttore und einige Mauerreste erhalten sind. Auch die malerischen Winkel

Region Südost — Städte / Ortschaften

Dunkler Schatten – die Nazizeit

Die nationalsozialistische Zeit liegt wie ein dunkler Schatten auf der Geschichte der Stadt: Im Sommer 1944 entstand direkt neben dem Strudelbad ein großes Außenlager des Konzentrationslagers Flossenbürg.

In den ehemaligen Büros und Unterkünften der SS, der Lagerkommandanten und der Wachmannschaften, ist heute das Finanzamt untergebracht.

In der relativ kurzen Zeit bis zum Kriegsende im April 1945 kamen insgesamt rund 10.000 Menschen in das Lager. Sie wurden von hier aus tagtäglich zu Fuß ins rund fünf Kilometer entfernte Happurg getrieben und gezwungen, Stollen in die nahe gelegene Houbirg zu graben, wo eine bombensichere Rüstungsanlage für Flugzeugmotoren entstehen sollte. Den Abraum mussten die Gefangenen mit Loren aus dem Berg schaffen, wobei nicht nur einmal eine Lore mitsamt den Häftlingen den Berg hinunter stürzte.

Auch im Lager selbst waren die Lebens- und Arbeitsbedingungen grauenvoll: Über 3.000 Menschen starben an Misshandlungen, Unterernährung, Flecktyphus, Ruhr oder Kälte. Als im April 1945 endlich die amerikanische Befreiungsarmee näherrückte, trieb die SS die Lagerinsassen in letzten verzweifelten Elendsmärschen zu Fuß die gut 180 Kilometer nach Dachau bei München. Bei diesen Strapazen ließen noch einmal viele hundert Häftlinge kurz vor Kriegsende ihr Leben.

□ **Auf den Dachböden wurde hier früher der Hersbrucker Gebirgshopfen getrocknet.**

und Gassen des Städtchens erinnern bis heute an die mittelalterliche Bauweise. Im Landshuter Erbfolgekrieg wechselte Hersbruck 1504 wiederum den Besitzer, als es von der Reichsstadt Nürnberg erobert wurde. Diese errichtete 1517 auf den Fundamenten der alten Burg das neue **Hersbrucker Schloss**. Zu besichtigen ist es allerdings nicht, da dort inzwischen das Amtsgericht untergebracht ist.

In der Martin-Luther-Straße, der früheren **Wassergasse**, stehen zahlreiche respektable Bürgerhäuser, auf deren Dachböden vor allem im 18. und 19. Jahrhundert der Hersbrucker Gebirgshopfen getrocknet wurde.

Das Deutsche Hirtenmuseum
Als einziges Museum Deutschlands widmet sich das Hersbrucker Hirtenmuseum der Hirtenkultur. Es ist in einem denkmalgeschützten Fachwerkkomplex aus dem 16. Jahrhundert in der Altstadt untergebracht und beherbergt eine vielseitige Ausstellung mit Schellenbögen, Ringelpeitschen, Schalmeien, bis zu drei Meter langen Hirtenhörnern sowie Texten und Noten alter Hirtenrufe. Auch Kleidung und kunsthandwerkliche Arbeiten von Hirten aus aller Welt sind hier zu bestaunen.
Einen Schwerpunkt legt die Ausstellung auf das Hirtenwesen um Hersbruck. Dort versorgten einst festangestellte Kuhhirten das Vieh der gesamten Dorfgemeinschaft auf dem so genannten Hutanger. Diese vergangenen Zeiten kann man bei zwei Festen hautnah miterleben, dem Museumsfest und dem Schaffest. Das **Museumsfest** zieht jeweils am 6. Januar, dem traditionellen Hirtentag, zahlreiche Besucher in seinen Bann: Mit Harmonika, Bass, Flöten und Gesang lassen verschiedene Musikgruppen alte Volks- und Hirtenweisen aufleben. Ein Ringelpeitschenknaller sorgt mit seinem 3,50 Meter langen »Instrument« zusätzlich für gute Laune.
Das **Schaffest** am ersten Sonntag im Mai versetzt vor allem die Kinder in Begeisterung, denn hier können sie viele alte Schafrassen zum Greifen nahe bewundern. Gezeigt wird zudem, wie Schafe geschoren und Wolle verarbeitet werden.
Drei bis vier Sonderausstellungen pro Jahr zu Kunst, Kulturgeschichte oder Volkskunde sowie eigene Veranstaltungen für Schulklassen und Kindergärten runden das Museumsangebot ab (s. Ausflugsziele von A bis Z, S. 252).

Hopfen und Malz – Gott erhalt's! Der Hersbrucker Gebirgshopfen
Noch vor 100 Jahren dominierten Hopfenhänge die Hänge rechts und links des unteren Pegnitztales. Heute dagegen hat das Hersbrucker Gebirge seine Bedeutung als Hopfenanbaugebiet fast vollständig verloren.
Der Kulturhopfen (*Humulus lupulus*) gehört zur Familie der Hanfgewächse (*Cannabaceae*). Im Gegensatz zum Hanf werden aus der Hopfenpflanze aber keine Drogen gewonnen. Dennoch spielen die Hopfeninhaltsstoffe Humulon und Lupulon in der Genussmittelherstellung eine wichtige Rolle: Sie verleihen gehopftem Bier seinen herben Geschmack, erhöhen das Schaumvermögen und verbessern die Haltbarkeit. Der Hopfen ist eine so genannte zweihäusige Pflanze und hat entweder männliche oder weibliche Blüten. Da nur die unbefruchteten weiblichen

◻ Ein denkmalgeschützter Fachwerkkomplex in der Hersbrucker Altstadt beherbergt heute das einzige Hirtenmuseum in Deutschland.

Blütenstände die für das Brauwesen interessanten Dolden ausbilden, werden die männlichen Pflanzen von den Hopfenbauern regelrecht bekämpft.
Schon die Babylonier und Ägypter verwendeten die Wildform des Hopfens zur Bierbereitung. In Deutschland wurde der Hopfenanbau erstmals im Jahr 736 erwähnt, im Hersbrucker Land im 14. Jahrhundert. Von Beginn an wurde die Pflanze fast ausschließlich zum Bierbrauen genutzt und löste den Anbau des bis dato verbreiteten sauren Weins rasch ab.
Der Hersbrucker Hopfen genoss schon bald einen guten Ruf, so dass die Nachfrage nach Bier – und somit auch Hopfen – aus der Region wuchs. Ursprünglich hatten sich fast nur gewerbetreibende Bürger im Nebenverdienst dem Hopfenanbau gewidmet, denn kleine Landparzellen, die teuren Hopfenstangen, der hohe Hopfenzehnt und die ungewisse Ernte- und Preisentwicklung waren für die Bauern lange ein Hindernis. Mit der Bauernbefreiung 1848 wurden die Bauern dann unvermittelt Eigentümer der von ihnen bestellten Böden, und der Hopfenzehnt wurde abgeschafft. Dadurch konnte sich der Hopfenanbau bald auch auf dem Land ausbreiten. Weitere Impulse bekam das Hopfengeschäft um Hersbruck von der Eröffnung der Bahnlinie nach Nürnberg im Jahr 1859, wodurch der Vertrieb merklich erleichtert wurde.
Auch die Industrialisierung im 19. Jahrhundert förderte den Export von Bier und Hopfen, weil von nun an deutlich effektivere Maschinen sowie verbesserte Transport- und Kühlmöglichkeiten zur Verfügung standen.

Zu Beginn des 20. Jahrhunderts nahm im Hersbrucker Raum der Hopfenanbau spürbar ab und verlagerte sich allmählich nach Oberbayern in die Hallertau, in der günstigere Anbaubedingungen herrschten.

Lauf
Auf den Spuren der Industriellen Revolution
Die wirtschaftlichen Grundlagen für die Entstehung von Lauf waren vor allem die Wasserkraft der Pegnitz, der Holzreichtum der Umgebung, die Nähe zur Oberpfalz mit ihren Erzvorkommen und die Handelsbeziehungen zu Nürnberg. Ab 1353 gehörte Lauf zu Kaiser Karls »neuböhmischem Reich« und erlebte eine wirtschaftliche Blütezeit. 1373 belehnte Böhmen dann die bayerischen Herzöge mit der Burg und dem Amt Lauf, bis die Stadt im Landshuter Erbfolgekrieg 1504 an Nürnberg fiel.
Heute spielt in Lauf neben der Industrie auch der Tourismus eine wichtige Rolle. Die malerische Altstadt mit ihren zahlreichen historischen Gebäuden ist allemal einen Besuch wert.

◻ Im Wappensaal ließ Kaiser Karl IV. 114 Wappenschilder aus dem Sandstein meißeln.

◻ Mitten auf dem Marktplatz steht das ehemalige Rathaus von Lauf.

Die Stadtbefestigung

Zur Stadtbefestigung von Lauf gehörten einst drei Tortürme: das **Hersbrucker Tor** am Oberen Marktplatz, das **Nürnberger Tor** bei der Johanniskirche und das heute nicht mehr erhaltene Wassertor an der Brücke über die Pegnitz.

Die Stadttore wurden von Einbruch der Dunkelheit bis zum Morgengrauen verschlossen und während dieser Zeit selbst für den Arzt oder einen Geistlichen nicht geöffnet. Selbst die Postkutsche aus Prag musste Lauf nachts umfahren. Zum Glück für die Reisenden lag die nächste Poststation aber im benachbarten Rückersdorf, das keine Stadtbefestigung hatte und nachts somit nicht verschlossen werden konnte. Wer im Mittelalter nach Lauf kam, musste Durchgangszoll zahlen. Dieser setzte sich zusammen aus dem Warenzoll (bis 1807) und dem Pflasterzoll (bis 1923). Als Gegenleistung für den Warenzoll wurde den durchziehenden Kaufleuten Geleitschutz gewährt; der Pflasterzoll war dagegen eine Form der Maut und wurde zur Instandhaltung des städtischen Pflasters und der Brücken verwendet. Ein **Zollhaus** ist noch heute vor dem Hersbrucker Tor erhalten. Ebenfalls ein Teil der Stadtbefestigung ist der **Judenturm**, ein halbrunder Wehrturm aus dem Jahr 1430. Er wurde, ebenso wie große Teile der Stadtbefestigung, mit Schutzgeld finanziert, das die jüdische Bevölkerung entrichten musste. Unweit des Judenturms steht an der Pegnitz die **Reichel'sche Schleifmühle**. Sie wurde neben der älteren Mahlmühle, der Mauermühle, 1541 erstmals urkundlich erwähnt. Während die Mauermühle 1915 abbrannte und nicht wieder aufgebaut wurde, soll die »Schleif« in der nächsten Zeit für Besichtigungen wieder funktionsfähig gemacht werden.

Das alte Rathaus

Das ehemalige Rathaus ist nicht in die umgebenden Häuserzeilen eingegliedert, sondern steht frei inmitten des Marktplatzes.

◻ Am Pegnitzwehr steht die Reichel'sche Schleifmühle, links davon der Judenturm.

Region Südost — Städte / Ortschaften

Im zweiten Markgrafenkrieg brannte das Gebäude 1553 ab und wurde anschließend von Grund auf neu errichtet. In späteren Jahrhunderten wurde besonders der Innenbereich mehrmals umgestaltet. 1976 wurde es in seiner Funktion durch das heutige Rathaus abgelöst.

St. Johannis

Die bereits 1275 urkundlich erwähnte Johanniskapelle gehörte ursprünglich zur Mutterpfarrei in Neunkirchen am Sand. Auf ihren Resten entstand Mitte des 14. Jahrhunderts der heutige Bau im spätgotischen Stil.

1525 wurde die Johanniskirche im Zuge der Reformation protestantisch. Zur Stadtpfarrkirche wurde sie 1553, weil die im zweiten Markgrafenkrieg zerstörte Spitalkirche St. Leonhard nicht wieder aufgebaut wurde.

Anfang des 17. Jahrhunderts folgten weitere Veränderungen, vor allem im Innenraum. Aus dieser Zeit stammt auch der Hochaltar des Laufer Bildhauers Balthasar Götz, der mit seinen ursprünglich acht austauschbaren Altarbildern eine Seltenheit ist. Von den sieben Gemälden des Nürnberger Malers Johann Keil und einem weiteren Bild von Christian Bär sind fünf noch erhalten. Bemerkenswert ist auch die **Türmerwohnung**, die im Rahmen von Führungen besichtigt werden kann.

Das Wenzelschloss

Auf einer Pegnitzinsel südlich des Altstadtzentrums erhebt sich majestätisch die Laufer Burg. Als die Marktgemeinde 1353 in den Besitz des böhmischen Königs und deutschen Kaisers Karl IV. kam, war die Burg vermutlich zerstört, denn die Anlage wurde von 1356 bis 1360 vollständig erneuert.

◻ Das Wenzelschloss hat sich im Laufe der letzten 600 Jahre nur wenig verändert.

Das Erscheinungsbild des spätmittelalterlichen Wehrbaus hat sich bis heute kaum verändert. Eine europaweit einmalige Wappensammlung ist im **Wappensaal** zu bewundern: Hier ließ Karl IV. 114 Wappenschilder der ihm unterstellten Adelsgeschlecter reliefartig aus dem Sandstein herausmeißeln. Sie sind farbig gefasst und weisen den Namen und Titel des jeweiligen Wappenträges auf.

Das Glockengießerspital

In Sichtweite des Wenzelschlosses steht der historische Spitalkomplex mit der Kirchenruine St. Leonhard. Das Spital wurde im Jahr 1374 von dem bekannten Glockengießer Hermann Keßler und seiner Frau gestiftet. Es war nicht nur für bedürftige Laufer Bürger bestimmt, sondern auch für Reisende, die auf der Goldenen Straße unterwegs waren, dem bedeutenden Handelsweg zwischen Nürnberg und Prag.
Auf dem stimmungsvollen Innenhof der Anlage finden im Sommer Konzerte und Feste statt.

❑ Auf dem Innenhof des Spitalkomplexes finden im Sommer Konzerte und Feste statt.

❑ Farbenfrohe Hut- und Schirmmacherwerkstatt im Industrie *Museum* Lauf.

Die auch als Wenzelschloss bekannte Burg verdankt ihren Namen jedoch nicht dem Sohn Karls IV., Wenzel, sondern dem gleichnamigen Heiligen und böhmischen Patron. Da im Wenzelschloss mittlerweile die Akademie der Bildenden Künste untergebracht ist, kann das Schloss nicht besichtigt werden, wohl aber der Wappensaal
(s. Ausflugsziele von A bis Z, S. 253).

Felsenkeller

Unter den nördlichen und südlichen Häusern der Altstadt liegen die Felsenkeller etwa elf Meter unter dem Niveau des Marktplatzes und nur einen halben Meter über dem Grundwasserspiegel. In den Kellergewölben herrscht eine gleichbleibende Temperatur von 7 Grad Celsius; sie sind daher ideal zur Lagerung von Bier geeignet. Brunnen, Luftschächte und Beleuchtungsnischen deuten aber darauf hin, dass die Keller auch zu anderen Zwecken genutzt wur-

Region Südost — Städte / Ortschaften

den. Eine Besichtigung ist nach Voranmeldung unter Tel. 09123-184166 möglich.

Die wunderbare Welt der Technik

Ende des 18. Jahrhunderts revolutionierte die **Dampfmaschine** die Welt und löste Wind- und Wasserkraft als wichtigste Energieträger ab. Daher ist und bleibt die Dampfmaschine das Symbol für die **Industrialisierung**.

Ab etwa 1900 bekam sie aber starke Konkurrenz durch Verbrennungs- und Elektromotoren, denen sie letztlich unterlegen war. Das **Industrie *Museum* Lauf** steht ganz im Zeichen der Industriellen Revolution: Es zeigt unter anderem eine **Tandem-Dampfmaschine**, Baujahr 1904, die mit 500 PS eine für damalige Zeit beachtliche Leistung hatte.

Bis ins 19. Jahrhundert hinein spielten wasserradgetriebene **Mühlen** eine wichtige Rolle – nicht nur für die wirtschaftliche Entwicklung einer Region, sondern auch für deren Versorgung mit dem Grundnahrungsmittel Mehl. Allerdings war die Leistung eines Wasserrades mit 30 PS gering. Ab 1820/30 wurden die altdeutschen Mühlen zwar in den meisten Fällen modernisiert, doch konnten vor allem die Kleinmühlen dem wachsenden Konkurrenzdruck durch die Großbetriebe auf Dauer nicht standhalten. Nach dem zweiten Weltkrieg setzte das so genannte Mühlensterben ein und bereitete der jahrhundertealten Betriebsform Mühle ein Ende. Die Laufer Museumsmühle ist voll funktionsfähig und kann Roggen oder Weizen mahlen. Neben den Mühlen hatten **Eisenhammerwerke** in Franken und der Oberpfalz bereits seit dem 14. Jahrhundert eine

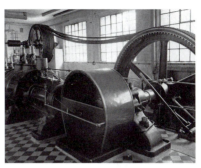

❑ Sinnbild der Industriellen Revolution: eine Tandem-Dampfmaschine aus dem Jahr 1904.

große wirtschaftliche Bedeutung; ihre Blütezeit erlebten sie vom 16. bis 18. Jahrhundert. Die originale Ausstattung des Industrie *Museums* stammt aus den Jahren 1895 bis etwa 1955.

Des Weiteren ist im Museum das erste **Elektrizitätswerk** von Lauf aus dem Jahr 1899 nicht nur zu sehen, sondern gelegentlich auch noch in Betrieb! Seine 10–13 Kilowattstunden wurden noch bis Ende des 20. Jahrhunderts ins Netz eingespeist und deckten den Bedarf von etwa 25 Haushalten.

Doch das Industrie *Museum* widmet sich nicht nur der Technik. Zwei komplett eingerichtete Wohnungen (um 1900 beziehungsweise aus den 1950er/60er Jahren) sowie Gewerbe, die in jeder Stadt vertreten waren, machen auch das Arbeits- und Lebensumfeld der Menschen von früher erlebbar. Dazu gehören eine **Flaschnerei** (Klempnerei), ein **Frisörsalon**, eine **Hut- und Schirmmacherwerkstatt** sowie eine **Schusterwerkstatt**.

Die ursprünglich als Schuhmacher tätigen Schuster führen seit etwa 1830 fast nur noch Reparaturen durch (s. Ausflugsziele von A bis Z, S. 253).

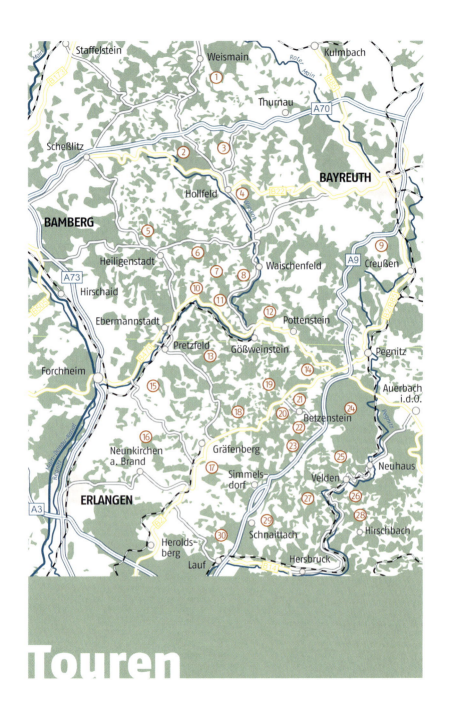

Übersicht — Touren

Tour Nummer	Länge [km]	🚴	🚶	👶	Kombinierbar mit Tour
1	12,5	✓	✓	✓	–
2	10,5	✓	✓	✓	–
3	14	✓	✓	–	4
4	33	✓	✓	✓	3
5	6,5–10,5	✓	✓	–	–
6	8–16,5	✓	✓	✓	7
7	9	✓	✓	–	6
8	8,5	✓	✓	✓	–
9	42	✓	✓	–	–
10	6–14	✓	✓	–	11
11	9	–	✓	–	10
12	4,5	✓	✓	✓	–
13	12,5	✓	✓	–	–
14	10,5	✓	✓	✓	–
15	6	✓	✓	–	–
16	21	✓	✓	✓	–
17	7+5	–	✓	–	–
18	10,5	✓	✓	–	–
19	5,7–9,5	✓	✓	✓	–
20	2–3,5	✓	✓	–	21
21	10	✓	✓	–	20, 22
22	10	✓	✓	–	21, 23
23	7,5	✓	✓	✓	22
24	31	✓	✓	✓	–
25	10	✓	✓	✓	–
26	6,5–10	–	✓	–	–
27	15	✓	✓	✓	–
28	9	✓	✓	–	–
29	3–5	–	✓	–	–
30	38	✓	✓	–	–

Touren Legende

Lauf	Hauptorte		Laubbäume
Plech	Ortschaften		Nadelbäume
Burg	einzelne Gebäude, etc.		Kiefern
Tal	Landschaften		Sträucher
Pegnitz	Bach/Fluss		Burg/Schloss; Ruine
	Eisenbahn		Kirche; Kapelle
	Bahnstation		Friedhof
A9	Autobahn	H	Bushaltestelle
B2	Staats-/Bundesstraße		Tankstelle
	Land-/Hauptstraße		Zeltplatz
	Weg/Nebenstraße		Sportplatz
	Pfad/Steig		Freibad
-------	Wegstrecke		Jugendherberge
-------	leichtere Wegstrecke		Haus/Ferienhaus
	(Kinderwagen-Variante)		Hütte, Scheune, etc.
-------	Wegstrecke für Wanderer		Einkehrtipp
	für Radfahrer geeignet		Sendemast
	für Wanderer geeignet		Strommast
	mit Kinderwagen geeignet		Jägersitz
Start	Start-/Endpunkt der Tour		Aussichtspunkt
Start	Start-/Endpunkt leichtere		Steinbruch
	Variante		Felsen
P	Parkplatz		Höhle
	Wegmarkierung		Sandgrube
			Schranke
			Denkmal
			Wegkreuz
			Gipfelkreuz

Region Nordwest — Touren

1 Zu den Mühlen im Krassachtal

     ca. 12,5 km

Die Schönheit der nördlichsten Fränkischen Schweiz wird oft verkannt, kommt bei dieser äußerst reizvollen und vielseitigen Rundtour jedoch voll zur Geltung. Bei einem Abstecher zur Burgruine Niesten bietet sich ein toller Rundblick über die waldreichen Täler sowie die meist landwirtschaftlich genutzten Hochflächen. Besonders malerisch sind die zwei schönen Mühlengebäude im Krassachtal und das anschließende urtümliche Bärental.

Anforderung: durchgehend bequeme Feld- und Waldwege bzw. im Bereich der Ortschaften kaum befahrene Asphaltstraßen; einige Sitzbänke vorhanden
Sehenswertes: Gräfinnenhöhle, Burgruine Niesten, Krassacher Mühle, Herbstmühle, Krassachquelle, Bärental
Kinderwagen: mit geländegängigem Kinderwagen recht gut geeignet; nur ein Anstieg im Bärental und eine holprige Passage bei der Gräfinnenhöhle sind etwas beschwerlich
Startpunkt: Wanderparkplatz am nordwestlichen Ortsrand von Görau; Anfahrt von Weismain über Neudorf nach Görau und im Ort links

Der Weg: Auf dem asphaltierten Sträßchen halten wir uns ortsauswärts Richtung Niesten bis zum Waldrand. Hier weist eine Tafel auf Reste alter **Wallanlagen** hin. Wir gehen links hinab und sehen nach etwa hundert Metern die **Gräfinnenhöhle** am Hang liegen. Auf etwas holprigem Waldweg geht es nun bergab. Vor den Häusern von Niesten stoßen wir auf ein Asphaltsträßchen, dem wir rechts hinauf zur ausgeschilderten **Burgruine Niesten** folgen. Auf der Höhe führt ein Fußweg am unspektakulären **Eselsloch** vorbei zum fahnengezierten Aussichtspunkt. Von der einstigen Burg sind heute nur noch bescheidene Mauerreste erhalten, doch die Fernsicht ist so schön wie eh und je. Dann gehen wir hinab nach **Niesten** und bleiben einige hundert Meter auf der Fahrstraße Richtung Weismain. In einer Rechtskurve der Straße folgen wir einem

□ Farbenfrohe Idylle: die Krassacher Mühle.

Holzschild geradeaus über Felder nach **Krassach**. Am gleichnamigen Bach entlang führt uns das mit ›2‹, ›3‹ und *rotem Kreuz* markierte Sträßchen talaufwärts. An den hübschen Fachwerkgebäuden der **Krassacher Mühle** und der **Herbstmühle** vorbei, kommen wir zur **Kras-**

sachquelle. Dann geht es steil bergauf zu den imposanten **Geiersteinen**. Hier wird der Weg wieder flacher, und wir genießen das urtümlich anmutende **Bärental**. Bei einer auffälligen Felsnase führt unser Weg Nr. ›2‹ links nach Görau; wer jedoch Lust auf eine Rast hat, geht zunächst hundert Meter geradeaus zu einigen gemütlichen Sitzbänken.

Der Weg nach Görau bringt uns zunächst durch Nadelmischwald bis zu einer Straße, der wir wenige Meter nach rechts folgen. Dann gelangen wir über offene Felder zu einem Wegkreuz, halten uns rechts und überqueren bald ein weiteres Sträßchen.

In sanften Kurven kommen wir nach knapp einem Kilometer zu einer Kreuzung. Der breitere Weg bringt uns linkshaltend in Kürze zum Friedhof von **Görau**. An der Kirche vorbei, halten wir uns bei der Bushaltestelle im Ort links und erreichen kurz darauf wieder den Startpunkt.

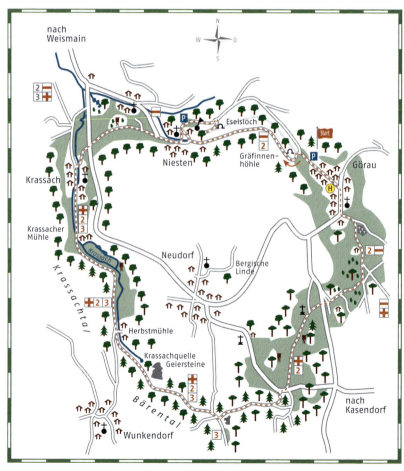

Region Nordwest   Touren

2 Durch das Paradiestal

    ca. 10,5 km

Das Paradiestal trägt seinen Namen zu recht: Hier herrscht eine wahrhaft paradiesische Ruhe und Abgeschiedenheit – trotz der nahen Autobahn. Und als Bonus wartet auf den Besucher auch noch das »Paradies« auf Erden.

Anforderung: im Paradiestal schwach ausgeprägter, verschlungener Wiesenweg, ab der Streckenhälfte bequeme Feld- und Waldwege; nahezu ohne Höhenunterschied und Sitzbänke

Kinderwagen: Auch mit geländegängigem Kinderwagen ist der teils unebene Wiesenweg im Paradiestal nur bedingt geeignet.

Startpunkt: Wanderparkplatz an der B22 ca. einen Kilometer außerhalb von Treunitz in Richtung Scheßlitz

☐ In aller Ruhe durch das Paradiestal: eine Weinbergschnecke (*Helix pomatia*).

Der Weg: Auf der B22 halten wir uns rechts Richtung Treunitz und biegen gleich nach der Brücke links ins Paradiestal ein. Der anfangs recht holprige Weg ist mit **blauem Kreis** markiert und führt ein paar hundert Meter am Waldrand entlang, macht dann allerdings einen scharfen Linksknick zur Straßenkurve (mit Kinderwagen ist der Zugang über die Straße ratsam!).

Wir bleiben zunächst am linken Waldrand, doch schon bald wechselt der Weg auf die andere Seite des Tals und mäandert in zahlreichen Kurven bis zu einem Querweg.

Auf diesem halten wir uns kurz links, bleiben dann jedoch am Waldrand. Knapp einen Kilometer später stoßen wir auf einen breiten Feldweg, dem wir ein Stück geradeaus folgen. Wo dieser links-

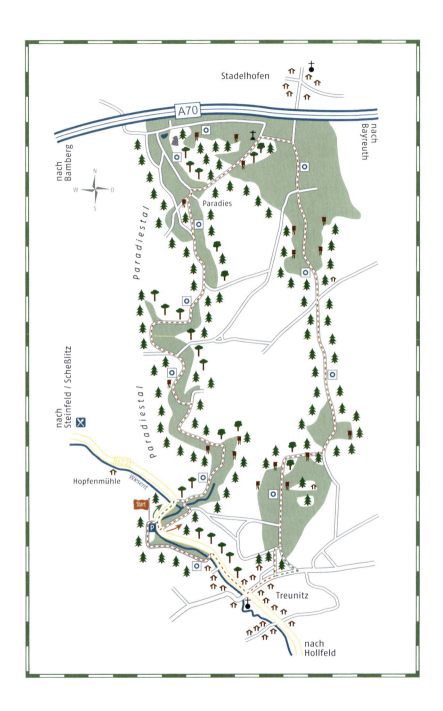

◻ **Kündigt den nahen Winter an: die Herbstzeitlose (*Colchicum autumnale*).**

haltend bergauf führt, ist unser Wiesenweg im Talgrund recht unscheinbar. Wir bleiben jedoch auf dem **blauen Kreis** im Tal und erreichen nach einer langen Rechtskurve das **»Paradies«**.

Ab hier verlassen wir vorübergehend die Blaukreis-Markierung und halten uns auf einem weniger befestigten Fahrweg rechts den Wald hinauf. Nach etwa einem Kilometer stoßen wir bei einem großen Holzkreuz mit Sitzbänken wieder auf den **blauen Kreis** und folgen ihm an einem Wäldchen entlang nach rechts. Gleich darauf biegen wir erneut rechts ab und kommen nun zwischen weitläufigen Feldern flott voran. Etwa 1,2 Kilometer geht es stets geradeaus, dann führt der Weg in dichten Fichtenwald hinein.

Auf einer Anhöhe am Ende einer größeren Lichtung müssen wir die Augen offen halten, um die Abzweigung nicht zu verpassen: Etwas unscheinbar verlässt hier unser **blauer Kreis** den breiten Forstweg nach rechts, führt am Waldrand entlang und leitet wenige hundert Meter später wieder nach links Richtung Treunitz.

Jetzt geht es noch einmal über Felder bis zum nächsten Waldrand. Hier wenige Meter nach rechts und gleich darauf wieder links recht steil und steinig zu den ersten Häusern von **Treunitz** hinab oder deutlich bequemer auf dem Hauptweg linkshaltend hinab zur Straße und rechts zu den Häusern.

Auf der Straße gelangen wir zur Kreuzung mit der B22, der wir ein Stück Richtung Scheßlitz / Steinfeld folgen. Erst kurz nach einer kleinen Häusergruppe führt der **blaue Kreis** uns wieder links zum Wald und zurück zum Startpunkt. Von hier ist es nur ein Katzensprung nach Steinfeld zur Brauerei-Gaststätte Hübner.

Einkehrtipp (Steinfeld):
Brauerei und Gaststätte Hübner
Tel. 09207-259, Do. Ruhetag,
selbstgebrautes Bier vom Fass,
leckere Hausmacher Brotzeiten,
www.huebner-braeu.de

Touren   Region Nordost

3 Wacholdertal und Kaiserbachtal

  ca. 14 km

Außerordentlich schöne Tour durch das felsige »Wunderland« zwischen Sanspareil und Krögelstein, die alles zu bieten hat, was das Herz begehrt: seltene Wacholderheide, offene Felder, ein verschlungenes Wiesental und bizarre Felsgestalten. Ein Besuch des Felsengartens von Sanspareil und der Burg Zwernitz rundet das Tagesprogramm perfekt ab.

Anforderung: *meist breite Wanderwege; für das obere Kaiserbachtal ist festes Schuhwerk ratsam; wenige Sitzbänke vorhanden; ideal mit dem MTB*
Sehenswertes: *Burg Zwernitz, Felsengarten Sanspareil, Morgenländischer Bau, Wacholdertal, »Alter Fritz«*
Kinderwagen: *Mit Kinderwagen empfiehlt es sich, vom Parkplatz kurz durch den Wald und dann links über Felder auf den Hauptweg zu stoßen.*
Kombinierbar: *Die Route ist vor allem mit dem MTB mit Tour Nr. 4 hervorragend kombinierbar, zu Fuß dann allerdings als Zweitagestour zu empfehlen.*
Startpunkt: *Am Ortsausgang von Krögelstein führt von der Straße nach Wonsees ein Fahrweg zum ausgeschilderten Parkplatz im Wald.*

☐ Das obere Kaiserbachtal ist ein autofreies Trockental.

Der Weg: Wir folgen zunächst der **roten** 6 am Waldrand entlang. Das äußerst idyllische Tälchen ist rechts von lichtem Kiefernbestand sowie interessanten Felsen gesäumt, während auf der linken Talseite Nadel- und Mischwald das Bild bestimmen. An der Säukirche (»Säukerng«) und der Kuhleitner Wand vorbei, windet sich unser wenig ausgeprägter Wiesenweg nach Norden, bis wir ihn auf einem breiten Forstweg nach rechts verlassen. Wir folgen weiterhin der **roten 6** durch den Wald hinauf und biegen anschließend zweimal rechts ab. Über

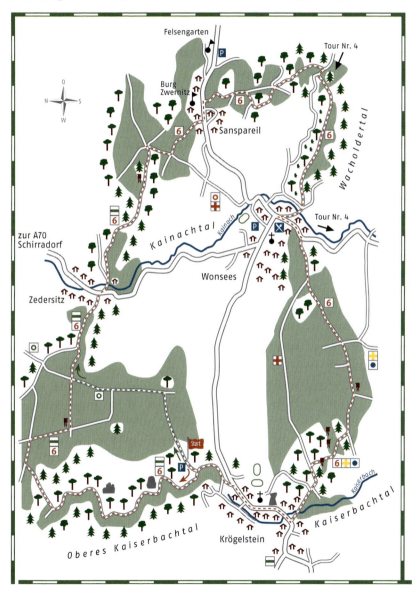

◻ **Etappenziel: der Marktplatz von Wonsees.**

Felder gelangen wir zu einem Jägersitz, wo wir links abbiegen. An der nächsten Kreuzung treffen wir auf die Kinderwagen-Variante. Zuletzt auf asphaltierter Straße erreichen wir die Ortschaft **Zedersitz**.
Im Talgrund folgen wir einer Querstraße wenige Meter nach rechts. Gleich darauf begleitet uns die *rote 6* über die Kainach und meist am Waldrand entlang bis zu einer markanten Kreuzung. Hier halten wir uns rechts aufwärts bis zur nächsten Wegkreuzung. Linker Hand sehen wir bereits den Ort **Sanspareil** vor uns liegen. Hier empfiehlt sich eine eingehende Besichtigung des **Felsengartens** und – wenn geöffnet – des **Morgenländischen Baus** sowie der **Burg Zwernitz**. Unterhalb von Burg Zwernitz folgen wir anschließend der Ausschilderung »Wacholdertal« und *rote 6*. Über Felder gelangen wir in einer weiten Rechtsschleife auf eine Anhöhe. Nach etwa 1,5 Kilometern macht der Hauptweg eine scharfe Linkskurve (hier stößt Tour Nr. 4 auf unseren Weg). Der **»Wacholderweg«** und die *rote 6* biegen in spitzem Winkel rechts ab und führen gleich darauf wieder nach links. Hinter einem kleinen Waldstück stehen wir unvermittelt im **Wacholdertal**, dessen rechter Hang von Wacholderheide gesäumt ist. Kurz darauf erreichen wir die Häuser von **Wonsees** und den hübschen Marktplatz. Hier lädt der Gasthof Tauer zu einer kräftigen Stärkung ein. Auf der Hollfelder Straße halten wir uns links und biegen gleich hinter dem Ortsausgang rechts in einen geschotterten Fahrweg ein. (Tour Nr. 4 bleibt auf der Straße.) Die *rote 6* führt uns hinauf bis zu einem Jägersitz auf offenem Feld. Hier sind kurzfristig nur die Markierungen **blauer Punkt** und **gelbes Kreuz** zu sehen, denen wir rechtshaltend zum Waldrand folgen.
Dort zweigt unser Weg etwas unscheinbar rechts ab und schlängelt sich durch einen Flickenteppich aus Wald und Lichtungen. Wo unser Weg mit der Markierung *rotes Kreuz* zusammentrifft, gehen wir links abwärts, stoßen auf ein asphaltiertes Sträßchen und erreichen linkshaltend **Krögelstein**.
Das Felsendorf macht seinem Namen alle Ehre – es ist nicht nur von zahllosen Felsen umgeben, mit dem **»Alten Fritz«** steht sogar direkt in Ortsmitte eine äußerst imposante Felsgestalt, an der unser Weg unmittelbar vorbei führt.
Die Hauptstraße bringt uns nach rechts und unterhalb des Kirchleins eine kurze Steigung hinauf. Am Ortsende gelangen wir linkshaltend zurück zum Parkplatz.

Einkehrtipp (Wonsees):
Gasthof-Metzgerei Christian Tauer
Tel. 09274-94545, kein Ruhetag, fränkische Spezialitäten aus eigener Metzgerei, reichhaltiger Mittagstisch, überdachte Terrasse, Fremdenzimmer

Region Nordost — Touren

4 Fünf-Täler-Tour vom Feinsten

 ca. 33 km

Genussreiche Tour für ausdauernde Wanderer oder für Mountainbiker – allerdings ohne anstrengende »mountains«. Lochautal, Erbachtal, Wacholder-, Kainach- und Wiesenttal haben alle ihren eigenen Reiz und garantieren einen rundum abwechslungsreichen Tag.

Anforderung: größtenteils geschotterte oder asphaltierte Fahrwege, im Lochautal schöner Wiesenweg; je eine ganz kurze Steigung im Lochautal und hinter Schönfeld; zahlreiche Sitzbänke vorhanden
Sehenswertes: Wacholderheide im Wacholdertal, St. Gangolf, Museumsscheune
Kinderwagen: für unermüdliche Schieber mit geländegängigem Kinderwagen durchaus geeignet – allerdings ist dann die Variante von Stechendorf über Hainbach nach Wohnsdorf mit Startpunkt Hollfeld ratsam
Kombinierbar: Insbesondere mit dem MTB lässt sich diese Strecke ideal mit Tour Nr. 3 kombinieren.
Startpunkt: kleiner Parkplatz in Plankenfels an der B22 nach Bayreuth; Wer mit dem Trekkingrad oder Kinderwagen unterwegs ist, parkt besser beim Freibad in Hollfeld.

☐ Bedrohte Vegetationsform: Wacholderheide im Wacholdertal.

Der Weg: Unmittelbar rechts des Parkplatzes beginnt die Markierung **gelber Kreis**, die uns ins **Lochautal** führt. Nach knapp einem Kilometer wechselt der Weg die Talseite und verläuft – auch mit **MTB1** markiert – als gemütlicher Wiesenweg durch den Talgrund. Dann zieht diese Markierung in den Wald hinauf, und wer mit dem Rad unterwegs ist, sollte ihr unbedingt folgen – der Weg, der weiter am Wandrand entlang führt, ist so schmal, holprig und abschüssig, dass bei erhöhtem Verkehrsaufkommen ein Ausweichmanöver problemlos im Bach enden kann... Wenig später steigt der Weg kurz und steil an und stößt dann bei Wohnsdorf auf das Sträßchen nach Schönfeld. Mit dem Rad bleiben wir auf der Straße und biegen in **Pilgerndorf** rechts ab, zu Fuß folgen wir dem *blauen Balken* rechts über **Wohnsdorf** nach **Schönfeld**. Hier verlassen wir die Straße kurz hinter dem Feuerwehrhaus ins **Erbachtal**.

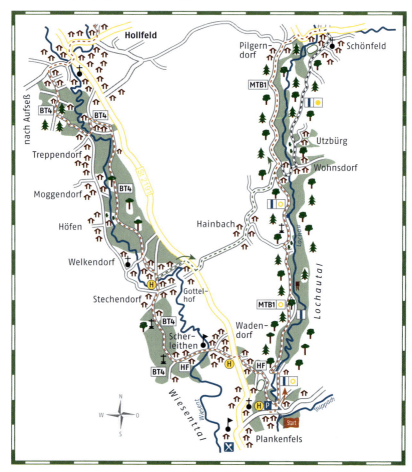

Auf dem gepflasterten Fahrweg geht es steil bergauf, doch schon bald weist uns der **blaue Balken** den Weg nach links und in den Wald hinein.

Kurz auf schwach ausgeprägtem Wiesenweg, dann wieder auf geschottertem Forstweg, dringen wir immer tiefer in den Wald ein, der sich nach einer Kehre unverhofft lichtet und dann in zahlreichen Kurven zu der alten Linde vor Kleinhül führt. Bei diesem prächtigen **Naturdenkmal** biegen wir links ab, überqueren die Straße und stoßen nach einer Rechtskurve auf die **rote 6** und Tour Nr. 3. Dieser Markierung folgen wir links durch ein kleines Waldstück und kommen nach einer weiteren Rechtskurve ins **Wacholdertal**, dessen rechten Hang die namengebende Wacholderheide ziert.

Viel zu schnell erreichen wir die Häuser von **Wonsees**. Auf der Hollfelder Straße verlassen wir den Ort wieder. Am Ortsausgang zweigt rechts Tour Nr. 3 ab.

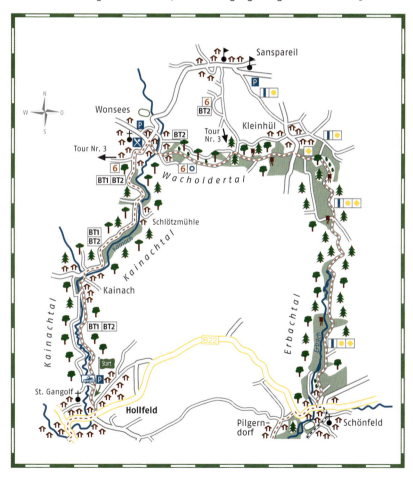

◻ Imposantes Naturdenkmal: die alte Linde vor Kleinhül.

An der **Schlötzmühle** vorbei bringt uns der *BT1* nach **Kainach** und auf die andere Seite des Baches. Je nachdem, wie ausgiebig wir die zahlreichen Sitzbänke nutzen, kommen wir mehr oder weniger flott zum Freibad von **Hollfeld**.
Hoch über uns thront die Kirche St. Gangolf mit dem Wahrzeichen der Stadt, dem **Gangolfsturm**. Wir sollten uns die Zeit für einen Besuch dieser eigenwilligen Kirche nehmen: Dazu biegen wir rechts in die Langgasse ein und gehen an der großen Kreuzung des Unteren Marktes steil hinauf zum historischen Marienplatz (den Schlüssel gibt's hier im Rathaus).
Wieder am Unteren Markt halten wir uns Richtung Behringersmühle / Plankenfels, vorbei am ehemaligen **Spital St. Bartholomäus** und gleich darauf rechts Richtung Aufseß.

Auf der nächsten Anhöhe biegen wir links in die Kurt-Weirather-Straße ein. An deren Ende gelangen wir auf dem *BT4* zu einer Querstraße und wenig später bei einem Wasserhäuschen leicht rechtshaltend zum Waldrand. Hier führt unser Weg links nach **Treppendorf**. Nach einem Kinderspielplatz biegen wir links ab, hinter den letzten Häusern wieder rechts und rollen oder wandern nun Richtung **Welkendorf**. Unterhalb des Weges schlängelt sich die Wiesent in unzähligen Kurven und Kürvchen dahin. Kurz hinter **Stechendorf** steht rechts unseres Feldweges ein **Gedenkkreuz** mit Ruhebank. An der nächsten Weggabelung zieht der BT4 nach rechts; wir biegen jedoch links ab und gelangen durch **Scherleithen** nach **Wadendorf** mit seinem kleinen Schloss.
Bei einer Straßengabelung halten wir uns rechts und haben gleich die Wahl zwischen der steileren Straße und einem weniger steilen Schotterweg zur Linken. Oben angekommen überqueren wir die Landstraße und gelangen an einigen Häusern vorbei zum Sportplatz. Der Höhenweg Fränkische Schweiz *HF* biegt hier links ab und leitet als hübscher Hohlweg zurück zum Startpunkt.
Zum Abschluss lädt uns das »Goldene Lamm« ein, die Energiespeicher wieder zu füllen.

Einkehrtipp (Plankenfels): Landgasthof »Goldenes Lamm«
Tel. 09204-257, Di. Ruhetag, durchgehend warme Küche, fränkische Spezialitäten, eigene Metzgerei, Gästezimmer mit Du/WC

Region Nordwest   Touren

5 Das Tal der hungernden Tummler

   ca. 10,5 km, mit Kinderwagen ca. 6,5 km

Das Leinleitertal mit seinen beiden Hungerbrunnen, dem Großen und Kleinen Tummler, ist eines der schönsten Trockentäler der Fränkischen Schweiz. Im Sommer und bei gutem Wetter spaziert man trockenen Fußes durch das herrliche Tal, während nach längeren Regenfällen ein munterer Bach mehrfach den Weg kreuzt. Vom Rand der Hochebene bieten sich zudem grandiose Weitblicke nach Westen.

Anforderung: *zu Beginn der Tour am Eichenberg schmaler Waldpfad, danach bequeme Wanderwege, ab Oberleinleiter asphaltiert; eine längere Steigung von Burggrub zum Parkplatz; einige Sitzbänke vorhanden*
Sehenswertes: *Großer und Kleiner Tummler, Leinleiterquelle, Heroldsmühle*
Kinderwagen: *Mit geländegängigem Kinderwagen empfiehlt sich nur die kürzere Runde durch das Tal der Tummler; Parkmöglichkeit dann knapp einen Kilometer nördlich von Oberleinleiter.*
Startpunkt: *kleiner Wanderparkplatz ca. einen Kilometer oberhalb von Burggrub; Zufahrt von Heiligenstadt kommend am Ortseingang rechts hinauf*
Tipp: *Nach längeren Regenfällen ist wasserfestes Schuhwerk ratsam!*

Der Weg: Zunächst folgen wir der Markierung **rot-weißes Dreieck** in den nahen Wald. Der Weg wird bald zum Pfad und schlängelt sich an zwei schönen Aussichtsfelsen vorbei. Bei einer Weggabelung halten wir uns links, und an der nächsten T-Kreuzung bietet sich ein Abstecher zum Aussichtspunkt **Kreuzstein** an, wo zwei Sitzbänke zu einer ersten Rast einladen.
Anschließend begleitet uns das **rot-weiße Dreieck** am Waldrand entlang zu einem kleinen **Basaltbruch**. In einer Linksschleife erreichen wir kurz darauf die Straße, der wir etwa hundertfünfzig Meter nach links folgen. Hier trifft die Kinderwagen-Variante auf unseren Weg. Der **grüne Kreis** bringt uns auf bequemem Forstweg ohne nennenswerten Höhenunterschied durch den Wald. An der nächsten Weggabelung und Kreuzung halten wir uns dann auf freiem

◻ Der Kleine Tummler ist ein so genannter Hungerbrunnen, aus dem nur nach längeren Regenfällen eine muntere Quelle sprudelt.

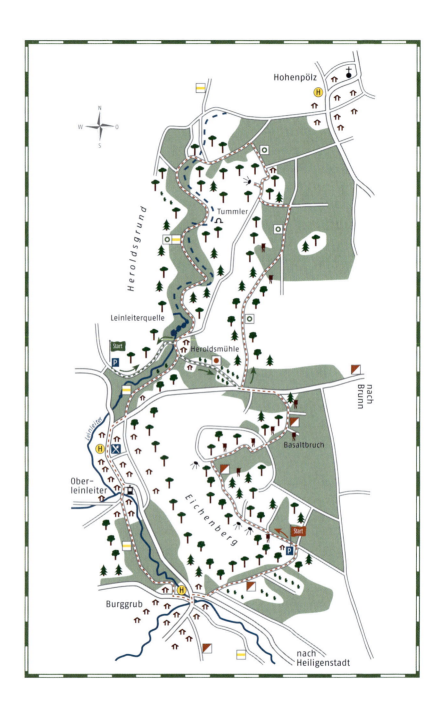

◻ Die Akelei (*Aquilegia vulgaris*) mag es nicht zu sonnig. Sie wächst vor allem in oder am Rand von lichten Laubwäldern.

Feld zweimal links, bevor uns der **grüne Kreis** durch lichten Kiefernbestand zum **Heroldstein** bringt.
In einem Schlenker kommen wir zu einer großen Scheune. Hier sehen wir Hohenpölz vor uns liegen und gehen geradeaus am Waldrand weiter. Doch an der nächsten T-Kreuzung biegen wir links ab und kommen in Kürze hinab ins herrliche **Leinleitertal**.
Talabwärts treffen wir bei der nächsten Kurve auf den **Kleinen Tummler** sowie seinen großen Bruder, der zum Naturdenkmal erhoben wurde. Nur nach längeren Regenfällen sprudelt aus beiden Hungerbrunnen eine muntere Quelle. Unser Weg schlängelt sich weiter durch das Kiefern gesäumte Tal der Tummler bis zur **Leinleiterquelle**. An einem Felsabbruch treten mehrere Quellen aus, deren glasklares Wasser sich zur Leinleiter vereinigt. Früher reichte die Wassermenge aus, dass schon nach gut hundert Metern die **Heroldsmühle** betrieben werden konnte. Deren riesiges Mühlrad ist zwar schon etwas in die Jahre gekommen, aber immer noch sehr eindrucksvoll.

Kinderwagenschieber folgen von der Heroldsmühle dem **roten Punkt** hinauf zur Straße und gehen dann auf dem **grünen Kreis** links in den Wald.
Ansonsten führt hinter den Häusern der **gelbe Querbalken** nur kurz empor und dann rechts am Waldrand entlang nach **Oberleinleiter**. Im Ort kommen wir am Brauerei-Gasthof Ott vorbei, der zu deftigen Mahlzeiten vier eigene Biersorten ausschenkt. Weiter talabwärts folgen wir bei einem **Denkmal** für Kriegsgefallene dem **gelben Querbalken** nach **Burggrub**, wo wir die Leinleiter überqueren. Nun geht es auf dem bekannten Zufahrtsweg stetig bergauf zurück zum Parkplatz.

**Einkehrtipp (Oberleinleiter):
Brauerei-Gasthof Ott**
Tel. 09198-271, Mo. Ruhetag, durchgehend warme, fränkische Küche, vier Biersorten aus eigener Brauerei, überdachte Terrasse vor dem Haus
www.brauerei-ott.de

Touren Region Nordwest

6 Zu den Aufseßtaler Schlössern

   ca. 16,5 km, mit Kinderwagen ca. 8 oder 13,5 km
Diese Tour ist landschaftlich und kulturell gleichermaßen reizvoll. Den Auftakt bilden die verschlungenen Pfade des Hochstahler Tals. Im romantischen oberen Aufseßtal ziehen die beiden Schlösser Unter- und Oberaufseß die Blicke auf sich.

Anforderung: eine bunte Mischung aus breiten Wald- und Feldwegen, kurzen asphaltierten Abschnitten und schmalen Pfaden (im Hochstahler Tal); mit dem MTB hervorragend geeignet; vereinzelt Sitzbänke vorhanden
Sehenswertes: Burg Unteraufseß, Schloss Oberaufseß (privat), Fuchsloch
Kinderwagen: Nur eine etwas kürzere Variante ist mit geländegängigem Kinderwagen bedingt geeignet; je eine Passage vor Aufseß und hinter Oberaufseß erfordern jedoch einige »Schubkraft«.
Kombinierbar: Die Route lässt sich ideal mit Tour Nr. 7 kombinieren, besonders mit dem MTB, oder in zwei etwa gleich lange Strecken aufteilen.
Startpunkt: Sportplatz westlich von Aufseß; Zufahrt gegenüber der Abzweigung nach Heckenhof

◻ Der malerische Anblick trügt: Auf Burg Unteraufseß herrschte nicht nur Eintracht.

Der Weg: Zunächst gehen oder rollen wir auf dem Zufahrtsweg zurück nach **Heckenhof**. An der Kirche biegen wir links ab, und an der nächsten Kreuzung trennen sich die Wege: Wer mit dem Kinderwagen unterwegs ist, folgt dem **rot-weißen Dreieck** rechts zur Straße nach Draisendorf oder biegt gleich hinter Heckenhof rechts auf einem Schotterweg ins Aufseßtal ab, während der Hauptweg (**gelber Kreis**) zum Waldrand führt. An einer Wegkreuzung führt der Weg etwas unscheinbar rechts hinab und scheint kurz darauf auf einer Wiese zu enden. Geradeaus über diese Wiese hinweg, und schon nach wenigen Metern ist der Weg wieder gut zu erkennen. Als schmaler Wurzelpfad schlängelt er sich äußerst hübsch durch den Wald und stößt kurz hinter einem Holzsteg auf den nächsten breiten Querweg. Hier wenden wir uns nach rechts in das romantisch-schöne **Hochstahler Tal**. Nach knapp einem Kilometer machen wir am Beginn einer Rechtskurve einen Abstecher in den Wald. Deutliche Trittspuren leiten uns an einem ersten Felsen vorbei zum **Fuchsloch**, einer imposanten Durchgangshöhle mit kreisrundem Ausgang.

An der nächsten Weggabelung folgen wir dem **schwarzen Kreis** links aufwärts. Wir

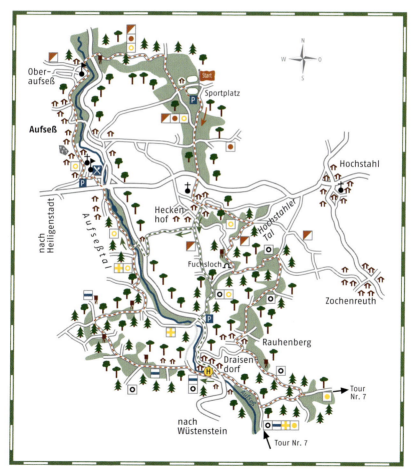

☐ Das Aufseßtal oberhalb von Draisendorf.

erreichen bald die Hochebene und biegen auf bequemem Feldweg rechts Richtung **Rauhenberg** ab. An den ersten Gebäuden vorbei, halten wir uns wenige Meter auf der Straße. Dann nehmen wir den Forstweg links Richtung Wüstenstein, der durch dichten Fichtenwald bergab führt. Am Waldrand zweigt Tour Nr. 7 links ab. Hier halten wir uns rechts und gelangen bald in den Talgrund. Etwa einen Kilometer folgen wir dem Ufer der Aufseß nach **Draisendorf**. In Ortsmitte biegen wir vor der Bushaltestelle links ab (*blauer Querbalken*).
Auf anfangs gepflastertem, später geschottertem Fahrweg wandern wir in ein sonniges Seitental. Wo der schwarze Kreis links abbiegt, folgen wir der Markierung *blauer Querbalken* nach rechts und an der nächsten Kreuzung geradeaus (hier sind die Markierungen schlecht zu sehen). Etwa fünfhundert Meter später stoßen wir auf einen breiten Schotterweg, den wir rechtshaltend durch den Wald bergab gehen. Kurz oberhalb des Talgrundes macht unser Weg eine Linkskurve und ist ab hier mit dem *gelben Kreis* markiert.
In leichtem Auf und Ab wandern wir weiter durch den Wald; bei einem Schild gehen wir rechts Richtung Aufseß, kurz darauf stößt von rechts die Kurzvariante aus Heckenhof auf unseren Weg. Hier halten wir uns über Stufen (oder die linke Umgehungsvariante) wenige Meter bergauf, an der Lämmlein's Ruh vorbei und schließlich auf holprigem Pfad wieder bergab nach **Aufseß**. An einigen Forellenteichen vorbei, erreichen wir die Hauptstraße und überqueren sie. Jenseits geradeaus hinauf zur Alten Posthalterei sowie **Burg Unteraufseß** mit der Schlosskirche und nach der Linkskurve rechts am Friedhof vorbei den Kirchberg hinab. Kurz darauf bietet sich ein ausgeschilderter Abstecher nach links zum **Judenfriedhof** an, danach gehen wir rechts des Gasthofs Stern weiter.
Die Sitzbank unter einer alten Linde lädt zu einer Rast ein – ist jedoch oft schon besetzt. Hinter der nächsten Kurve liegt **Oberaufseß** vor uns, das vom namengebenden Schloss überragt wird. Hier führt uns der *gelbe Kreis* auf die andere Bach- und Straßenseite. Unser Weg Richtung Heckenhof schlängelt sich nun bergauf bis zu einer T-Kreuzung. Wir folgen dem breiten Schotterweg nach rechts, biegen dann links in die Straße zum Sportplatz ein und sind in Kürze zurück am Startpunkt.

Einkehrtipp (Aufseß):
Alte Posthalterei
Tel. 09198-997591
Mo.–Fr. ab 17.30 Uhr,
Sa., So., Feiertage ab 12 Uhr geöffnet,
im Winter Mo. Ruhetag,
Spitzenrestaurant mit frischen,
saisonalen Produkten aus der Region,
im Sommer spezielles Angebot für
Radler und Wanderer

Region Nordwest — Touren

7 Aufseßtal und Jurahöhe

   ca. 9 km

Wer eine kurzweilige Wanderung oder Radtour abseits der Straßen sucht, ist hier genau richtig. Das obere Aufseßtal sowie die Juradörfer Wüstenstein und Siegritzberg schaffen Abwechslung auf engstem Raum und sind bei weitem nicht so überlaufen wie das untere Aufseßtal.

Anforderung: *idyllische Wander- und Feldwege entlang der Aufseß bzw. über die Jurahöhe; Sitzbänke nur im Aufseßtal zahlreich, sonst vereinzelt*
Kinderwagen: *nur mit geländegängigem Kinderwagen und erschütterungsunempfindlichem Nachwuchs machbar*
Kombinierbar: *Diese Route lässt sich ideal mit Tour Nr. 6 kombinieren und begeistert auch MTB-Fahrer.*
Startpunkt: *Parkplatz im Aufseßtal bei einer Schutzhütte, auf halber Strecke zwischen Voigendorf und Seelig*

☐ Ideale Spielwiese für Kinder: »Pusteblumen« im Aufseßtal.

◻ **Feuchtigkeitsliebende Schönheit: das Blutauge (***Potentilla palustris***).**

Der Weg: Wir folgen dem **gelben Kreuz** talaufwärts am Waldrand entlang. Der Weg bleibt stets im Talgrund und wird immer schmaler. Nach etwa 1,5 Kilometern zieren Kiefern und einige Felsblöcke den rechten Hang. Ab hier ist der Fahrweg geschottert, und wir erreichen bald den östlichen Ortsrand von **Wüstenstein**. Der Ortskern liegt jedoch nicht am Ufer der Aufseß, sondern am Rand des Hochplateaus. Im Sommer ist fast nur die Kirche zu sehen, die majestätisch auf dem bewaldeten Hügelrücken emporragt.
Wir gehen auf der Straße etwa hundert Meter nach links und folgen einem weiterhin gut beschilderten Pfad (***schwarzer Kreis***) Richtung Draisendorf. Nach etwa fünfhundert Metern können wir den Weg mit Tour Nr. 6 verlängern und den Aufseßtaler Schlössern einen Besuch abstatten. Ansonsten verlassen wir den Wurzelpfad entlang der Aufseß und folgen dem **schwarzen Kreis** auf etwas sandigem Weg durch den **Steingraben** bergauf. Wo der Weg den Fichtenwald verlässt, macht er zunächst eine kleine Linksschleife (hier stößt von links Tour Nr. 6 wieder auf unseren Weg).
Wir halten uns weiter geradeaus und wandern durch ein stilles Trockental etwa einen Kilometer in östliche Richtung. An einer Weggabelung weist uns ein Holzschild den Weg nach rechts Richtung **Siegritzberg**.
Im Ort überqueren wir die Hauptstraße und erreichen auf dem breiten, mit ***blauem Querbalken*** markierten Schotterweg kurz darauf eine Scheune. Hier verlassen wir die Markierung bereits wieder und gehen geradeaus weiter. Auch an der nächsten Wegkreuzung halten wir uns geradeaus Richtung Seelig. Auf gemütlichem Feldweg stoßen wir nach etwa einem Kilometer auf die Markierung **blauer Kreis**. Ihr folgen wir nach rechts ins **Aufseßtal**, das wir durch den urigen, feucht-kühlen **Katzengraben** bald darauf erreichen. Nun linkshaltend auf bekanntem Weg zurück zum Auto.

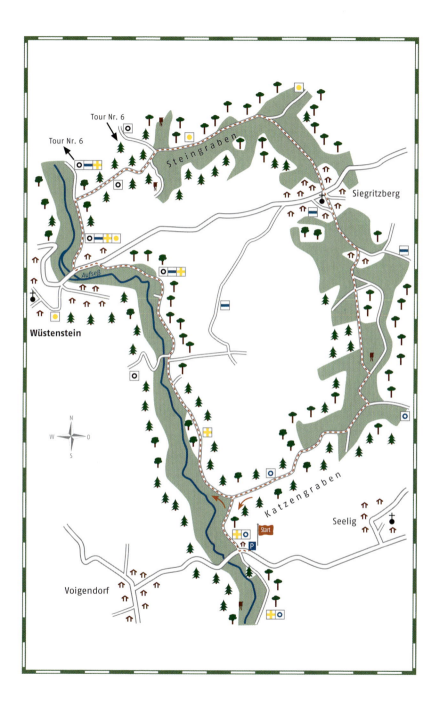

Touren   Region Nordost

8 Vom Steinernen Beutel nach Rabeneck

    ca. 8,5 km

Kurzweilige Tour, die von Burg Waischenfeld und dem Steinernen Beutel über die Hochfläche und hinab nach Rabeneck führt. Im Wiesenttal kommen wir gleich an vier ehemaligen Mühlen vorbei und flussaufwärts zurück nach Waischenfeld.

Anforderung: größtenteils breite, geschotterte oder asphaltierte Wege, die vielfach über offene Felder oder am Waldrand entlang führen; zahlreiche Sitzbänke vorhanden; eine längere Gefällstrecke von Saugendorf hinab ins Wiesenttal und eine Steigung in Waischenfeld zur Burg
Sehenswertes: Burg Waischenfeld, Steinerner Beutel, Abstecher zur Burg Rabeneck, vier ehemalige Mühlen
Kinderwagen: Die Tour ist mit geländegängigem Kinderwagen gut machbar, allerdings empfiehlt sich von Saugendorf die Variante über die kaum befahrene Straße ins Tal.
Startpunkt: Etwa einen Kilometer talaufwärts von Waischenfeld führt links ein Sträßchen bergauf zur Burg; hier parken.

❑ Beschaulich: die Wiesent bei Rabeneck.

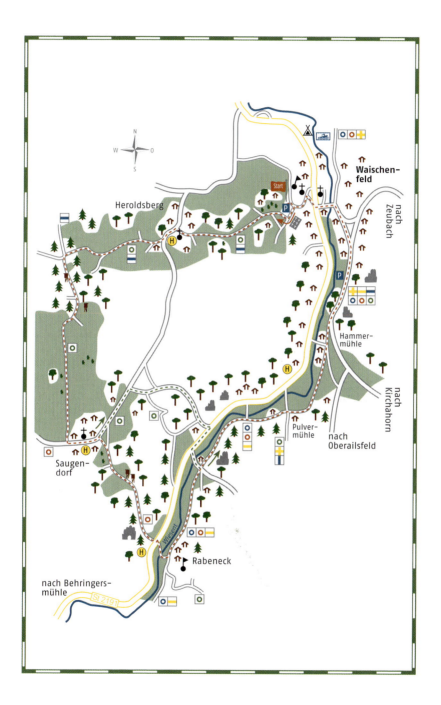

Der Weg: Nicht zu verfehlen ist der **Steinerne Beutel**, das Wahrzeichen von Waischenfeld. Anschließend erkunden wir die Burg mit dem »Haus des Gastes«. Dann folgen wir dem *blauen Querbalken* Richtung **Heroldsberg**.

Kurz bevor wir den noch sehr ländlichen Ort erreichen, sind rechter Hand mehrere (verschlossene) Felsenkeller zu sehen. Bei der Bushaltestelle des Ortes halten wir uns kurz auf der Straße nach links und biegen beim Ortsausgangsschild wieder rechts ab. Auf bequemem Feldweg erreichen wir den Wald und folgen hier dem *grünen Kreis* links nach **Saugendorf**. Wir biegen auf der Straße links ab, bis am Ortsausgang der *rote Kreis* rechts hinab führt.

Mit dem Kinderwagen bleiben wir besser auf der wenig befahrenen Straße, gehen im Tal kurz nach rechts und stoßen beim Gasthof Waldpension Rabeneck wieder auf den *roten Kreis*.

Von **Saugendorf** führt der *rote Kreis* auf teils unebenem Waldweg beständig talabwärts. Rechts im Wald stehen mehrere bizarre Felsgestalten, zuletzt eine auffallende, große Grotte. Wir überqueren die Staatsstraße zur alten **Rabenecker Mühle** und können einen kurzen Abstecher zur **Burg Rabeneck** machen. Anschließend gehen wir auf bequemem Fahrweg das Wiesenttal aufwärts. Kurz hinter einer Querstraße stehen rechts zwei beeindruckende Felsen am Hang, von denen der obere, die Dooser Wand, im Sommer regelmäßig beklettert wird. Weiter gehen wir am Waldrand entlang zur **Pulvermühle**. Deren Name stammt aus der Zeit Napoleons, als hier Schießpulver hergestellt wurde und die Mühle schon mal in die Luft flog.

An der **Hammermühle** vorbei kommen wir bald nach **Waischenfeld** und zur **Stadtmühle**. Hier gehen wir über die Straßenbrücke zur Hauptstraße. Gegenüber dem Rathaus markiert der *blaue Querbalken* den Fußweg hinauf zur Burg und zum Auto.

☐ Der Frauenschuh (*Cypripedium calceolus*) liebt lichte Laub- und Mischwälder auf kalkreichen Böden. Pflücken oder Ausgraben ist jedoch gesetzlich verboten!

Region Nordost — Touren

9 Zur Rotmainquelle und über den Mühlenweg zum Buchstein

  ca. 42 km

Die relative Nähe zu Bayreuth, zur A70 und der Bahnstation Creußen bietet eindeutige Vorteile: Jeder kann seinen Startpunkt frei wählen, und wer von Nürnberg oder Bayreuth kommt, kann sein Auto getrost zu Hause lassen.
Die Tour verläuft fast ausschließlich über Wald- und Feldwege – Fahrstraßen werden geschickt gemieden. Zwei Abschnitte sind sogar echte Single-Trails und mit dem MTB fahrtechnisch anspruchsvoll.

Anforderung: *vor und nach Mistelbach, zwischen Hagenohe und Creußen sowie kurz vor der Rotmainquelle anspruchsvolle Trails, sonst bequeme Wege; nur geringe Höhenunterschiede; im Bereich der Ortschaften teils zahlreiche Sitzbänke vorhanden, sonst nur wenige*
Sehenswertes: *Krügemuseum, Rotmainquelle, diverse ehemalige Mühlen, Sandsteinfelsen am Buchstein*
Kinderwagen: *mit Kinderwagen nicht geeignet*
Startpunkt: *Creußen (Bahnhof oder der Parkplatz bei der Verbandsschule)*

☐ Seltener Wegbegleiter: Ein prächtiger Schwalbenschwanz (*Papilio machaon*) sucht auf einer Karthäusernelke (*Dianthus carthusianorum*) nach Nektar.

Der Weg: Vom Bahnhof biegen wir rechts ab und gelangen am Rathaus vorbei rechtshaltend zur B2/B85. Wir überqueren den Roten Main und folgen dem Hinweisschild zur Verbandsschule. Ab hier ist der Weiterweg zur Rotmainquelle kaum zu verfehlen: Über das Flugplatzgelände folgen wir dem ›M‹ zum Waldrand. An zwei Weggabelungen halten wir uns links, und über eine kleine Landstraße hinweg stoßen wir gut einen Kilometer später erneut auf eine schmale Straße. Dieser folgen wir nur kurz und verlassen sie nach rechts in

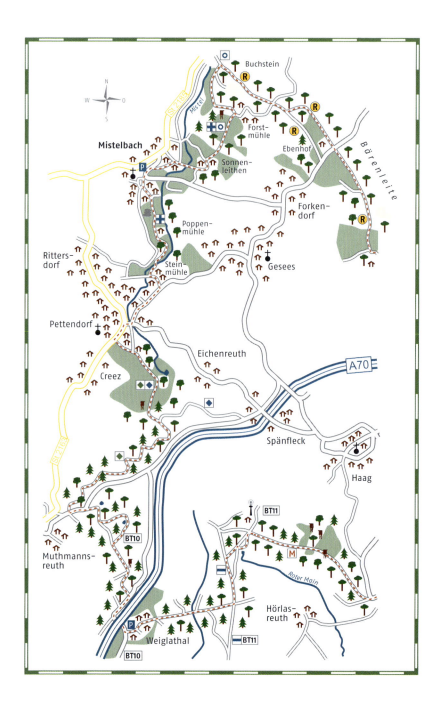

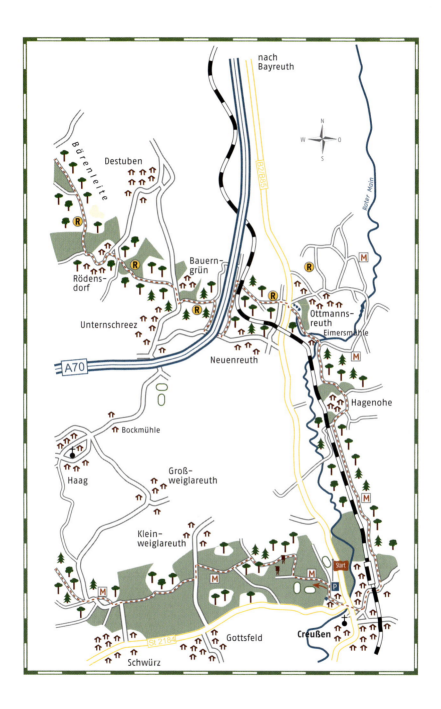

den Wald, bevor wir sie noch einmal überqueren. Ab hier führt der **»Rotmainweg«** auf breiten Forstwegen durch Mischwald und an einigen Lichtungen vorbei bis zu einer Kreuzung. Rechter Hand steht ein Sendemast, doch unser Weg leitet nach links und biegt nach etwa hundert Metern als schöner Pfad erneut links ab. Wenige hundert Meter später gelangen wir zur **Rotmainquelle** und einigen gemütlichen Rastbänken. Anschließend folgen wir dem *blauen Querbalken / BT11*, halten uns an der nächsten Weggabelung links und genießen an der folgenden Kreuzung eine rauschende Abfahrt rechts hinab nach **Weiglathal**.

Rechtshaltend unterqueren wir die Autobahn und biegen etwa dreihundert Meter hinter der scharfen Rechtskurve auf dem *BT10* links in den Wald. Auf einem hübsch gewundenen Forstweg kommen wir am **Püttlachweiher** vorbei zu einem asphaltierten Sträßchen.

Hier biegen wir links ab bis zur nächsten Abzweigung, wo wir der *grünen Raute* nach rechts folgen.

In rascher, kurzweiliger Fahrt geht es gut zwei Kilometer dahin, bis links die *grüne und blaue Raute* steil nach **Pettendorf** hinab führen.

An der Hauptstraße biegen wir rechts ab und halten uns wenige hundert Meter danach rechts Richtung Gesees. Etwa einen Kilometer später verlassen wir die Geseeser Straße nach links zur **Steinmühle** und biegen unmittelbar hinter dem zweiten Gebäude auf dem **»Mühlenweg«** rechts ein: Der Weg ist hier mit dem *blauen Kreuz* markiert.

Über ein abenteuerliches Brückchen geht's auf die linke Seite der Mistel und als anspruchsvoller Single-Trail bis zur **Poppenmühle**. Ab hier wird der Weg nach Mistelbach wieder gemütlich.

An einem Sandsteinblock vorbei, der stark an einen großen Brotlaib erinnert, stoßen wir auf den Thalweg und biegen rechts ab. In der Bahnhofstraße halten wir uns links aufwärts, bis gegenüber einem Parkstreifen der **»Postreiterweg«** durch eine Spielanlage führt. An deren Ende folgen wir dem *blauen Kreis* nach rechts und kommen in einer Linksschleife zum **Hof Sonnenleithen**.

Wir überqueren das Grundstück, an dessen linkem Rand ein Feldweg zur Kammhöhe hinauf und dann stets geradeaus zu den Häusern von **Forstmühle** führt.

◻ Das Creußener Eremitenhäuschen gilt als einzige erhaltene bürgerliche Eremitage Deutschlands.

◻ Seltene Naturschönheit: die Bienenragwurz (*Ophrys apifera*).

Wir überqueren den Forkendorfer Bach und rollen linkshaltend am Waldrand entlang bis zur Zufahrtstraße der Sandgrube Lauterbach. Nach etwa hundert Metern leitet ein mit *orangem R* markierter Pfad des Bayreuther Rundwegenetzes rechts aufwärts in den Kiefernwald. Steil und holprig geht es ein kurzes Stück den **Buchstein** aufwärts, unterhalb einiger bizarrer Sandsteintürme entlang. Dieses Naturdenkmal würde in der Pfalz kaum auffallen, in der Fränkischen Schweiz dagegen ist es eine Seltenheit.
Bald darauf kommen wir allerdings an der wenig romantischen **Sandgrube** vorbei. Nach einer Wegkreuzung gabelt sich dann die Markierung *oranges R*, und wir halten uns links. Kurz darauf führt der Weg rechts am Waldrand entlang zu einer Straße, die wir überqueren.

Richtung Lichtenheide rollen wir gemütlich am Waldrand dahin und kommen an einem kleinen Sandsteinbruch vorbei zum Sträßchen nach **Rödensdorf**.
Vor dem Ort sind rechter Hand alte in den Sandstein gehauene Keller zu sehen, in denen früher Lebensmittel gelagert wurden. In einer Links-Rechts-Kurve durchqueren und verlassen wir den Ort Richtung Obernschreez. Das *orange R* biegt gleich wieder links ab und bringt uns durch lichten Mischwald nach **Bauerngrün**.
Wir halten uns wenige Meter rechts, dann links und abermals rechts, bis wir unmittelbar bei der Autobahnunterführung auskommen. Auf der anderen Seite fahren wir auf schmalem Pfad wieder rund fünfhundert Meter parallel zur Autobahn nach Norden. Dann zweigt unser Weg rechts über die Eisenbahnschienen ab und leitet durch ein Waldstück zur B2/B85.
Wir radeln auf einer Seitenstraße einen Kilometer zur **Eimersmühle** hinab und stoßen hier wieder auf den mit ›M‹ markierten *Rotmainweg*. Rechtshaltend gelangen wir bald nach **Hagenohe**. Unmittelbar vor dem Ortsausgangsschild zweigt der *Rotmainweg* etwas unauffällig links ab und führt größtenteils als anspruchsvoller Single-Trail nach **Creußen**. In Kürze erreichen wir wieder den Bahnhof bzw. Parkplatz.
Von der Bahnhofstraße empfiehlt sich ein Abstecher über die Theodor-Künneth-Straße in die Neuhofer Straße zum Creußener Eremitenhäuschen.

Touren — Region Mitte

10 Durch das Kernland der Schlüsselberger Edelherren

ca. 14 km, bei Fahrt mit der Museumsbahn ca. 6 oder 9 km
Gleich drei Höhlen liegen entlang dieser herrlich abwechslungsreichen Tour, darunter eine Schauhöhle. Von den Ruinen zweier Burgen, die im 14. Jahrhundert Kernstück des Schlüsselberger Landes waren, bietet sich außerdem ein prächtiger Rundblick über das Wiesenttal.

Anforderung: gute, vielfach geschotterte Wald- und Wanderwege, die bestens ausgeschildert sind; durch das häufige Auf und Ab etwas anstrengend, aber zahlreiche Sitzbänke vorhanden; mit MTB einzelne kurze Schiebepassagen
Sehenswertes: Rosenmüllerhöhle, Schwingboden, Schönsteinhöhle, Guckhüll, Klararuh, Muschelquelle, Ruine Streitburg, Binghöhle, Ammoniten-Museum, Ruine Neideck
Kinderwagen: mit Kinderwagen nicht geeignet
Kombinierbar: Die Tour lässt sich ideal mit Tour Nr. 11 sowie einer Fahrt mit der Museumsbahn kombinieren (Bahnhöfe in Muggendorf und Streitberg).
Startpunkt: Parkplatz oberhalb von Muggendorf ca. dreihundert Meter hinter dem Ortsausgangsschild Richtung Doos bzw. Bahnhof Muggendorf
Tipp: Kerzen oder Taschenlampe mitnehmen!

❑ Über die glatte Felswand des Streitberger Schildes nehmen Kletterer gern den Direktanstieg zum Gipfelfähnchen. Von der einstigen Streitburg sind dort nur noch Reste zu sehen, doch die Aussicht über das Wiesenttal ist so schön wie eh und je.

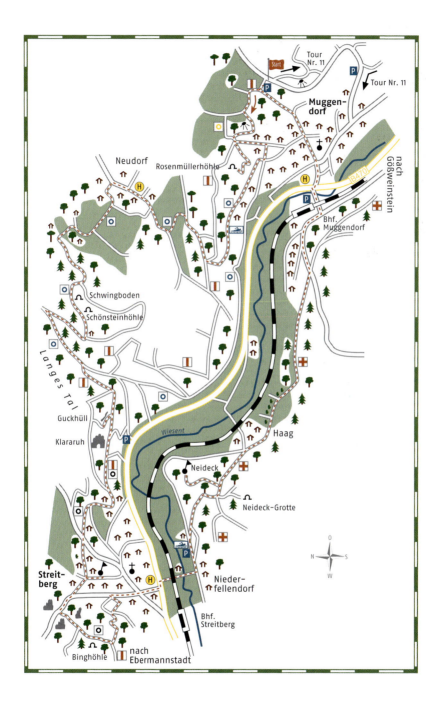

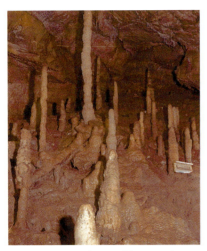

▫ Der »Kerzensaal« ist der größte Raum der Binghöhle.

Der Weg: Vom Parkplatz bringt uns der mit *rotem Balken* markierte Weg in den Wald und an einem Aussichtspunkt vorbei zu einer Kreuzung. Hier lassen wir uns keinesfalls einen Abstecher zur **Rosenmüllerhöhle** entgehen.
Anschließend folgen wir dem *blauen Kreis* bergab und biegen bei einigen Häusern rechts ein. An der nächsten und übernächsten Kreuzung steigt der Weg rechts an und bringt uns zuletzt über Felder nach **Neudorf**.
Wir folgen dem *blauen Kreis* bis zum Ortsende. Hier halten wir uns links aufwärts und kommen bald wieder in den Wald. Nach einigen Kurven stehen wir vor dem doppelten Felsentor des **Schwingbodens**, und kurz darauf wartet mit der **Schönsteinhöhle** gleich die nächste Attraktion auf uns.
Bei einer Wanderhütte biegt unser Weg erst scharf rechts, wenig später links ab in das **Lange Tal**. Bald stoßen wir wieder auf den *roten Balken* und folgen ihm rechts aufwärts.

Bei einem kleinen Pavillon geht es gerade hinab, dann rechtshaltend bis zu einer Abzweigung zur sehenswerten **Felsenschlucht Guckhüll**.
Weiter führt unser Weg am Felskoloss **Klararuh** vorbei und in einer Rechtsschleife zur **Muschelquelle** und zu einer Kneippanlage.
Wir folgen jetzt dem *schwarzen Kreis* zur **Ruine Streitburg**, einem fantastischen Aussichtspunkt hoch über dem Wiesenttal. Dann bringt uns der *schwarze Kreis* hinab zur Straße und am Schauertaler Turm vorbei zur **Binghöhle**. Über Stufen gelangen wir hinab nach **Streitberg**. Hier kommen wir direkt am **Ammoniten-Museum** vorbei, bevor wir rechtshaltend auf die andere Talseite nach **Niederfellendorf** gehen und links abbiegen.
Hinter dem **Schwimmbad** führt unser Weg steil rechts empor zur ausgeschilderten **Ruine Neideck** (für Radfahrer ein echter Fitnesstest). Auch ein Abstecher zur nahen **Neideck-Grotte** ist beschildert.
Von der Ruine führt das *rote Kreuz* wieder hinab ins Tal und an der Wiesent entlang. Zuletzt linkshaltend, kommen wir zu den ersten Häusern und dem Bahnhof von **Muggendorf**.
Jenseits der B470 weist ein Schild zum etwa sechshundert Meter entfernten **Waldschwimmbad** und zur Kneippanlage von Muggendorf, die noch einmal Abkühlung vor dem letzten Anstieg zum Parkplatz bieten.
Dann steigen wir den »Klosterberg« steil hinauf und gelangen geradewegs zurück zum Startpunkt.

Region Mitte — Touren

11 Die Höhlenwelt des »Muggendorfer Gebürgs«

 ca. 9 km

Bei dieser Wanderung jagt ein Höhepunkt den nächsten. Auf Einblicke in die fränkische Unterwelt folgen großartige Ausblicke über das untere Wiesenttal. Ein Muss für Familien mit Kindern! Der Weg führt größtenteils durch Laub- oder Mischwälder und ist daher auch an heißen Sommertagen angenehm schattig.

Anforderung: gute Wanderwege mit einzelnen kurzen, recht steilen Passagen sowie zahlreichen Abkürzungsmöglichkeiten; einige Sitzbänke vorhanden
Sehenswertes: Adlerstein, Quackenschloss, Zwecklersgraben, Rosenmüllerhöhle, Oswaldhöhle, diverse Aussichtspunkte
Kinderwagen: mit Kinderwagen nicht geeignet
Kombinierbar: Diese Route lässt sich ideal mit Tour Nr. 10 kombinieren.
Startpunkt: ausgeschilderter Wanderparkplatz ca. einen Kilometer südlich von Engelhardsberg
Tipp: Kerzen oder Taschenlampe mitnehmen!

Der Weg: Am Waldrand ragt der **Adlerstein** unübersehbar empor. Die Markierung *gelber Kreis* führt uns direkt an seinen Fuß, und eine solide Treppe lädt zu seiner Besteigung ein.
Dann folgen wir dem *gelben Kreis* in den Wald und gelangen zum **Quackenschloss**, einer oberirdischen Versturzhöhle ähnlich der Riesenburg.
Bald darauf kommen wir an den Waldrand. Hier biegt der Weg scharf links ab, um kurz darauf wieder rechts in den Wald zu führen.
An einer Weggabelung bietet sich für geübte und trittsichere Wanderer die Variante durch den **Zwecklersgraben** an, die jedoch nur bei trockenen Verhältnissen zu empfehlen ist. Über Stock und Stein balancieren wir teils drahtseilgesichert durch eine eindrucksvolle Schlucht, die von üppiger Vegetation und steilen Felswänden umrahmt ist.
Weniger Geübte folgen an der Weggabelung dem *gelben Kreis* nach rechts.

❑ Gemütliche Waldwege in Hülle und Fülle; hier der Pfad zur Rosenmüllerhöhle.

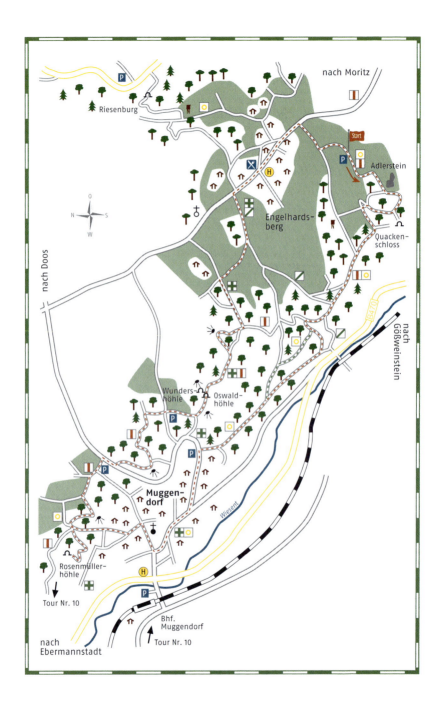

☐ Unser Weg führt mitten durch die 62,5 Meter lange Oswaldhöhle.

Beide Varianten treffen knapp einen Kilometer später wieder zusammen. Nach rund einem weiteren Kilometer erreichen wir die ersten Häuser von **Muggendorf**, wo links ein Direktweg zum **Modelleisenbahn-Museum** abzweigt. In Ortsmitte trifft von links Tour Nr. 10 auf unseren Weg. Hier gehen wir den »Klosterberg« rechts hoch, nach der Kirche links und an der nächsten Weggabelung rechts aufwärts.
An der folgenden Kreuzung lassen wir uns keinesfalls einen Abstecher zur ausgeschilderten **Rosenmüllerhöhle** entgehen.
Anschließend folgen wir in jedem Fall dem *roten Balken*: Entweder wandern wir links auf Tour Nr. 10 durch das Kernland der Schlüsselberger Edelherren weiter oder in östliche Richtung zurück nach Engelhardsberg.
Hinter einem Aussichtspunkt verlassen wir den Wald und überqueren die Straße nach Doos. Am **Pavillon** lockt uns ein weiterer Rast- und Aussichtspunkt, bevor der Weg sich zu einer ruhigen Straße hinab- und anschließend zur **Oswaldhöhle** hinaufschlängelt. Unser Weg führt mitten durch die 62,5 Meter lange Durchgangshöhle.

Am anderen Ende liegt der Eingang der **Wundershöhle**, für deren Begehung jedoch geeignete Kleidung und Ausrüstung notwendig sind. Den folgenden Aussichtspunkt erreichen wir über einige Stufen, aber die besten Sitzplätze sind oft schon belegt.
Ab hier führt uns das *grüne Kreuz* weiter durch den Wald und in einer Linksschleife zum Aussichtsturm **Hohes Kreuz**. Weiter bringt uns der gut markierte Weg bald zum Waldrand und rechtshaltend über Felder nach **Engelhardsberg**.
Eine Einkehr im Gasthaus Heumann-Sebald rundet das Tagesprogramm ab. Die Spezialität des Hauses ist ein mit Käse und Champignons überbackenes »Adlersteiner Schnitzel«.
Dann gehen wir noch ein kurzes Stück weiter auf der Straße Richtung Moritz / Behringersmühle und gelangen rechts zurück zum Startpunkt.

Einkehrtipp (Engelhardsberg):
Gasthaus Heumann-Sebald
Tel. 09196-361, Di. Ruhetag,
sehr gute fränkische Küche sowie vegetarische Gerichte, hausgemachte Kuchen, überdachte Terrasse, freundliche Bedienung

Touren   Region Mitte

12 Von einem Loch zum ander'n

     ca. 4,5 km plus Aufstieg zum Fahnenstein

Herrliche Kurzwanderung, auf der alles geboten wird: ein »löchriges« Trockental, samtweiche Waldpfade durch dichten Fichtenwald, Wege über offenes Feld sowie entlang Schatten spendender Wälder – und das alles auf nur viereinhalb Kilometern »Länge«. Zahlreiche Sitzbänke laden außerdem zum Verweilen ein.
Einfach ideal mit Kindern oder für Senioren.
Anschließend sollten sich Gehtüchtige keinesfalls den Aufstieg zum Fahnenstein entgehen lassen – die »Vogelperspektive« auf den Judenhof entschädigt voll und ganz für die Anstrengung!
Zum Radfahren ist dieser Rundweg leider zu kurz, für eine Joggingrunde eignet sich der weiche Waldboden jedoch hervorragend.

Anforderung: durchgehend schöne Wald- und Feldwege ohne Höhenunterschied (Ausnahme: der Aufstieg zum Fahnenstein), nur das Sträßchen durch Kleinlesau und die letzten fünfhundert Meter sind asphaltiert; zahlreiche Sitzbänke vorhanden
Sehenswertes: Kuhloch, Pferdeloch, Aussichtsfels Fahnenstein mit Blick auf den Judenhof, Fränkische-Schweiz-Museum
Kinderwagen: mit geländegängigem Kinderwagen gut geeignet
Startpunkt: der große Wanderparkplatz am nördlichen Ortsrand von Tüchersfeld

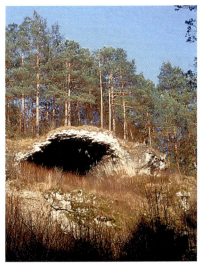

◻ Das Kuhloch im Tiefen Grund bei Tüchersfeld sieht aus wie ein geöffneter Schlund.

Der Weg: Wir gehen einige Meter auf der Straße nach Rackersberg und biegen dann auf den mit **grünem Punkt** markierten Feldweg links ein. Nach einigen Kiefern zur Rechten passieren wir einen auffallenden Jägersitz, und kurz darauf lädt eine »überdachte« Sitzgruppe zu einer etwas verfrühten Rast ein. Links führen einige Stufen zum eindrucksvollen **Kuhloch**, dessen breites Portal vom Weg aus nicht zu übersehen ist.
Weiter wandern wir durch den **Tiefen Grund** zwischen lichtem Kiefernwald am linken Hang und dunklen Fichten zur Rechten weiter, bis die Markierungen links hinauf zum Pferdeloch leiten. Wem der Aufstieg zu anstrengend ist, der geht einfach geradeaus weiter. Er verpasst dann allerdings die **Mariannenhöhle** sowie das rund 20 Meter lange

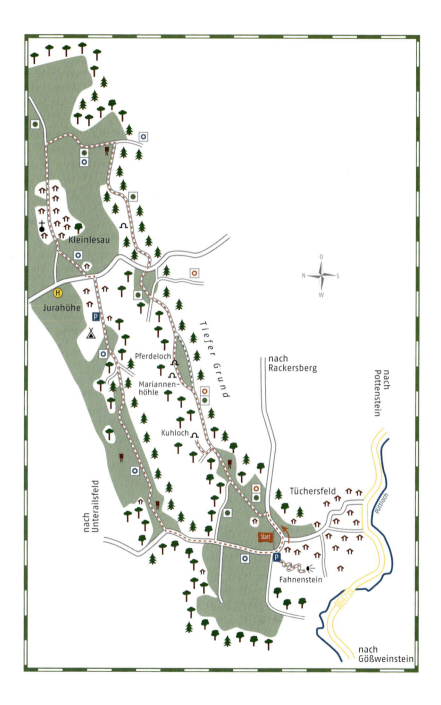

◻ Vom Fahnenstein bietet sich ein herrlicher Blick auf den Judenhof.

Pferdeloch – eine nicht nur bei Kindern immer wieder beliebte Durchgangshöhle.
Jenseits steigen wir wieder zum Hauptweg hinab, der sich kurz darauf gabelt. Wir folgen dem **grünen Punkt** zur Straße und auf der anderen Seite in den Wald hinein. Bald kommen wir am dritten »Loch« des Tages vorbei – einem ansonsten scheinbar namenlosen Müll-Loch... Wenig später erreichen wir den Waldrand und biegen bei einem markanten Jägersitz links ab. Über Wiesen und Felder stoßen wir dann auf ein Sträßchen. Hier gehen wir links und folgen nunmehr dem **blauen Kreis** durch **Kleinlesau** zum Campingplatz **Jurahöhe**.
Hinter den Gebäuden gehen wir durch ein kurzes Waldstück, bis der Weg einen Rechtsschlenker macht und dann schnurstracks zur Straße zwischen Unterailsfeld und Tüchersfeld führt.

Linkshaltend bringt uns der **blaue Kreis** in Kürze zurück zum Auto.
Ein anschließender Aufstieg zum Fahnenstein ist zwar recht steil und anstrengend, der herrliche Rundblick auf das Dörfchen lohnt jedoch die Mühe! Zunächst gehen wir über Stufen bergauf, dann weiter über Stock und Stein bis zu weiteren Stufen, die kurz bergab führen. Ein als »gefährlicher Aufstieg« angekündigter Felsendurchgang ist mit einem soliden Seil gesichert und bringt uns zum Gipfel des **Fahnensteins**.
Von oben haben wir die beste Aussicht auf den **Judenhof** – und sollten auch dem darin untergebrachten **Fränkische-Schweiz-Museum** unbedingt einen Besuch abstatten.

Region Südwest — Touren

13 Auf stillen Wegen hinauf nach Wolkenstein

   ca. 12,5 km

Landschaftlich sehr schöne Tour abseits des großen Touristenrummels. Vom Gipfel des Röthelfelsens eröffnen sich immer wieder reizvolle Ausblicke hinüber zum Walberla. Doch auch manch' schmaler Kammweg fordert Aufmerksamkeit und bietet nicht nur für Mountainbiker herrliche Abwechslung.

Anforderung: schöne Wald- und Feldwege mit drei steileren Gefällstrecken; die Anstiege sind eher anhaltend und nicht besonders steil; mit dem MTB durchaus interessante, teils anspruchsvolle Strecke; einige Sitzbänke vorhanden, jedoch nicht alle in bestem Zustand

Kinderwagen: mit geländegängigem Kinderwagen machbar, allerdings empfiehlt es sich, den steinigen Pfad oberhalb des Röthelfelsens auf der beschriebenen Variante zu umgehen

Startpunkt: von Pretzfeld über Wannbach nach Urspring und entweder in Pfaffenloh oder kurz hinter der Mühle Eberhardstein rechts parken

Der Weg: Wir folgen der Markierung *grüne Raute* auf einem geschotterten Fahrweg talaufwärts. Schon bald zweigt die grüne Raute rechts ab. Wir bleiben jedoch am Waldrand und passieren eine Weiheranlage sowie einen alten Steinbruch. Der Weg wird vorübergehend asphaltiert, geht dann aber hinter dem Gehöft **Altenthal** in einen schönen Wiesen- und Waldweg über und wird allmählich steiler. Nach gut einem Kilometer stößt in einer Linkskurve der *gelbe Kreis* auf unseren Weg, und dieser Markierung folgen wir linkshaltend bis nach Wolkenstein. Kurz nach einer Lichtung biegen wir scharf links ab. Zahllose kleine und mittelgroße Felsen säumen den Pfad. Nach einer Rechts-Links-Kurve folgen wir einem guten Schotterweg am Waldrand entlang und kommen kurz darauf zu einem markanten Jägersitz. Unmittelbar hinter dem Jägersitz führt uns der *rote Kreis* wieder in den Wald (Achtung: Im Sommer ist die Markierung

☐ Herbstliche Wegbegleiter: Hagebutte (*Rosa canina*) und Schlehe (*Prunus spinosa*).

◻ Durch lautes Krächzen warnt der Eichelhäher (*Garrulus glandarius*) vor Gefahr.

vom Laub fast verdeckt). Wer mit dem Kinderwagen unterwegs ist, bleibt hier am Waldrand und biegt an der nächsten Weggabelung links ab zum Hauptweg. Auf einem Kammrücken steigt unser Weg leicht an, bis er jenseits eines Felsens wieder recht steil abfällt. Wir folgen dem **gelben Kreis** stets bergab. Wo der Weg eine Rechtskurve macht und wieder flacher wird, kann man auf dem mit rotem Punkt markierten Weg die Tour abbrechen (zuletzt sehr schmal und mit Kinderwagen mühsam). Ansonsten folgen wir weiterhin dem **gelben Kreis** und erreichen in Kürze die Landstraße Richtung Morschreuth.
Auf ihr gehen wir etwa fünfzig Meter nach links und auf der anderen Straßenseite bald wieder in den Wald hinein. Wo der Rettungsweg der Bergwacht geradeaus leitet, halten wir uns rechts. Nach etwa dreihundert Metern macht der Weg eine Rechtskurve, und wir kommen zu einer gemütlichen Sitzbank am Waldrand. Hier führt die Kinderwagen-Variante zwar anstrengend, aber auf breitem Weg hinauf in den Wald und stößt anschließend linkshaltend wieder hinab auf den Hauptweg.
Ansonsten begleiten uns der **gelbe** und **blaue Kreis** an zahlreichen bemoosten Blöcken vorbei. Ein liebevoll gemaltes Schild weist auf das nahe **Fliegerdenkmal** hin. Wenige hundert Meter später erreichen wir die Gipfelhöhe des **Röthelfelsens**.
Immer wieder laden Sitzbänke ein, die herrliche Aussicht über das hügelige Waldland und zum Walberla zu genießen.
Dann geht es wieder steil bergab. Kurz nach einer Lichtung treffen wir auf die Kinderwagen-Variante und gelangen auf gutem Fahrweg geradeaus nach **Wolkenstein**. Im Ort biegen wir links ab und schlendern bzw. rollen an den hübschen Häusern vorbei bis zum Ende der Straße, wo die **grüne Raute** etwas unscheinbar links hinab führt. Die ersten Meter sind steil und ausgewaschen. Hier sollten Kinderwagen kurz getragen werden. Auf kurvigem Weg gelangen wir zum Waldrand oberhalb von Ursprung und nach **Pfaffenloh**. Wir überqueren die Landstraße und genießen die letzten paar hundert Meter zurück zum Auto entlang herrlicher Blumenwiesen.

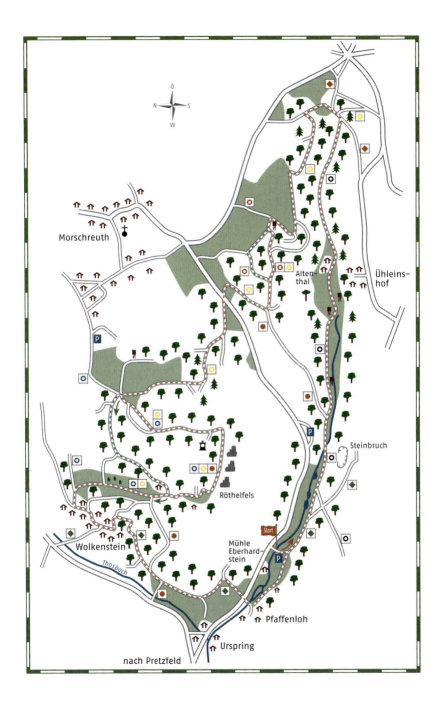

Touren   Region Mitte

14 Das idyllische Klumpertal

    ca. 10,5 km

Das enge, felsgesäumte Klumpertal ist ein beliebtes Ziel für Spaziergänger nach einem Besuch der Teufelshöhle. Eher selten besucht wird dagegen die Landschaft nördlich von Bronn: ein hübscher Flickenteppich aus Feldern und Kiefernwäldchen.

Anforderung: *meist breite Wald- und Feldwege, im Klumpertal teils ein holpriger Pfad, in Bronn ein kurzer Abschnitt asphaltiert; mit dem MTB hervorragend geeignet; vereinzelt Sitzbänke vorhanden*
Sehenswertes: *Mittelmühle, Klumpertal*
Kinderwagen: *mit geländegängigem Kinderwagen machbar; ein Abschnitt von etwa 1,5 Kilometern Länge im Klumpertal ist jedoch schmal und recht holprig*
Startpunkt: *von Pegnitz auf der B470 Richtung Pottenstein und ca. einen Kilometer hinter den Häusern von Wannberg links in den Wald zum ausgeschilderten Wanderparkplatz*

◻ Idyllisches Fleckchen: die Kleine Teufelswiese hinter der Mittelmühle.

Der Weg: Wir folgen zunächst dem breiten, mit **grünem Kreuz** markierten Forstweg über eine Kreuzung hinweg und weiter in den Wald hinein. Nach etwa einem Kilometer erreichen wir eine größere Lichtung und den **Jugendzeltplatz Altenhof**.

Kurz dahinter führt der Weg schmal und steil hinab zur idyllisch gelegenen **Mittelmühle**. Wer mit dem Kinderwagen unterwegs ist, bleibt besser noch ein paar Meter auf dem breiten Weg, der in einer scharfen Linkskurve ebenfalls zu den Häusern hinab führt. Hier folgen wir

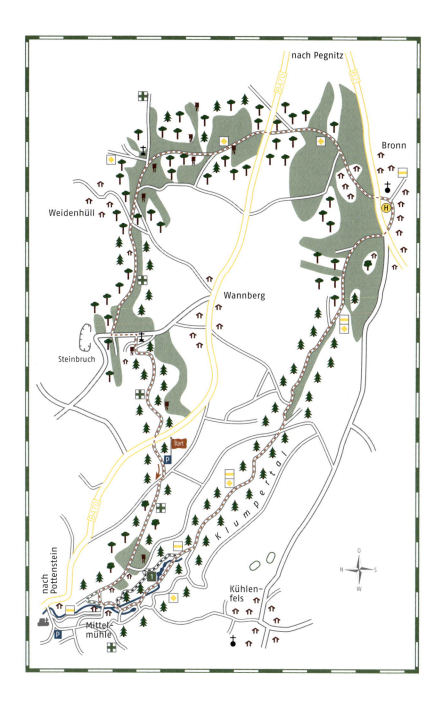

der Markierung **gelber Querbalken** linkshaltend ins Klumpertal und Richtung Bronn. Neben uns plätschert munter der Weihersbach, an dem noch Wasseramseln zu Hause sind. Der mit ›¹‹ markierte Jägersteig zweigt bald linker Hand ab und ist eine schöne Alternative für alle Felsliebhaber. Wer es bequemer mag, bleibt einfach im Tal – allerdings stehen die meisten Felsen im Wald und sind von unten kaum zu sehen. Vorbei an einigen Fischzuchtteichen, die von verschiedenen Karstquellen gespeist

gelangen wir bald zur B470 Richtung Pottenstein, die wir ebenfalls überqueren. Von nun an verläuft die Tour auf bequemen Feldwegen entlang kiefernbestandener Trockenhänge.

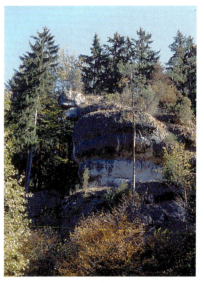

◻ Hohe Felsen säumen die Hänge des Klumpertals.

◻ Der Jägersteig führt direkt an einer Reihe von Felsen vorbei.

werden, gelangen wir in tiefen Fichtenwald. Der Weg wird bald zum hübschen Wurzelpfad und führt zuletzt am Waldrand entlang nach **Bronn**. Hier überqueren wir die B2 und biegen vor der Kirche auf der **gelben Raute** links ab.
Geradeaus leitet uns die Straße »Am Berg« an einer Pferdekoppel und einigen Häusern vorbei. Durch Kiefernwald

An einer Weggabelung rechtshaltend erreichen wir nach etwa fünfhundert Metern ein Wegkreuz, bei dem wir wieder auf das **grüne Kreuz** stoßen. Dieser Markierung und der Ausschilderung »Mittelmühle« folgen wir am Waldrand entlang bis zu einem asphaltierten Sträßchen.
Auf diesem halten wir uns links aufwärts, biegen aber bereits nach etwa hundert Metern wieder auf dem **grünen Kreuz** rechts ab. Hier sehen wir kurzzeitig Wannberg vor uns liegen. Dann tauchen wir in einen lauschigen Fichtenwald ein und gelangen auf kurvenreichem Forstweg zur B470 und geradeaus zurück zum Auto.

Region Südwest   Touren

15 Rund um das Walberla

  ca. 6 km

Diese Wanderung um den »Fränkischen Fudschijama« ist sehr kurzweilig und bietet eine traumhafte Rundsicht über das weitläufige Vorland der Fränkischen Schweiz. An schönen Sommertagen ist man hier jedoch allenfalls früh morgens oder nach Einbruch der Dunkelheit allein.

Anforderung: *größtenteils breite Wanderwege, am Rodenstein und dem anschließenden Abstieg eine kurze schmale und felsdurchsetzte Passage; mehrere langgezogene Steigungen; mit dem MTB zwar anspruchsvoll, aber sehr kurz; viele Sitzbänke vorhanden*
Sehenswertes: *herrliche Aussichtspunkte; Walpurgiskapelle*
Kinderwagen: *Der hier beschriebene Weg ist mit Kinderwagen nicht geeignet, aber rund um das Walberla gibt es auch ebenere Wandermöglichkeiten.*
Startpunkt: *Von Wiesenthau nach Schlaifhausen. Kurz nach dem Gasthaus Kroder vor der Kirche links einbiegen (Schild »Walberla«).*
Der Wanderparkplatz liegt ca. einen Kilometer außerhalb des Ortes.

▫ Vom Walberla bietet sich eine traumhafte Rundsicht über das Vorland der Fränkischen Schweiz.

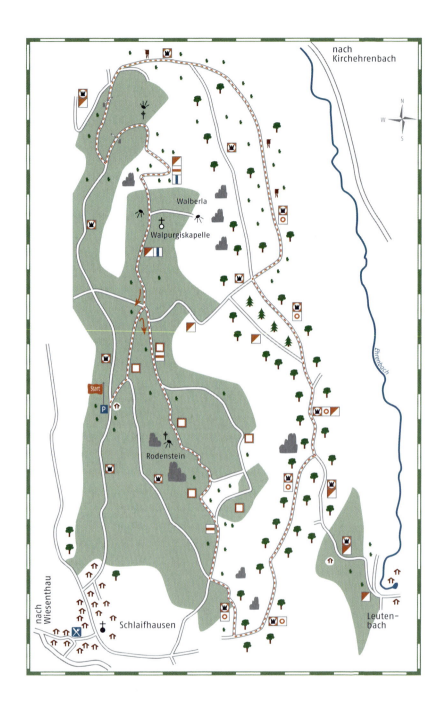

Der Weg: Vom Parkplatz gehen wir auf dem Sträßchen weiter bergauf bis in die Senke zwischen den beiden Gipfeln Walberla und Rodenstein. Auf der Höhe liegt hier die namengebende Walpurgiskapelle vor uns. Doch zunächst steigen wir auf dem mit *rotem Karo* markierten Naturlehrpfad rechtshaltend zum **Rodenstein** hinauf. Von hier bietet sich eine herrliche Fernsicht Richtung Forchheim. Sollten hier oben lautes Klimpern und unverständliche Rufe zu hören sein, ist nicht etwa eine Kuhherde ausgebüxt, sondern eine Gruppe Kletterer an der Südwestwand tätig. Der Rodenstein ist einer der ältesten Kletterfelsen in der Fränkischen Schweiz und bietet vor allem Routen in den unteren und mittleren Schwierigkeitsgraden.

Jenseits des Gipfels geht es auf felsdurchsetztem Pfad bergab, und an der nächsten Kreuzung stoßen wir auf die Markierungen *Walberla* und *roter Kreis*. Wir folgen ihnen nach links in den Wald und gelangen leicht bergab auf einen breiten Weg. Bei der nächsten Weggabelung nach etwa achthundert Metern folgen wir diesen Markierungen nach links. Oberhalb des Weges ragen mächtige Felsabbrüche auf.

Wo sich die beiden Markierungen trennen, halten wir uns rechts des Fichtenwäldchens auf dem schmaleren Weg. An der nächsten Kreuzung führt *Walberla* gleich in alle drei Richtungen weiter – wir biegen rechts ab. Linker Hand ist das Felsmassiv des **Walberla** nicht zu übersehen. Dass nicht auch hier geklettert wird, liegt nur an einem entsprechenden Verbot.

In einer Linksschleife zieht der Weg oberhalb von Kirchehrenbach ohne großen Höhenunterschied dahin. Wir passieren eine Schranke und folgen an der nächsten Weggabelung der Markierung *rot-weißes Dreieck* nach links. Bald erreichen wir einen Aussichtspunkt mit »Gipfelkreuz«.

Durch lichtes Gehölz zieht das *rot-weiße Dreieck* weiter bergauf zur **Walpurgiskapelle**. Hier zweigen deutliche Spuren links zum Aussichtsgipfel des Walberla ab. Von der Kapelle gehen wir südlich hinab und an der Wegkreuzung rechts zurück zum Parkplatz und nach **Schlaifhausen**.

Einkehrtipp (Schlaifhausen):
Gasthaus Kroder
Tel. 09199-416
Mo. Ruhetag, Di. ab 17 Uhr,
sonst ab 9 Uhr früh geöffnet;
durchgehend warme Küche,
eigene Schnapsbrennerei, schöner
Biergarten, günstige Schlaflager

Touren   Region Südwest

16 Vom Hetzleser Berg nach Effeltrich

     ca. 21 km

Diese genuss- und abwechslungsreiche Rundtour steht ganz im Zeichen des Hetzleser Berges und des Walberla. Ein weiterer Höhepunkt ist dabei sicher der Abstecher zur Wehrkirche und der 1000-jährigen Linde von Effeltrich.

Anforderung: mit Ausnahme eines Abschnittes auf dem Hetzleser Berg breite, gut fahrbare Feld- und Fahrwege, meist geschottert, in den Ortschaften asphaltiert; eine Steigung hinter Weingarts auf den Hetzleser Berg und eine Gefällstrecke hinab nach Hetzles; einige Sitzbänke vorhanden
Sehenswertes: Wehrkirche und 1000-jährige Linde in Effeltrich
Kinderwagen: mit geländegängigem Kinderwagen machbar, allerdings recht lang; bei Nässe ist der Weg auf dem Hetzleser Berg teilweise mühsam, und es empfiehlt sich, dem F012 / F05 über Pommer zu folgen
Startpunkt: kleiner Wanderparkplatz auf dem Höhenrücken zwischen Kunreuth und Walkersbrunn

Der Weg: Gleich vom Parkplatz weg folgen Kinderwagenschieber – vor allem nach Regen – dem F012 wenige Meter auf der Straße Richtung Walkersbrunn und dann rechts nach Pommer. Dort stoßen wir am Ortsanfang auf den asphaltierten F05, der rechtshaltend nach ca. zwei Kilometern zum Hauptweg führt.

Ansonsten zieht direkt hinter dem Parkplatz ein befestigter Fahrweg bergauf. Der **rote Querbalken** begleitet uns über eine Obstwiese in den Wald und an einem Wochenendhäuschen vorbei, bis sich linker Hand der Wald wieder lichtet. An der nächsten Weggabelung überqueren wir linkshaltend das Feld, vorbei an einem Strommast. Am Waldrand folgen wir dann einem Sträßchen nach links. Nach etwa fünfhundert Metern stößt von links die Kinderwagen-Variante zu uns, und gemeinsam biegen wir auf dem Radweg **F05** nach rechts ein. Zunächst auf einem breiten Waldweg, später auf

☐ Um den Stamm der Effeltricher Linde zu umarmen, müssen fünf Erwachsene »zusammenhalten«!

einem asphaltierten Fahrsträßchen, geht es flott hinab nach **Hetzles**. Im Ort biegen wir vor der Kirche rechts ab und passieren ein interessantes Taubenhäuschen. Kurz darauf bringt uns der Radweg Fränkische Schweiz **RF** linkshaltend aus dem Ort hinaus und über einen bequemen Feldweg nach **Effeltrich**. Hier machen wir unbedingt einen Abstecher zur **Wehrkirche** und der **1000-jährigen Linde**, bevor wir den Ort Richtung Gaiganz verlassen. Wo die Straße eine Rechtskurve macht, leitet der **blaue Kreis** als schöner Feldweg geradeaus und dann rechts nach **Gaiganz**.

Wir folgen jetzt der Straße hinab nach **Ermreus**, biegen aber gleich nach den ersten Häusern wieder rechts ab. Der meist gepflasterte Feldweg ist ab hier mit **F012** markiert. Zu unserer Rechten erhebt sich der Hetzleser Berg, linker Hand ragt unübersehbar das **Walberla** aus der Ebene auf.

In **Weingarts** gehen Wanderer nach einer Rechtskurve am besten schnurgerade den Berg hinauf, während Radfahrer vorzugsweise auf der weniger steilen Straße bleiben. Auf der Anhöhe sind wir wieder zurück am Startpunkt.

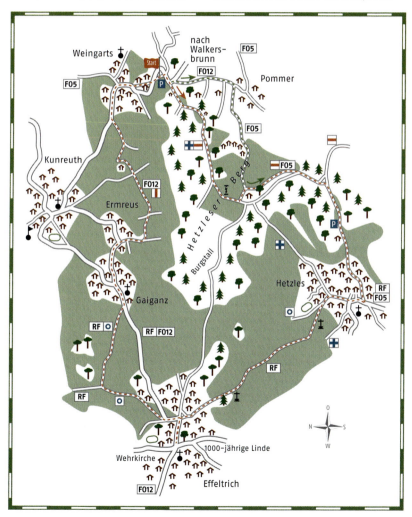

Touren
Region Südwest

17 Zum Teufelstisch und zu den Sinterstufen der Lillach

zur Lillachquelle ca. 7 km, zum Teufelstisch ca. 5 km

Eine der ganz »großen« Kurzwanderungen zu den Sehenswürdigkeiten von Weißenohe und Umgebung. Der Rundweg zu den Sinterstufen der Lillach ist sehr bequem und im Sommer entsprechend gut besucht. Durch die Kürze der Tour sollte man bis zum frühen Abend warten, wenn es im Tal wieder einsamer wird – dann herrschen außerdem die besten Lichtverhältnisse für stimmungsvolle Bilder.

Die Sinterstufen sind eine einzigartige und hoch empfindliche Naturschönheit und ein Rückzugsgebiet für viele seltene Tiere. Bitte bleiben Sie daher unbedingt auf den Wegen und leinen Sie Ihren Hund an!

Anforderung: *Durch das Lillachtal führen größtenteils bequeme Wanderwege mit ein paar Stufen im Bereich der Sinterterrassen; der Abschnitt bis Dorfhaus ist asphaltiert. Auf dem Weg zum Teufelstisch überwinden wir auf guten Wanderwegen knapp zweihundert Höhenmeter; zahlreiche Sitzbänke vorhanden*

Sehenswertes: *Sinterstufen im Lillachtal, Teufelstisch, Kloster Weißenohe*

Kinderwagen: *mit Kinderwagen nicht geeignet*

Startpunkt: *Bahnstation Weißenohe oder der Parkplatz auf der anderen Straßenseite bei dem kleinen Recyclinghof*

Tipp: *Weißenohe hat eine Bahnstation und ist daher ideal mit dem Zug zu erreichen. Die Rückfahrt ist auch von Gräfenberg möglich, dessen mittelalterlich geprägte Innenstadt einen Besuch lohnt.*

Der Teufelstisch ist unser zweites Etappenziel.

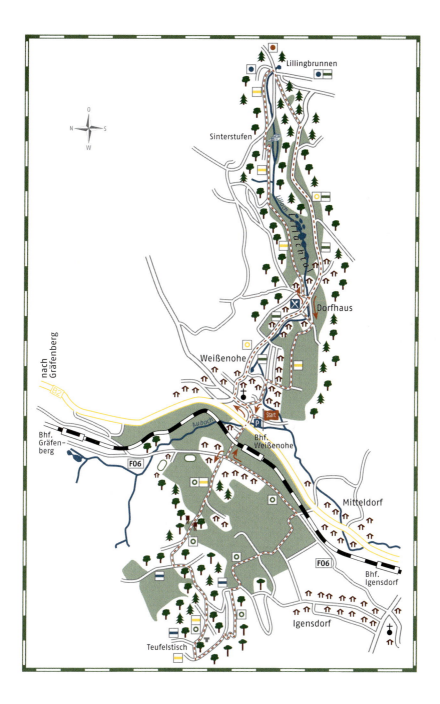

Der Weg: Wir gehen zunächst in Richtung des unübersehbaren **Klosters** von Weißenohe und werfen nach Möglichkeit einen Blick in den Hof der Anlage.
An der nächsten Straßengabelung halten wir uns rechts und erreichen auf der Dorfhauser Straße den Weißenoher Ortsteil **Dorfhaus**.
Am Ortsausgang weisen uns ein Holzschild und der *gelbe Querbalken* den Weg nach links zum »Lillingbrunnen« und zu den Sinterstufen. Über einen schönen Talweg wandern wir immer am Ufer der Lillach entlang.
Wo das Gefälle des Baches steiler wird, beginnen die **Sinterterrassen**, und mehrere Aussichtspunkte mit Sitzbänken laden zum Verweilen ein. Über einige Stufen gelangen wir schließlich zum **Lillingbrunnen**, dessen klares Quellwasser man ruhig einmal probieren sollte.
Wir überqueren den Holzsteg und folgen nun der Ausschilderung nach Dorfhaus / Weißenohe den Wurzelpfad bergauf.
Bald wird der Weg wieder ebener, und der *grüne Querbalken* begleitet uns zurück nach **Dorfhaus**.
Hier können wir im Gasthaus »Zum Lillachtal« noch einmal die Seele baumeln lassen. Dann überqueren wir die Lillach und folgen dem *gelben Querbalken* auf guten Feldwegen um die Ortschaft. Zuletzt zweigt der Weg rechts nach Weißenohe ab, und in einer scharfen Linkskurve kommen wir in die Weiherstraße. An einem Kinderspielplatz geradeaus vorbei und anschließend rechts erreichen wir in Kürze wieder den Startpunkt.

Für die Runde zum Teufelstisch überqueren wir die Bundesstraße und die Bahnschienen. Nach etwa hundertfünfzig Metern führt uns der *grüne Kreis* die geschotterte Weinbergstraße recht steil hinauf zum Wald.
Am **Weinberg** vorbei halten wir uns an einer Weggabelung links, und an der nächsten T-Kreuzung weist bereits ein Holzschild zum **Teufelstisch**, den wir nach einem guten Kilometer erreichen.
Wir gehen noch ein Stückchen bergauf zur Sitzgruppe auf dem Eberhardsberg, wo wir uns eine verdiente Rast gönnen.
Linkshaltend gelangen wir, zuletzt über ein paar Stufen, auf einen breiten Forstweg. Hier gehen wir links und folgen stets dem *grünen Kreis* bergab.
Zuletzt auf asphaltiertem Sträßchen stoßen wir auf den Querweg, der uns entlang der Bahngleise zurück nach Weißenohe bringt.

Einkehrtipp (Dorfhaus):
Gasthaus »Zum Lillachtal«
Tel. 09192-8404, Do. Ruhetag, durchgehend warme, gutbürgerliche fränkische Küche, Wurstwaren aus eigener Zucht und Schlachtung, Biergarten mit Kinderspielplatz, Nebenzimmer bis 80 Pers., Gästezimmer mit Du/WC und Sat-TV
www.zum-lillachtal.de

Region Südwest   Touren

18 Oberes Trubachtal und Großenoher Tal

  ca. 10,5 km

Romantische Tälerwanderung zu zahlreichen alten Mühlen, von denen die Reichelsmühle sogar noch in Betrieb ist. Der Weg verläuft meist am Waldrand entlang oder über offene Felder und bietet freien Blick auf die Schönheiten der Landschaft.

Anforderung: *etwa zu gleichen Teilen schmale Wurzelpfade sowie gemütliche Feld- und Fahrwege; zwei Abschnitte sind asphaltiert; vor allem im Trubachtal einige kurze Steigungen sowie von Schossaritz zur Ziegelmühle ein langgezogenes Gefälle; mit dem MTB durchaus interessante, teils anspruchsvolle Strecke; vereinzelt Sitzbänke vorhanden*
Kinderwagen: *mit Kinderwagen nicht geeignet*
Sehenswertes: *zahlreiche ehemalige Mühlen, Abstecher zur Ruine Wolfsberg*
Startpunkt: *Parkplatz zwei Kilometer talabwärts von Obertrubach*

Der Weg: Wir überqueren die Straße und folgen dem mit **blauem Querbalken** markierten Wanderweg talabwärts. Gleich auf dem ersten Stück geht es steil bergauf in den Wald und wieder hinab zum Ufer der Trubach.
Der **grüne Punkt** lädt zu einem Abstecher zur **Ruine Wolfsberg** ein, die sehr fotogen den gleichnamigen Ort überragt. Hinter Wolfsberg führt unser Weg ein kurzes Stück durch den Wald, bevor wir **Untertrubach** erreichen.
Auf einem ruhigen Asphaltsträßchen wandern oder rollen wir weiter am Bach entlang und an der Kirche vorbei Richtung Haselstauden. Wir lassen den Weiler jedoch rechts liegen und bleiben auf dem breiten Schotterweg links der Trubach, bis nach einer weiten Linkskurve der **Dörnhof** vor uns auftaucht.
Ab hier ist der Weg mit dem **blauen Balken** markiert. Wir genießen die Ruhe und Schönheit des **Großenoher Tals** bis zum gleichnamigen Weiler. In **Großenohe** können wir im Café-Restaurant »Zur Sägemühle« die Ursprünglichkeit dieses

◻ Im Großenoher Tal plätschert munter der gleichnamige Bach.

▫ **Farbenfrohes Fachwerkhaus mit altem Steinbackofen in Großenohe.**

Fleckchens Erde bei einer ausgiebigen Rast im wahrsten Sinne des Wortes auskosten.
Anschließend setzen wir unseren Weg, der nun mit dem **roten Diagonalkreuz** markiert ist, auf dem Sträßchen nach Schossaritz fort. Schon nach etwa hundert Metern biegt die Markierung rechts ab. Zwischen Kiefernwald-gesäumten Feldern steigen wir leicht an und stoßen nach rund einem halben Kilometer auf eine auffällige Kreuzung mit Straßenschildern.
Wir gehen linkshaltend leicht bergab Richtung **Schossaritz** und erreichen den hübschen Ort zuletzt über das von Großenohe kommende Sträßchen.
Wir durchqueren Schossaritz, bis kurz nach dem Ortsausgang die asphaltierte Straße in einen geschotterten Fahrweg übergeht, der mit dem **blauen Punkt** markiert ist.

Diesem Fahrweg folgen wir stets geradeaus und zuletzt in einigen Kurven bergab ins **Trubachtal**.
Hier überqueren wir die Straße und passieren linkshaltend die **Ziegelmühle** und **Reichelsmühle**. Unterhalb des **Richard-Wagner-Felsens** wird der Weg noch einmal holprig. In der nächsten Kurve sind wir dann bereits zurück am Auto.

Einkehrtipp (Großenohe):
Café-Restaurant »Zur Sägemühle«
Tel. 09192-7250, Di. Ruhetag, durchgehend warme Küche, fangfrische Fische, Wildspezialitäten, Biergarten mit Hausgrill

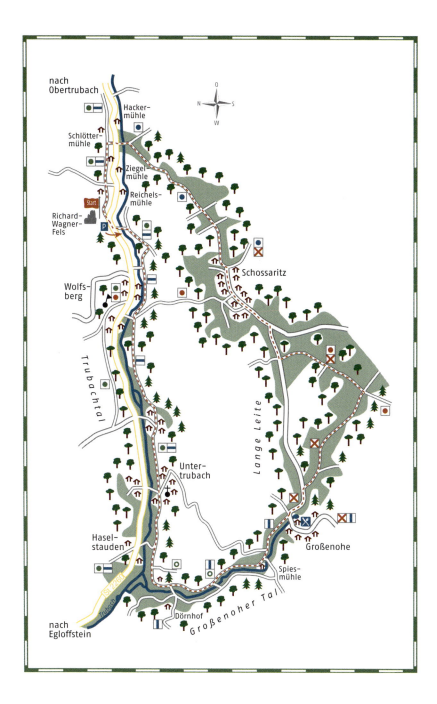

Touren   Region Südost

19 Der Therapeutische Wanderweg
(mit Umwegen zu den Ruinen Bärnfels und Leienfels)

    Therapeutischer Wanderweg ca. 5,7 km,
gesamte Strecke ca. 9,5 km

Diese beliebte Rundwanderung verläuft abseits der Straßen durch ruhige Trockentäler und schattigen Mischwald. Der kürzere Therapeutische Wanderweg meidet starke Steigungen und ist sowohl für Senioren als auch mit Kinderwagen bestens geeignet. Der Weg durch das Gründleintal nach Bärnfels ist zwar nahezu eben, doch sind einzelne Abschnitte recht holprig.
Vor allem von der Ruine Leienfels entschädigt eine prächtige Aussicht für die Aufstiegsmühen.

Anforderung: *bequeme Feld- und Forstwege; etwas beschwerlicher ist nur der Umweg zur Ruine Leienfels; zahlreiche Sitzbänke vorhanden*
Sehenswertes: *Ruine Bärnfels, Ruine Leienfels, bizarre Felsformationen*
Kinderwagen: *Der Therapeutische Wanderweg ist mit geländegängigem Kinderwagen gut geeignet, die beiden Varianten dagegen nicht.*
Startpunkt: *Wanderparkplatz wenige hundert Meter hinter Obertrubach rechts der Straße Richtung Gößweinstein*

Der Weg: Wir folgen dem Holzschild »Nach Leienfels 3 km« und biegen kurz darauf auf dem breiten Weg rechts ab. An der nächsten Kreuzung zweigt der Umweg nach Bärnfels links ab.
Der Weg durch das **Gründleintal** ist teils schmal und etwas holprig und unter anderem mit dem **gelben Dreieck** markiert. In **Bärnfels** biegen wir auf der Straße rechts ab und haben kurz darauf die Möglichkeit, zur **Ruine Bärnfels** aufzusteigen. Anschließend begleitet uns der **gelbe Kreis** aus dem Ort hinaus, und der **rote Punkt** bringt uns hinab ins **Teichtal**.
Wer dagegen nur den Therapeutischen Wanderweg gehen möchte, folgt dem **roten Herz** durch eine Art Hohlweg und an der nächsten Gabelung nach links. Etliche Felsblöcke säumen den Weg, und im Teichtal stoßen wir wieder auf den Weg, der von Bärnfels kommt.

◻ Der Ort Bärnfels wird von seiner Ruine und einem schlanken Felsturm überragt.

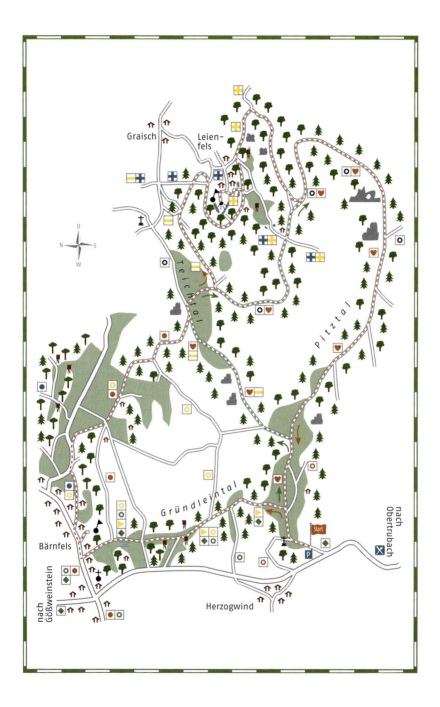

Gemeinsam geht es nun an der nächsten Abzweigung rechts zum gegenüber liegenden Waldrand. Während das *rote Herz* kontinuierlich ansteigend nach rechts führt, zweigt der Umweg nach Leienfels links ab: Zunächst folgen wir dem *gelben Querbalken* und überqueren die nächste Kreuzung. Kurze Zeit später treffen wir auf das blaue Kreuz, eine steilere Direktvariante nach Leienfels. Wir bleiben jedoch auf dem breiten Forstweg.

◻ Leienfels: Von der einstigen Felsenburg stehen noch einige Mauerreste.

Links oberhalb von uns sehen wir zwischen Bäumen die Felsen, auf denen die Burgruine steht. Nach einer weiten Linksschleife bringt uns das *gelbe Kreuz* über einen Felsdurchgang zu den Häusern und leicht linkshaltend auch hinauf zur **Ruine Leienfels**.

Anschließend gehen wir auf gleichem Weg zurück in den Wald, halten uns kurz links und folgen dann dem *gelben Kreuz* nach rechts. Nach etwa dreihundert Metern verlassen wir allerdings diese Markierung.

Auf einem breiten Forstweg gelangen wir rechtshaltend wieder auf den Therapeutischen Wanderweg. Hier folgen wir dem *roten Herz* bergab und sehen bald rechter Hand im Wald ein auffallendes **Felsentor**. An den nächsten Weggabelungen halten wir uns rechts, zuletzt durch einen Hohlweg. Wenig später erreichen wir den bereits bekannten Wegabschnitt und gehen zurück zum Parkplatz.

◻ Den Aufstieg zur Ruine Leienfels belohnt ein weiter Rundblick.

Einkehrtipp (Obertrubach): Gasthof-Pension Alte Post

Tel. 09245-322, Okt.-April Mi. Ruhetag, gutbürgerliche Küche, Hausschlachtung, verschiedene vegetarische Gerichte, reichhaltiger Mittagstisch, Terrasse vor dem Haus

Region Südost   **Touren**

20 Um den Langen Berg zum Jura-Elefanten

  ca. 3,5 km

Dies ist ein äußerst abwechslungsreicher Rundweg vorbei an zahllosen Felsformationen, die nicht nur bei Kindern den Entdeckertrieb wecken.
Wer nur dem Jura-Elefanten einen Besuch abstatten möchte, kann auch nach zwei Kilometern die Runde abkürzen.

Anforderung: kurze Wanderung teils auf schmalen Wurzelpfaden, teils auf bequemen Wanderwegen; keine Sitzbänke
Sehenswertes: Jura-Elefant; Abstecher zur Ruine Stierberg
Kinderwagen: mit Kinderwagen nicht geeignet
Kombinierbar: Diese Kurzwanderung lässt sich ideal mit Tour Nr. 21 kombinieren und ist dann für Mountainbiker ein echter Geschicklichkeitstest.
Startpunkt: großer Wanderparkplatz zwischen Münchs und Stierberg

☐ Der Jura-Elefant: Das doppelte Felsentor ähnelt stark dem namengebenden Rüsseltier.

Der Weg: Zunächst gehen wir in den Wald und steigen leicht rechtshaltend den steilen Weg hinauf bis zur Markierung des **Fuchsweges**. Ihm folgen wir nach links. Der etwas holprige Pfad führt unmittelbar unter verschiedenen Felswänden entlang, an denen im Sommer regelmäßig Kletterer trainieren. Bald kommen wir zum (ausgeschilderten) **Jura-Elefanten**, der mit seinem doppelten Felsentor eine erstaunliche Ähnlichkeit mit dem namengebenden Rüsseltier hat. In und nach der folgenden Rechtskurve gibt es abseits des Weges mehrere Grotten zu entdecken.
Dann zieht der **Fuchsweg** auf der Nordseite des **Langen Berges** an weiteren Felsen und kleinen Grotten vorbei.
An einer Wegkreuzung, bei einem kleinen Jägersitz, gehen wir über das freie Feld links nach **Stierberg**. Im Ort nehmen wir die erste Straße nach rechts und stoßen auf den **blauen Kreis** Richtung Münchs. Wer die Geheimnisse der

Betzensteiner Felsenwelt (Tour Nr. 21) kennen lernen oder zur Ruine Stierberg aufsteigen möchte, geht hier auf dem blauen Kreis nach links. Jenseits der Ruine führt ein Pfad hinab, und die Kinderwagen-Variante von Tour Nr. 21 bringt uns rechtshaltend zurück zum Hauptweg. Hier folgen wir dem **Fuchsweg** zum Wald. An der bereits erwähnten Kreuzung bei dem Jägersitz folgen wir dem **Fuchsweg** diesmal steil links aufwärts und gehen jenseits auf bekanntem Weg zurück zum Parkplatz.

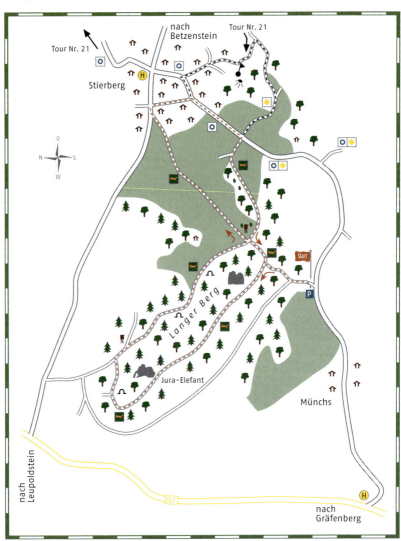

Region Südost   Touren

21 Die Betzensteiner Felsenwelt

  ca. 10 km

Diese herrlich abwechslungsreiche Tour durch die Höhlen- und Felsenlandschaft nördlich von Betzenstein ist mit Kindern geradezu ideal. Es gibt viel zu entdecken, aber auch einige Abkürzungsmöglichkeiten.
Nach der Tour bietet das beheizte Freibad bei schönem Wetter eine willkommene Abkühlung.

Anforderung: *bequeme und – mit Ausnahme des Aufstiegs zum Schmidberg – ebene Wanderwege; im Bereich des Wassersteins schöner Wurzelpfad; ebenfalls mit Ausnahme des Schmidbergs kaum Sitzbänke vorhanden*
Sehenswertes: *Ruine Stierberg, Großer Wasserstein, Wassersteingrotte, Wassersteintor, Buchnerhöhle, Hexentor, Klauskirche, zwei Stadttore, Tiefer Brunnen, Aussichtspunkt Schmidberg*
Kinderwagen: *mit Kinderwagen nicht geeignet*
Kombinierbar: *Die Tour lässt sich ideal mit den Touren Nr. 20 und Nr. 22 kombinieren und ergibt dann eine äußerst lohnende und fahrtechnisch anspruchsvolle MTB-Runde; in der Klauskirche und am Schmidberg kurze Schiebepassagen*
Startpunkt: *großer Wanderparkplatz am westlichen Ortsrand von Betzenstein schräg gegenüber dem Freibad*

◻ **Im Winter bilden sich am Wassersteintor oft beachtliche Eiszapfen.**

Der Weg: Beim Ortsschild von **Betzenstein** biegen wir im spitzen Winkel rechts ab, und mit der **gelben Raute** kommen wir nach etwa zweihundert Metern rechtshaltend in den Wald. Nach einem kurzen, steilen Anstieg geht es jenseits des Kammrückens wieder bergab und am Waldrand entlang nach rechts bis zu einer scharfen Linkskurve. Wer einen weiteren Auf- und Abstieg nicht scheut, folgt gleich darauf der **gelben Raute** schnurstracks über einen Hügel. Wer es bequemer mag, bleibt auf dem Hauptweg.

Kurz nach der »Wiedervereinigung« der beiden Varianten weist ein Holzschild nach rechts zur **Ruine Stierberg**. Entweder gehen wir hier auf dem Pfad hinauf zur Ruine und jenseits über Stufen hinab in den Ort, oder wir folgen weiterhin der *gelben Raute* bis zur Asphaltstraße. Hier können wir auf Tour Nr. 20 noch dem liebenswerten Jura-Elefanten einen Besuch abstatten.

Auf der Straße begleitet uns der *blaue Kreis* nach **Stierberg**. Hier treffen wir auch auf den von rechts kommenden Abstieg von der Ruine. Am Landgasthof Fischer vorbei bringt uns der *blaue Kreis* aus dem Ort hinaus, und nach einer Rechtsschleife gelangen wir am Waldrand entlang zu einer Kreuzung mit mehreren Wegweisern.

Hier leitet uns der *blaue Kreis* geradeaus nach **Leupoldstein**. Nach den ersten Häusern biegen wir rechts und wieder links ein und überqueren hinter dem Feuerwehrhaus die Landstraße nach Betzenstein. Hinter einigen Häusern geht das Sträßchen in einen Feldweg über, auf dem wir **Höchstädt** erreichen. Dort halten wir uns auf der Straße kurz nach links, bis uns der *blaue Kreis* rechts über Felder zum Wald führt. Schon nach etwa hundert Metern kommen wir an eine idyllische Lichtung. Entweder halten wir uns hier weglos am Waldrand nach rechts, bis direkt vor einem kleinen Wassergraben rechts im Wald der Weg wieder gut erkennbar und mit *rotem Balken* markiert ist. Durch ein felsgesäumtes Tälchen gelangen wir wieder zur Fahrstraße und wenden uns nach links.

Oder wir folgen dem *blauen Kreis* nach **Hüll**, biegen vor der Kirche rechts ab und kommen auf dem mit *blauem Querbalken* markierten Feldweg ebenfalls zur Fahrstraße. Auf ihr bringt uns der *rote Punkt* nach rechts und kurz hinter einer Parkbucht auf schönem Pfad in den Wald. Nun führt uns der *rote Punkt* zu einer ganzen Reihe imposanter Felsformationen. Der **Große Wasserstein** ist Fundstelle des kleinsten europäischen Säugetiers, der Knirpsspitzmaus *Sorex minutissimus*. Gleich darauf folgt die mächtige **Wassersteingrotte** und nach einer Linkskurve das **Wassersteintor**. Nach etwa fünfhundert Metern lockt am Waldrand ein Schild zu einem kurzen Abstecher zur **Buchnerhöhle**. Deren Eingang ist jedoch nur etwa vierzig Zentimeter hoch, so dass man sich in ihr nur kriechend fortbewegen kann.

Anschließend überqueren wir das Feld nach **Kröttenhof** und gelangen linkshaltend zur Straße. Geradeaus erreichen wir in Kürze den Wald und das **Hexentor**. In mehreren Kurven begleitet uns nun der *rote Punkt* bis zur **Windmühle** und am Freibad vorbei zur **Klauskirche**. Am anderen Ende der rund dreißig Meter langen Durchgangshöhle gehen wir kurz hinab, dann scharf links auf gutem Weg bis zum **Hinteren Tor** von Betzenstein. An der Kirche vorbei, kommen wir auf die Hauptstraße und biegen links ab zum **Unteren Tor** mit dem **Tiefen Brunnen**. Hier führt uns der *rote Kreis* rechts hinauf und oberhalb der Häuser durch eine Freizeitanlage zum Aussichtsturm **Schmidberg**. Stufen bringen uns anschließend wieder hinab zum Ort und zur Hauptstraße. Von hier sind es nur noch wenige hundert Meter geradeaus zurück zum Startpunkt.

◻ Das Hexentor ist besonders gut zu sehen, wenn kein Laub an den Bäumen ist.

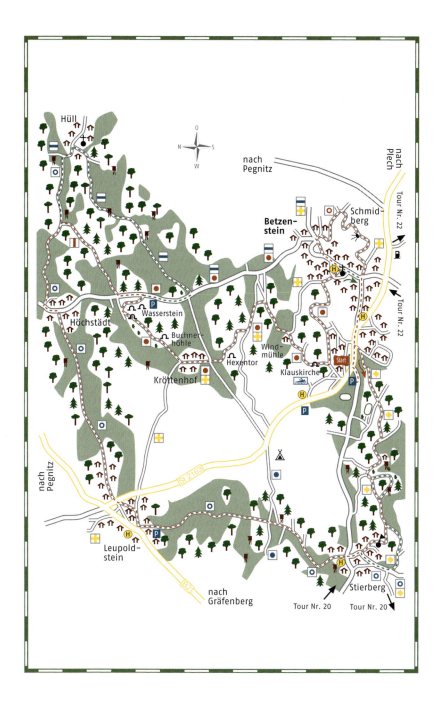

Touren — Region Südost

22 Die Wälder südlich von Betzenstein

  ca. 10 km

Statt großer Highlights bietet diese abwechslungsreiche Tour Ruhe und Beschaulichkeit abseits der Straßen. Von einem Aussichtspunkt lässt sich die Schönheit der waldreichen Hügellandschaft bestens genießen.

Anforderung: *gute Wanderwege mit häufigem Auf und Ab; kaum Sitzbänke*
Kinderwagen: *mit Kinderwagen nicht geeignet*
Kombinierbar: *Diese Route lässt sich ideal mit den Touren Nr. 21 und Nr. 23 kombinieren und zu einer äußerst reizvollen MTB-Tour erweitern. In guten Wintern auch mit Schneeschuhen sehr zu empfehlen!*
Startpunkt: *Parkplatz neben der Tankstelle am Ortsrand von Betzenstein*

◻ Weit schweift der Blick über die waldreiche Hügellandschaft und zum Spieser Turm.

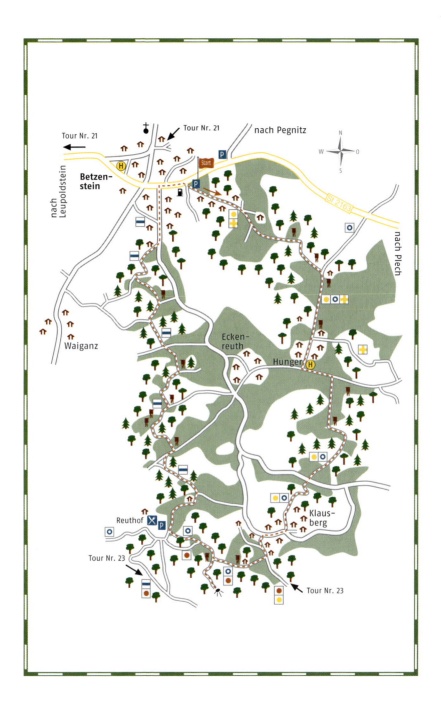

Der Weg: Vom Parkplatz folgen wir links der Straße »Ameisenbühl« hinauf. An ihrem Ende bringt uns der **gelbe Punkt** in den nahen Wald.
Nach einer Rechtskurve führt der Weg wieder zum Waldrand. Eine Scheune lassen wir links liegen und erreichen bald den Betzensteiner Ortsteil **Hunger**. Bei der Bushaltestelle biegen wir links ab, und nach etwa zweihundert Metern folgen wir dem **gelben Punkt** nach rechts.

◻ **Die Wege am Waldrand sind besonders schön; hier kurz vor Klausberg.**

Leicht ansteigend kommen wir an einem markanten Jägersitz vorbei, und nach einer Links-Rechts-Schleife erreichen wir eine kleine Lichtung. Wir gelangen zu einer kaum befahrenen Straße, die wir überqueren. Etwa hundert Meter verläuft dann der Weg am Ackerrand entlang, bevor er wieder gut begehbar bergauf nach **Klausberg** führt.
An der Straßenkreuzung gehen wir rechts am Dorfbriefkasten vorbei, biegen auf dem **blauen Kreis** gleich wieder links ein und folgen dieser Markierung an einigen Wochenendhäuschen vorbei. Hier stoßen wir auf den **roten Punkt** der Tour Nr. 23.

Nach einer Rechtskurve kommen wir in den Wald und sollten uns den ausgeschilderten Abstecher zur »Aussicht« nicht entgehen lassen. Weiterhin durch lichten Wald führt uns der **blaue Kreis** zum **Reuthof**. Hier zweigt Tour Nr. 23 linkshaltend ab. Der herrlich gelegene Gasthof lädt zu einer gemütlichen Rast ein. Bei Kindern ist vor allem der Streichelzoo sehr beliebt.
Anschließend begleitet uns der **blaue Querbalken** zurück nach Betzenstein. Nach wenigen hundert Metern verlassen wir die Fahrstraße nach links. Durch Fichtenwald bergab halten wir uns am nächsten Querweg rechts. Vor einem Jägersitz geht es wieder links aufwärts und in mehreren Kurven meist am Waldrand entlang, bis wir die Häuser von Eckenreuth vor uns sehen.
Hier biegen wir allerdings links ab und kommen in hübschem Auf und Ab an mehreren Lichtungen vorbei.
Schließlich überqueren wir einen Fahrweg und gehen jenseits ein kurzes steiles Stück bergauf. Immer dem **blauen Querbalken** folgend, schlängelt sich der Weg durch ein Seitentälchen.
Zuletzt rechtshaltend, stoßen wir auf die Verbindungsstraße von Eckenreuth nach **Betzenstein**. Linkshaltend erreichen wir in Kürze die Bayreuther Straße und sind bald darauf wieder am Auto.

Einkehrtipp: Reuthof
Tel. 0 9244-310, Fr. Ruhetag, gute fränkische Küche, gemütliche Gasträume, große Gartenterrasse, Gästezimmer mit Du/Bad u. WC
www.reuthof.de

Region Südost — Touren

23 Über den Eibengrat zum Reuthof

   ca. 7,5 km

Die knapp einen Kilometer lange Klettereinlage am Eibengrat ist ein einmaliges Erlebnis für junge und jung gebliebene Abenteurer. Wer die Blockkletterei lieber vermeiden möchte, bleibt einfach auf der Kinderwagen-Variante.
Im weiteren Verlauf führt die Tour dann hauptsächlich durch ausgedehnten Mischwald, dessen herbstliches Farbenspiel besonders stimmungsvoll ist.

Anforderung: am Eibengrat leichte Kletterei, gute Trittsicherheit, Schwindelfreiheit und festes Schuhwerk unbedingt erforderlich; bei Nässe rutschig und unangenehm; sonst meist breite und gute Waldwege; auch mit dem MTB bleiben wir auf der Umgehungsvariante; vereinzelt Sitzbänke vorhanden
Sehenswertes: Eibengrat, schöne Aussichtspunkte über das waldreiche Hügelland
Kinderwagen: Nur die eingezeichnete Variante ist mit geländegängigem Kinderwagen geeignet, zwei längere Steigungen erfordern allerdings einige Schubkraft.
Kombinierbar: In Verbindung mit Tour Nr. 22 sowie Nr. 20 und 21 ergibt sich sogar mit dem MTB eine herrliche Ganztagsstrecke.
Startpunkt: Wanderparkplatz etwa einen Kilometer nördlich von Spies

❏ Fast das ganze Jahr über raucht im Einödhof Eibenthal der Kamin.

Der Weg: Die Kinderwagen- und MTB-Variante folgt dem *grünen Kreis* zunächst auf der Straße, dann rechts durch den Wald und trifft nach knapp zwei Kilometern wieder auf den Hauptweg. Eibengrat-Anwärter gehen dagegen vom Parkplatz auf dem *roten Querbalken* zum Waldrand. Hier folgen wir einem Pfad nach links und erreichen kurz darauf den Beginn des **Eibengrates**.
Über moosbewachsene Steine und bizarres Blockwerk klettern wir abwechselnd auf der rechten und linken Seite des eigentlichen Grates. Nach etwa zwei Dritteln der Gratstrecke steigen wir über eine solide Leiter zu einem Aussichtspunkt auf.
Zuletzt verlassen wir den Grat linkshaltend und schlüpfen unter einem kleinen Felsentor hindurch. Der Markierung *blauer Punkt* folgend, wandern wir auf schönem Waldweg links hinab, treffen auf die Kinderwagen-/MTB-Variante und halten uns an der nächsten Weggabe-

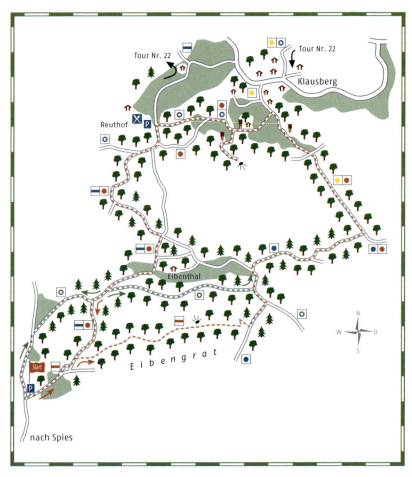

lung rechts. Nach einer kurzen, knackigen Steigung zieht der Weg in einigen Kurven bis zu einer auffallenden T-Kreuzung. Ab hier folgen wir dem **roten Punkt** links aufwärts bis zum Waldrand. An der nächsten Abzweigung trifft von Klausberg kommend Tour Nr. 22 auf unseren Weg.

Wir halten uns links, bis nach etwa fünfhundert Metern ein Holzschild zu einem Aussichtspunkt weist. Von hier lässt sich der Blick über das waldige Hügelland in aller Ruhe genießen. Anschließend folgen wir dem **blauen Kreis** zum Waldgasthof **Reuthof**, dessen Streichelzoo bei Kindern sehr beliebt ist.

◻ Für trittsichere Wanderer bietet der Eibengrat ein kilometerlanges Klettererlebnis.

Wir überqueren eine Wiese und biegen in Sichtweite des idyllisch gelegenen Einödhofes rechts ab. Nach etwa fünfhundert Metern teilt sich der Weg dann wieder: Rechts führt mit dem **grünen Kreis** die Variante für Radfahrer und Kinderwagenschieber zurück zum Auto, während Wanderer dem **roten Punkt** geradeaus folgen und am Beginn des Eibengrates vorbei zurück zum Startpunkt gehen.

◻ Der Waldgasthof Reuthof lädt zu einer gemütlichen Rast ein.

Wer hier Tour Nr. 22 anschließen möchte, folgt dem blauen Querbalken ein Stück auf der Straße hinab.
Ansonsten kommen wir linkshaltend wieder in den Wald, und an der insgesamt dritten Weggabelung bringen uns der **rote Punkt** und **blaue Querbalken** auf bequemem Forstweg hinab zum **Eibenthal**.

Einkehrtipp: Reuthof
*Tel. 0 9244-310, Fr. Ruhetag, gute fränkische Küche, gemütliche Galerie Gasträume, große Gartenterrasse, Gästezimmer mit Du/Bad u. WC
www.reuthof.de*

24 Zu den Karstphänomenen im Veldensteiner Forst

   ca. 31 km

Im Veldensteiner Forst kann sich jeder nach Herzenslust austoben, egal ob zu Fuß, mit dem Kinderwagen, dem Trekkingrad oder dem Mountainbike.
Statt weiter Ausblicke bieten sich die Sehenswürdigkeiten oft unvermittelt am Wegesrand an – interessante Karstphänomene wie der Große und Kleine Lochstein oder die Eislöcher. Der Weg wird überwiegend von Fichten gesäumt, die auch an heißen Tagen eine angenehme Kühle sichern.

Anforderung: *durchgehend bequeme Waldwege mit nur zwei recht schmalen Abschnitten, die von der Kinderwagen-Variante umgangen werden; nahezu keine Höhenunterschiede, allerdings auch nur wenige Sitzbänke*
Sehenswertes: *Großer und Kleiner Lochstein, Eislöcher, Wildgehege, für Wanderer Variante zur Reitersteighöhle*
Kinderwagen: *mit geländegängigem Kinderwagen durchwegs befahrbar; die beiden Varianten sind dabei bequemer als der Hauptweg, doch führt die zweite Variante nicht am Kleinen Lochstein und an den Eislöchern vorbei*
Startpunkt: *Von Betzenstein nach Mergners und am Ende des Grundangertals links. Etwa zweihundert Meter vor dem »Hufeisen« führt bei einem Haus auf der rechten Seite ein Schotterweg zum Parkplatz.*

□ Der Große Lochstein soll einmal von der Brandung eines urzeitlichen Meeres umspült worden sein.

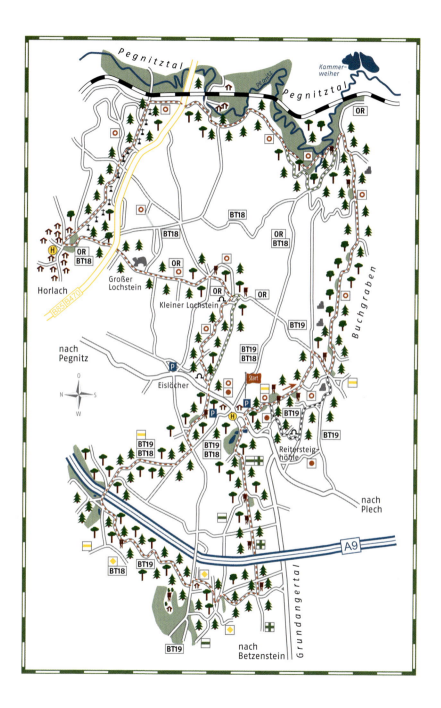

Der Weg: Der breite Forstweg bringt uns weiter in den Wald hinein. Bei einer Lichtung zweigt rechts der *rote Punkt* ab, eine nur für Wanderer geeignete Variante zur **Reitersteighöhle**. Ansonsten bleiben wir auf dem Forstweg bis zu einer größeren Kreuzung, wo es rechts hinab geht. Im **Buchgraben** biegen wir links auf den mit *rotem Kreis* markierten Weg ein, der uns durch ein von vielen Felsen flankiertes Tälchen führt.
Im **Pegnitztal** angekommen, macht der *rote Kreis* eine scharfe Linkskurve und biegt kurz darauf rechts ab. Dieser Weg wird bald zum Wiesenpfad und ist wunderschön, mit Kinderwagen allerdings besser auf der eingezeichneten Variante zu umgehen. Anschließend gelangen wir meist am Waldrand entlang zur B85/B470, die wir überqueren. Nach etwa fünfhundert Metern verlassen wir den roten Kreis nach links.
Entlang einem **Kreuzweg** kommen wir allmählich nach **Horlach**. Im Ort biegen wir gleich zweimal links ab, gelangen geradeaus wieder in den Wald und zur Bundesstraße, die wir diesmal unterqueren. Nach etwa sechshundert Metern steht links des Weges der **Große Lochstein**.
Hier stoßen wir auch wieder auf den *roten Kreis*, der uns geradeaus zum »Großen Stern« bringt. An dieser Wegekreuzung halten wir uns vorzugsweise schräg rechts bergab, um etwa fünfhundert Meter später wieder dem *roten Kreis* nach rechts zu folgen. In Kürze kommen wir zum **Kleinen Lochstein** und auf samtweichem Waldboden weiter zu den **Eislöchern**.

Die Kinderwagen-Variante bleibt dagegen an der Abzweigung des roten Kreises noch etwa hundert Meter auf dem breiten Forstweg, bevor sie ebenfalls rechts abbiegt und kurz hinter den Eislöchern wieder auf den Hauptweg trifft.
Wenig später überqueren wir die Straße von Plech nach Pegnitz und setzen unseren Weg kurzzeitig ohne Markierung fort. Der breite Forstweg führt zu einer Kreuzung, an der wir uns links halten und dann auf den *BT18/BT19* stoßen. Diese beiden Markierungen bringen uns rechtshaltend hinab. Auf breitem Forstweg erreichen wir bald die Autobahnbrücke über die A9. Anschließend schlängelt sich der *BT19* durch hellen Nadelmischwald bis zu einer Querstraße. Auf der Straße halten wir uns kurz links und folgen dann der *gelben Raute* wieder in den Wald. Wo wir auf den *grünen Querbalken* stoßen, biegen wir links, nach etwa hundert Metern jedoch schon wieder rechts ab. Ein unmarkierter guter Forstweg führt uns über eine Anhöhe und hinab zu dem mit *grünem Kreuz* markierten Querweg.
Auf diesem Weg gelangen wir nach etwa 2,5 Kilometern zu drei Teichen, an denen im Frühjahr die Kröten geradezu um die Wette quaken. Jenseits der Teiche sehen wir im **Wildgehege Hufeisen** mit etwas Glück Hirsche äsen.
Auf dem breiten Weg kommen wir in Kürze zur Straße und schräg linkshaltend zurück zum Startpunkt.

Region Südost — Touren

25 Die Höhlenwelt zwischen Vieh- und Pfaffenhofen

    ca. 10 km

Diese Tour über die Hochfläche zwischen Vieh- und Pfaffenhofen ist noch ein echter Geheimtipp. Drei Karsthöhlen liegen entlang dem abwechslungsreichen Weg, von denen zwei problemlos besichtigt werden können.

Anforderung: *größtenteils bequeme Wald- und Feldwege; etwas beschwerlicher sind nur der Abstecher zur Geislochhöhle und zwei kurze Anstiege; mit dem MTB sehr genussreich; einige Sitzbänke vorhanden*
Sehenswertes: *Raumhöhle, Saalburg-Grotte, Geislochhöhle*
Kinderwagen: *Die etwas kürzere Variante ist mit geländegängigem Kinderwagen gut geeignet.*
Startpunkt: *in Höfen beim Sportplatz parken*

◻ Im Herbst erstrahlen die Wälder bei Viehhofen in prächtigen Farben.

Der Weg: Auf der Asphaltstraße folgen wir dem **blauen Kreis** in westlicher Richtung. Schon bald gabelt sich die Straße und führt in ein lauschiges Seitental. Beiderseits des Weges ziehen zahlreiche Felsklötze den Blick auf sich. Am Ende einer auffallenden Rechts-Links-Kurve verlassen wir die Fahrstraße und folgen weiterhin dem **blauen Kreis** am Waldrand entlang. An den nächsten beiden Weggabelungen biegen wir jeweils links ab. Kurz darauf gelangen wir rechtshaltend zur ausgeschilderten **Raumhöhle**.

Dann folgen wir dem **blauen Kreis** hinab zum Waldrand. Dort stoßen wir auf einen geschotterten Fahrweg, halten uns rechts und haben bald die Möglichkeit zu einem weiteren Abstecher zur etwa fünfhundert Meter entfernten

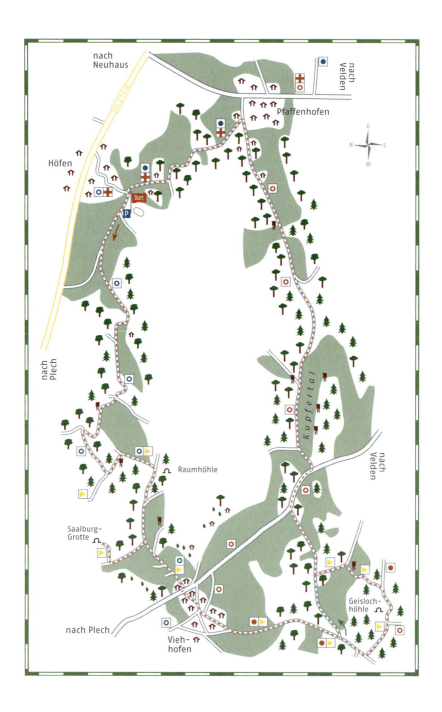

Saalburg-Grotte (zuletzt auf dem *gelben Dreieck* rechts hinauf in den Wald). Der *blaue Kreis* führt uns anschließend in die Ortschaft **Viehhofen**.

Wir halten uns stets geradeaus und orientieren uns mittlerweile am *gelben Dreieck*, zu dem sich am Ortsende bald auch noch der *rote Punkt* gesellt. Kurz nach einer kleinen Steigung zweigt ein breiter Fahrweg links ab: Dies ist die bequemere, aber unbeschilderte Kinderwagen-Variante.

Der mit *gelbem Dreieck* markierte Weg zur **Geislochhöhle** wird dagegen bald zum interessanten Wurzelpfad und führt durch dunklen Fichtenwald. Kurz nach der Abzweigung des roten Kreises Richtung Münzinghof erreichen wir die ehemalige Schauhöhle, die aus Naturschutzgründen vom 1.10. – 1.4. versperrt ist. Ansonsten ist der Zugang auch nur schlanken Menschen mit unempfindlicher Kleidung zu empfehlen, da der eigentliche Höhleneingang nur etwa vierzig Zentimeter hoch ist.

Anschließend gehen wir wenige Meter steil abwärts; Achtung: bei Nässe rutschig. Wo der Weg wieder flach wird, heißt es aufpassen und die Abzweigung des *gelben Dreiecks* suchen!

Wo der rote Punkt bei einigen kleinen Fichten eine Rechtskurve macht, ist unser Weg auf wenigen Metern recht zugewachsen, doch schon bald wird er wieder deutlicher.

Bei einem markanten Jägersitz halten wir uns links. Hier treffen wir auch wieder auf die Kinderwagen-Variante und kommen auf einem asphaltierten Feldweg in Kürze zur wenig befahrenen Straße Richtung Velden.

Auf ihr gehen wir etwa zweihundert Meter nach rechts, bis hinter großen Holzstapeln der Weg ins **Kupfertal** abbiegt. Von hier an begleitet uns der *rote Kreis* bis nach Pfaffenhofen. Die zahlreichen Hochsitze lassen vermuten, dass es hier viel Wild – oder zumindest viele Jäger – gibt.

Im Wald geht es dann kurzzeitig steil bergauf, bevor wir an hellem Kiefernwald entlang zu einem gemütlichen Picknickhäuschen kommen.

Kaum haben wir dann die ersten Gebäude von **Pfaffenhofen** erreicht, folgen wir dem *roten Kreuz* nach links. Schon nach einigen hundert Metern sehen wir die Häuser von Höfen vor uns liegen. Dort angekommen, halten wir uns links und sind bald zurück am Auto.

◻ »Innenleben« eines Fachwerkhauses in Viehhofen.

Touren — Region Südost

26 Zur Petershöhle und quer durch den Hartensteiner Wanderwald

 ca. 6,5–8 km, ab Bahnhof Velden ca. 8,5–10 km

Auch an heißen Sommertagen ist diese Tour angenehm schattig, dabei zu jeder Jahreszeit sehr abwechslungsreich. Die Waldwege sind von zahlreichen großen und kleinen Naturerlebnissen gesäumt, und ein Besuch der frei zugänglichen Petershöhle sowie der Burg Hartenstein bilden die Höhepunkte des Tages.

Anforderung: *fast durchgehend gute Wald- und Forstwege, die allerdings im Bereich der Petershöhle Trittsicherheit verlangen; der anschließende Kammweg ist gelegentlich durch Wurzeln etwas holprig und mit dem MTB recht anspruchsvoll; Vorsicht: bei Nässe besteht Rutschgefahr; statt starker Höhenunterschiede überwiegt bei dieser Tour ein ständiges, leichtes Auf und Ab; einige Sitzbänke vorhanden*
Sehenswertes: *Petershöhle, Naturerlebnispfad, Burg Hartenstein*
Kinderwagen: *mit Kinderwagen nicht geeignet*
Startpunkt: *Bahnhof Velden (großer Parkplatz) oder der Parkplatz bei Güntersthal, zu erreichen von Velden Richtung Rupprechtstegen, nach ca. fünfhundert Metern links Richtung Hartenstein und bald wieder links nach Güntersthal. Der Parkplatz liegt hinter einigen Kurven auf der Anhöhe bei einem großen Spielplatz.*
Tipp: *Die Tour lässt sich ideal mit dem Zug erreichen.*
Für die Petershöhle Taschenlampe mitnehmen!

Vom Hirtenberg bietet sich ein herrlicher Blick über Hartenstein und zum Schlossberg.

Der Weg: Vom Bahnhof Velden folgen wir etwa fünfzig Meter dem Schild »Ortsmitte« und kommen über Stufen hinab zur Wegmarkierung **blauer Querbalken** Richtung Petershöhle. An der Straße halten wir uns links und überqueren die Brücke. Ab hier führt der Weg steil durch den Wald hinauf zum Parkplatz bei Güntersthal.

Entlang einem hellen Kiefernwald wandern oder rollen wir in südöstlicher Richtung etwa einen Kilometer bis zu einer Weggabelung, an der wir links abbiegen.

An einem Steinbruch vorbei, schlängelt sich unser Weg immer schmaler bergab, bis er auf einen breiten Forstweg stößt. Wir biegen hier links und bald darauf

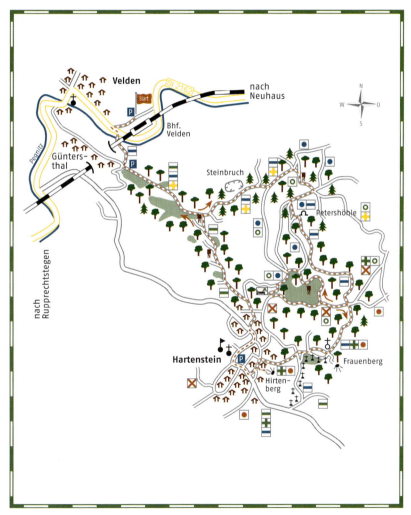

rechts ab und gelangen nach etwa dreihundert Metern an eine Kreuzung. Der **blaue Querbalken** führt uns erst nach rechts und dann links steil aufwärts zur **Petershöhle** (mit MTB Schiebepassage). Auf dem Kammrücken kommen wir in sanftem Auf und Ab an zauberhaften Felsbrocken und -bröckchen vorbei, bis wir knapp 1,5 Kilometer später unsere musikalischen Instinkte an der **Waldorgel** und **-trommel** versuchen können. An der folgenden Wegkreuzung bietet sich nicht nur für Sportler eine »Ehrenrunde« auf dem Trimmdichpfad an. Diese kleine Runde verläuft größtenteils in freundlich-heller Atmosphäre: Zunächst biegen wir auf dem breiten Querweg rechts hinab. Kurz darauf schlängelt sich dann der Weg rechts am Waldrand entlang bis zu einer T-Kreuzung. Hier folgen wir dem **blauen Punkt** nach links bis zu einem Forstweg, den wir schon hundert Meter später wieder auf einem Pfad nach links verlassen. Nach einem kurzen Anstieg stoßen wir auf einen weiteren Forstweg unweit der Jugendherberge von Hartenstein. Das **rote Diagonalkreuz** bringt uns linkshaltend zurück zur **Waldorgel**.
Ab hier begleitet uns wieder der **blaue Querbalken** auf gewundenem Pfad nach rechts bis zum **Tast- und Riechpfad**, einer Kapelle sowie einem gepflegten Rast- und Aussichtsplatz.

Unmittelbar hinter der Kapelle halten wir uns dann rechts, folgen kurz dem Kreuzweg am Waldrand entlang, bis uns ein unscheinbares, mit **rotem Punkt** markiertes Pfädchen rechts hinauf und über eine Kreuzung hinweg führt. Bald darauf erreichen wir die ersten Häuser von **Hartenstein** und biegen links ab. Der kurze Aufstieg zum **Hirtenberg** erfordert einige Trittsicherheit, doch von oben bietet sich ein herrlicher Blick über den Ort zum **Schlossberg**. An der nächsten Straßenecke halten wir uns rechts zur Kirche und statten der darüber aufragenden **Burg Hartenstein** einen Besuch ab.
Anschließend bleiben wir noch ein Stückchen auf der Straße Richtung Velden, bis nach der Linkskurve ein Schild Richtung Jugendherberge nach rechts weist. Im weiteren Verlauf ist dann der **grüne Querbalken** unser Begleiter durch lichten Mischwald und auf bekanntem Weg zurück zum Auto bzw. zum Bahnhof.

◻ Eine Ritterwanze (*Lygaeus equestris*) macht es sich auf einem Wald-Vergissmeinnicht (*Myosotis sylvatica*) bequem.

27 Aus dem Pegnitztal nach Hohenstein

   ca. 15 km, mit Kinderwagen ca. 11 km

Abseits der ausgetretenen Pfade führt diese Wanderung durch das Treufer Tal hinauf zum Wahrzeichen der Hersbrucker Schweiz – der Burg Hohenstein. Auf schroffen Felsen ragt die schlanke Burg mit ihren Türmen und Zinnen hoch über dem gleichnamigen Ort empor und bietet einen unvergleichlichen Fernblick. Der Rückweg verläuft bis zur Einöde Siglitzberg größtenteils auf kaum befahrenen Seitensträßchen, bevor das urtümliche Engental nach Artelshofen leitet. Kurzzeitig über Stock und Stein, zieht der Weg dann oberhalb der Pegnitz zurück zum Startpunkt.

Anforderung: *größtenteils bequeme Wanderwege und kaum befahrene Straßen, im Pegnitztal kurz hinter Artelshofen ein schmaler Wurzelpfad und vor Enzendorf eine kurze, steile Passage; der Anstieg durch das Treufer Tal überwindet 250 Höhenmeter auf fast zwei Kilometern Länge, entsprechend geht es durch das Engental nach Artelshofen bergab; im Bereich der Burg Hohenstein sehr viele, sonst nur wenige Sitzbänke*
Sehenswertes: *Burg Hohenstein*
Kinderwagen: *Die etwas kürzere Variante ist mit geländegängigem Kinderwagen gut geeignet und auch für Trekkingradfahrer ratsam.*
Startpunkt: *Parkplatz in Enzendorf oder Bahnstation Rupprechtstegen*
Tipp: *Wer unter der Woche Burg Hohenstein besichtigen möchte, sollte seinen Ausweis und etwas Geld mitnehmen.*

Vor allem an schönen Wochenenden herrscht auf Burg Hohenstein reges Treiben.

Der Weg: Vom Parkplatz folgen wir der Wegmarkierung *blauer Punkt* durch Enzendorf und auf breit geschottertem Weg talaufwärts. Wo der blaue Punkt rechts abzweigt, bleiben wir am Waldrand und erreichen kurz darauf die idyllische **Griesmühle**, einen etwas in die Jahre gekommenen Fachwerkbau. Direkt hinter den Häusern steigt der mit *rotem Kreuz* markierte Weg merklich an. In hübschen Kaskaden plätschert neben uns der Mühlbach. Nach einem Rechtsschlenker führt der Wanderweg über herrliche Talwiesen und hinauf in die Ortschaft **Treuf**. Hier halten wir uns rechts und am Ortsende links Richtung Hohenstein.

Nach etwa fünfhundert Metern verlassen wir das Sträßchen rechtshaltend und steigen auf asphaltiertem Weg steil an. Über Wiesen und Felder erreichen wir kurz darauf den Ort **Hohenstein**. Sonntags ist **Burg Hohenstein** regulär geöffnet, von Montag bis Samstag sollten wir uns jedoch im kleinen Lebensmittelgeschäft Lotte Igel links neben dem Gasthof Felsburg den Schlüssel ausleihen, bevor wir zur Burg hinauf steigen. Wer seinen Ausweis als Pfand hinterlegt, kann nicht nur die grandiose Rundsicht genießen, die sich vom höchsten Punkt der Umgebung bietet, sondern auch in aller Ruhe die Atmosphäre des Burginneren auf sich wirken lassen. Anschließend begleitet uns der *rote Punkt* ortsauswärts und links zu einem kleinen Parkplatz, hinter dem ein hübscher Hohlweg hinab zur Straße führt. Mit Kinderwagen, Trekkingrädern oder bei Nässe lässt sich dieses kurze Stück besser über die Straße umgehen.

Anschließend halten wir uns etwa zweihundert Meter auf der Straße Richtung Treuf, bis ein Wegweiser nach rechts zum Langenstein weist. Auf angenehm weichem Waldweg überqueren wir einen Forstweg und gelangen bald zu einer weiteren Straße. Ihr folgen wir kurz nach rechts. Ein gemütliches Fahrsträßchen bringt uns gleich wieder linkshaltend in etwa 1,5 Kilometern zum Einödhof **Siglitzberg**.

Hinter dem Hof führt die mit blauem Punkt markierte Abkürzung linkshaltend in etwa zwei Kilometern zurück nach Enzendorf. Ansonsten bringt uns der *rote Punkt* über offene Felder rechtshaltend Richtung Artelshofen. An der nächsten Abzweigung bleiben wir dann am Waldrand und gehen bei einer interessanten Jägersitz-Konstruktion in den Wald hinein.

Beiderseits des Weges werden die Wälle immer höher, die zuletzt von lichtem Mischwald bestanden sind. In **Artelshofen** biegen wir gleich nach den ersten Häusern links in die Dr.-Max-Simon-Straße ein.

Wo diese endet, schließt sich ein Wurzelsteig an, der jedoch bald wieder auf einen guten Forstweg stößt. Linkshaltend folgen wir dem *gelben Punkt* aufwärts in den Wald. Nach einem kurzen, steilen Anstieg überqueren wir eine große Lichtung und gehen rechtshaltend wieder bergab.

An der nächsten Weggabelung halten wir uns ebenfalls rechts und sind in Kürze zurück am Startpunkt.

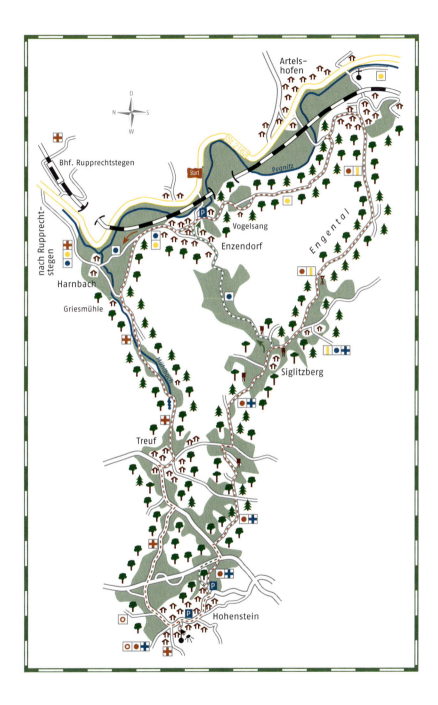

Touren — Region Südost

28 Durch das Reichental zur Schlangenfichte

  ca. 9 km

Diese reizvolle Rundtour führt uns durch das idyllische Reichental zur bizarrschönen Schlangenfichte und weiter zum Naturdenkmal Windloch. Auf gewundenen Wurzelpfaden erleben wir hier Natur pur – fernab von Auto- und Motorradlärm – und genießen im Hochsommer den Schatten ausgedehnter Mischwälder.

Anforderung: *breite Wald- und Forstwege wechseln mit hübschen Wurzelpfaden, dabei zwischen Großmeinfeld und Hirschbach je eine längere Steigung bzw. Gefällstrecke; mit dem MTB durchaus interessante, teils anspruchsvolle Tour; Sitzbänke zu Beginn zahlreich, danach nur vereinzelt vorhanden*
Sehenswertes: *Schlangenfichte, Naturdenkmal Windloch*
Kinderwagen: *mit Kinderwagen nicht geeignet*
Startpunkt: *kleiner Waldparkplatz wenige hundert Meter hinter Hirschbach, zu erreichen vom Hirschbacher Dorfplatz Richtung Loch*
Tipp: *Taschenlampe mitnehmen*

❏ Einsame Wald- und Feldwege kennzeichnen diese Tour, hier kurz vor der Ortschaft Loch.

Der Weg: Kurz hinter dem Parkplatz macht die Straße Richtung Loch eine Kurve, nach der wir linkshaltend im Talgrund bleiben. Durch das enge, gewundene **Reichental** folgen wir der Markierung *grüner Querbalken* Richtung Windloch.

Wo der Weg nach rund 2,5 Kilometern eine scharfe Linkskurve macht, steht rechts am Waldrand die markante **Schlangenfichte** mit ihren traurig-schönen Ästen.

Wir wenden uns wieder links in den Wald hinein und gelangen nach einem ersten längeren Anstieg zum **Windloch** mit seinem imposanten Eingang in die Unterwelt.

Weiterhin folgen wir dem *grünen Querbalken* in einem weiten Rechtsbogen, bis er nach etwa einem halben Kilometer links Richtung Vorra abzweigt.

Wir setzen unseren Weg stattdessen geradeaus fort und erreichen auf dem mit *rotem Punkt* markierten Weg den hübschen Ort **Großmeinfeld**.

Von hier an begleitet uns der *grüne Punkt* nach Hirschbach. Über offene Felder geht es gemütlich dahin, bis der Weg im Wald immer schmaler und holpriger bergauf führt. Anschließend geht es durch schattig-kühlen Wald bergab.

◻ **Traurig-schön ist der Anblick der Schlangenfichte.**

Kurz nach einer scharfen Linkskurve bringt uns der *grüne Punkt* über einsame Blumenwiesen bald wieder auf Kurs nach Süden, und wir erreichen die landwirtschaftlich geprägte Ortschaft **Loch**. Knapp einen Kilometer lang bleiben wir nun auf der kaum befahrenen Straße Richtung Hirschbach, bis wir diese auf dem *grünen Kreuz* geradeaus verlassen: Der weitere Abstieg führt über wunderschöne Trockenhänge, ist jedoch recht steil und steinig. Wer es bequemer mag, bleibt auf der Straße und gelangt direkt zurück zum Auto.

Ansonsten erreichen wir **Hirschbach** unmittelbar oberhalb der Kirche, wo wir rechts abbiegen und ab dem Dorfplatz auf bekanntem Weg zurück zum Parkplatz kommen.

◻ **Prächtiger Blumengarten am Dorfplatz von Hirschbach.**

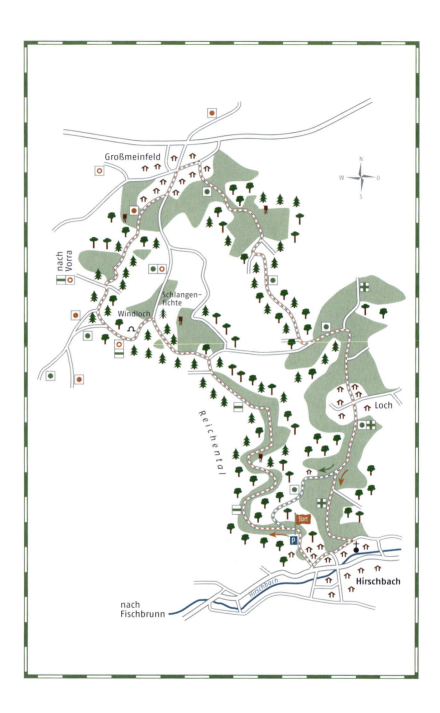

Region Südost   Touren

29 Rund um die Veste Rothenberg

ab Bahnhof ca. 5 km, ab Parkplatz ca. 3 km
Kurze, waldreiche Rundwanderung auf historischen Wegen. Einen Besuch der Veste sollte man sich – schon allein wegen der herrlichen Aussicht, die sich von dort über die Frankenalb bietet – nicht entgehen lassen.

Anforderung: je nach Startpunkt entweder bequemer Spaziergang (ab Parkplatz) oder recht schweißtreibend (ab Bahnhof Schnaittach); teils gute, befestigte Fahrwege, zwischen der Festung und der Abzweigung nach Schnaittach jedoch größtenteils Waldpfade; einige Sitzbänke vorhanden
Sehenswertes: Veste Rothenberg, Festungsfriedhof
Kinderwagen: Mit geländegängigem Kinderwagen ist nur die Besichtigung der Veste empfehlenswert. Für den Rundweg müssten einige Stufen und holprige Passagen getragen werden.
Startpunkt: Bahnhof Schnaittach, Parkplatz beim Bahnhof oder am Zufahrtsweg zur Veste (ab Schnaittach ausgeschildert)

◻ Vom Rothenberg bietet sich eine herrliche Aussicht über Schnaittach.

Der Weg: Vom Bahnhof gehen wir auf der Straße etwa hundert Meter nach Norden bis zum Bahnübergang. Hier folgen wir den beiden Wandermarkierungen **roter Querbalken** und **rotes Diagonalkreuz** nach rechts.

Dann gehen wir nur wenige Meter auf der Bergstraße weiter, denn unsere Wandermarkierungen führen schnurstracks zwischen Obstbäumen bergauf. Bei einem Asphaltsträßchen stoßen wir auf den Rundweg. Hier halten wir uns

auf dem **blauen Querbalken** links und erreichen in Kürze den Besucherparkplatz unterhalb der Veste.
Wer mit dem Kinderwagen unterwegs ist, parkt am besten hier oben. Jetzt bringt uns das **rote Diagonalkreuz** die Auffahrt zur **Burgfestung Rothenberg** hinauf, die wir nach einem knappen Kilometer erreichen.
Eine Besichtigung der ehemaligen Ritterveste ist allemal lohnend, jedoch nur im Rahmen einer Führung möglich.

Anschließend gehen wir einige Stufen hinab Richtung **Festungsfriedhof**.
An dieser letzten Ruhestätte der Festungsbewohner machen wir kurzen Zwischenstopp, bevor wir der Markierung **rotes Diagonalkreuz** weiter durch den Wald folgen.
Nach einer Rechtskurve kommt unser Weg an den Resten einer alten **Skisprungschanze** vorbei und führt kurz darauf wieder links hinab nach **Schnaittach** oder geradeaus zum Parkplatz.

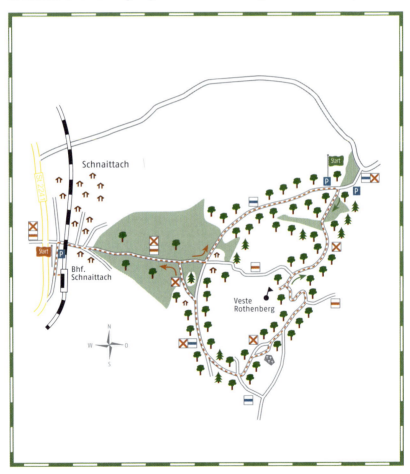

Region Südwest **Touren**

30 Quer durch den Eisenwald

  ca. 38 km

Gleich hinter Lauf laden weitläufige Wälder zum Wandern oder Radfahren ein. Das Gebiet war besonders im Mittelalter von wichtigen Heer- und Handelsstraßen durchzogen, von denen sich einzelne Abschnitte zu der hier vorgestellten Tour verbinden lassen. In Dehnberg und Kuhnhof zeugen außerdem etliche schöne Hopfenhäuser vom einst weit verbreiteten Hopfenanbau.

Anforderung: größtenteils bequeme Wald- und Feldwege, nur kurze Abschnitte in Ortsnähe sind asphaltiert; einige kurze, teils steile Steigungen; zahlreiche Sitzbänke vorhanden
Sehenswertes: Hopfenhäuser, Welserschloss
Kinderwagen: mit Kinderwagen nicht geeignet
Startpunkt: Bahnstation Rollhofen oder kleiner Waldparkplatz knapp einen Kilometer westlich von Wolfshöhe

Der Weg: Von der Bahnstation **Rollhofen** begleitet uns die **grün-weiße 1** an den Wolfshöher Tonwerken und der Privatbrauerei Wolfshöhe vorbei nach Westen. Nach etwa 1,5 Kilometern kommen wir zum kleinen Waldparkplatz, dem Startpunkt für Autofahrer.
Ab hier ist der Weg mit dem **roten Diagonalkreuz** bestens markiert. An einem Teich entlang und durch lichten Birkenwald kommen wir flott zu zwei weiteren Teichen und nach einer Linkskurve hinauf nach **Dehnberg**. An einigen hübschen Hopfenhäusern vorbei, durchqueren wir den Ort und halten uns am Ortsende links die asphaltierte Egelseestraße hinab. Gegenüber einem Gehöft geht es auf einem Feldweg links in den Wald. Nach wenigen hundert Metern kommen wir nach **Kuhnhof**. Auf der Hauptstraße biegen wir links ab, verlassen sie aber gleich wieder in die Lange Zeile nach rechts und gelangen durch ein weiteres Waldstück zur **Kunigundensiedlung**. Wir folgen stets dem **roten Diagonalkreuz**

◻ Wuchtiges Gemäuer in Neunhof: das Welserschloss.

über Felder nach **Rudolfshof** und setzen den Weg Richtung Günthersbühl fort. Nach knapp zweihundert Metern biegen wir links und gleich wieder rechts ein, bis das **rote Diagonalkreuz** etwas unscheinbar rechts in den Wald leitet. Auf

bequemem Forstweg geht es nun erst eben, dann ansteigend durch den Wald. Jenseits der Anhöhe zweigt unser Weg an der nächsten Kreuzung links ab, um nach nur fünfzig Metern als hübscher Pfad rechts abzubiegen.
Auf wieder breiterem Forstweg erreichen wir bald eine Straße, die wir überqueren. Linkshaltend setzen wir unseren Weg fort. Von der Wegekreuzung Rote Marter begleitet uns kurzzeitig der *gelbe Querbalken* zur Bärenmarter.

❑ **Der Tintenfischpilz (*Anthurus archeri*)** entwickelt sich aus einem so genannten Hexenei.

Ab hier folgen wir dem **gelben Kreuz** nach rechts. Kurz nachdem wir einen asphaltierten Fahrweg überqueren, führt der Weg hinab in ein lauschiges Tälchen und über einen Holzsteg. Nach knapp einem Kilometer zweigt das **gelbe Kreuz** abermals als Wurzelpfad rechts ab; hier liegen meist einige Baumstämme quer über dem Weg, die aber auch mit dem MTB problemlos umtragen werden können. Dann geht es, zuletzt recht steil, wieder hinab, kurz links und zweimal rechtshaltend bergauf zum Waldrand. In Kürze kommen wir nach **Tauchersreuth**, wo wir rechts abbiegen. Am Ortsende verlassen wir nach einem großen Parkplatz die Hauptstraße nach links. Die nächsten 1,5 Kilometer führen flott bergab und an einigen Teichen vorbei, bis die Kirche von Beerbach vor uns auftaucht. Hier biegen wir rechts ab und erreichen auf der Höhe den Waldrand. Linker Hand steht der **Hirnstein**, und der mit *rotem Punkt* markierte Weg lädt zu einem kurzen Abstecher hinab zur **Nikolausquelle** ein, einem mittelalterlichen Heilbrunnen.
Anschließend folgen wir dem *roten Punkt* über Felder nach **Neunhof**. In Ortsmitte fällt das wuchtige **Welserschloss** auf. Kurz davor biegen wir links in die Weiherstraße ein, und die Steinbruchstraße bringt uns rechtshaltend zum Wald. Dann führt uns der *rote Punkt* auf schönem Feld- und Waldweg nach **Simonshofen**.
Hier biegen wir zunächst rechts, dann links ab. Wiederum rechtshaltend kommen wir in lichten Kiefernwald, durch den wir uns ca. vier Kilometer schnurstracks Richtung Osten halten. Nach einem großen Steinbruch wartet ein letztes kurzes Steilstück auf uns.
Durch Kiefernwald geht es dann munter weiter. Kurz vor der Autobahn tauschen wir den roten Punkt wieder gegen das *rote Diagonalkreuz* ein, das uns bald als gut markierter Wurzelpfad zurück zum Waldparkplatz bringt. Von hier auf bekanntem Weg nach **Wolfshöhe**, bzw. weiter zur Bahnstation von **Rollhofen**.

> **Einkehrtipp:**
> **Wolfshöher Bräustüberl**
> *10–23 Uhr geöffnet, Mo. Ruhetag, fränkische und überregionale Küche, 10 verschiedene Bierspezialitäten*

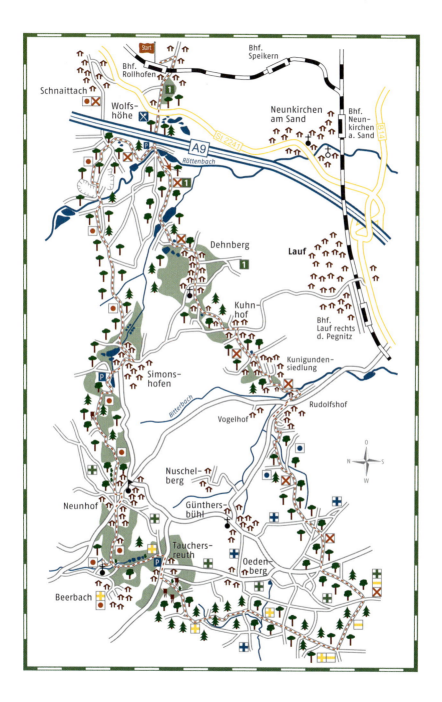

Ausflugsziele A–Z

Ausflugsziele von A bis Z

Höhlen

Binghöhle
Geöffnet: 15. März bis 10. November tägl. 9–17.30 Uhr, 11. November bis 14. März Führungen nur nach Vereinbarung. (Tourist-Information Tel. 09196-19433) Tel. 09196-340

Maximiliansgrotte
Geöffnet: April bis Oktober Di.–Sa. 10–17 Uhr stündlich außer 13 Uhr, So./Feiertage 9–18 Uhr durchgehend. Tel. 09156-434, www.maximiliansgrotte.de

Sophienhöhle
Geöffnet: Ostern bis Oktober Di.–So. 10.30–17 Uhr, Führungen alle 30 Min. Sophienhöhle at night: Do.–Sa. 18.30–21 Uhr
Tel. 09202-972599

Teufelshöhle
Geöffnet: Palmsamstag / 1. April bis 2. November tägl. 9–17 Uhr, 3. November bis Ostern Di., Sa., So. 10–15 Uhr, 26. Dezember bis 6. Januar tägl. 10–15 Uhr, Gruppen jederzeit nach Vereinbarung.
Tel. 09243-70841, www.teufelshoehle.de

Museen

Meerrettich-Museum Baiersdorf
Geöffnet: ganzj. Sa./So. 10.30–17 Uhr, Gruppen jederzeit nach Vereinbarung. Judengasse 11, Tel. 09133-603040, www.schamel.de

Heimatmuseum Betzenstein
Geöffnet: April bis September Mo. 14–16 Uhr, Mi., Fr. 11–12 Uhr. Bayreuther Straße 1, Tel. 09244-264 oder 09244-1228

Tiefer Brunnen Betzenstein
Geöffnet: Mai bis September Mo. 11.30–12 Uhr und nach Vereinbarung. Marktplatz, Tel. 09244-264 oder 09244-1228

Geigenbaumuseum Bubenreuth
Geöffnet: ganzj. So. 14–16 Uhr sowie nach Vereinbarung; während der bayerischen Schulferien geschlossen. Zurzeit Birkenallee 51, Tel. 09131-21382 oder 09131-26683

Levi-Strauss-Museum Buttenheim
Geöffnet: April bis September Di., Do. 14–18 Uhr, Sa./So. 11–17 Uhr, Oktober bis März Di., Do. 14–17 Uhr, Gruppen jederzeit nach Vereinbarung. Marktstraße 33, Tel. 09545-442602, www.levi-strauss-museum.de

Krügemuseum Creußen
Geöffnet: Ostern bis Oktober Mi., Sa., So. 10–12 Uhr und 14–17 Uhr, November bis Ostern Sa. 14–17 Uhr, So. 10–12 Uhr und 14–17 Uhr, Gruppen nach Vereinbarung. Hinteres Tor, Tel. 09270-5805 (Museum) oder 09270-9890 (Stadtverwaltung)

**Gartenkunstmuseum
Schloss Fantaisie in Eckersdorf**
Geöffnet: April bis September Di.–So.
9–18 Uhr, Führungen nach Vereinbarung.
Bamberger Straße 3,
Tel. 0921-73140011 (Museum) oder
0921-735341 (Gemeinde Eckersdorf),
www.gartenkunst-museum.de

Heimatmuseum Ebermannstadt
Geöffnet: April bis Oktober So.
14–16.30 Uhr, Gruppen nach Vereinbarung.
Bahnhofstraße 5,
Tel. 09194-797987 (Museum; nur während der Öffnungszeiten),
09194-1571 (Sonderführungen) oder
09194-50640 (Tourist-Information),
www.heimatmuseum.ebermannstadt.de

**Jüdisches Museum,
Synagoge Ermreuth**
Geöffnet: an jedem ersten So. im
Monat; November bis März 14–17 Uhr,
April bis Oktober 14–18 Uhr
Wagnergasse 8, Tel. 09134-70541

**Braunauer Heimatmuseum in
Forchheim**
Geöffnet: ganzj. Mi. 9–12 Uhr und
13–16 Uhr oder nach Vereinbarung.
Paradeplatz 2, Tel. 09191-64563 oder
09191-34522

Feuerwehrmuseum Forchheim
Geöffnet: nach Vereinbarung
Wiesentstraße 57, Eingang Egloffsteinstraße 3, Tel. 09191-32492

Pfalzmuseum Forchheim
Geöffnet (2004): Mai bis Oktober tägl.
9–17 Uhr; (ab 2005): Mai bis Oktober
Di.–So. 10–17 Uhr, November bis April
Mi., Do. 10–13 Uhr, So. 10–16 Uhr und
nach Vereinbarung.
Kapellenstraße 16, Tel. 09191-714327

**Heimatkundliche Sammlung
Gößweinstein**
Geöffnet: Mo.–Fr. 8–12 Uhr und 14–17
Uhr, Sa. 9–12 Uhr
Tel. 09242-456 (Tourist-Information)

Spielzeugmuseum Gößweinstein
Geöffnet: Mai bis Oktober Di., Mi., Sa.,
So./Feiertage 11–18 Uhr, November bis
April Sa./So./Feiertage 11–18 Uhr
Balthasar-Neumann-Straße 15,
Tel. 09242-743577,
www.fraenkisches-spielzeugmuseum.de

**Großuhren- und Fossilienmuseum
Gräfenberg**
Geöffnet: April bis Oktober
So. 14–18 Uhr und nach Vereinbarung.
Kasberger Straße 19,
Tel. 09192-8266 (privat)

Dorfmuseum Hausen
Geöffnet: nach Vereinbarung
Dr.-Kupfer-Straße 4, Tel. 09191-73720
(Tourist-Information) oder 09191-33684
(Heimatpfleger Herr Wagner)

Hirtenmuseum Hersbruck
Geöffnet: Di.–So. 10–12 Uhr und
14–16 Uhr, Mo. und 1. Januar,
24., 25., 31. Dezember geschlossen.
Eisenhüttlein 7, Tel. 09151-2161

Ausflugsziele von A bis Z

Museumsscheune Hollfeld
Geöffnet: Mai bis Oktober
Sa./So. 14–16 Uhr, November bis Mai nach Vereinbarung.
Judengasse 10, Tel. 09274-9800 oder 09274-947595,
www.kunst-museum-hollfeld.de

Kunst & Museum und Künstlerstadl in Hollfeld
Geöffnet: ganzj. Mo.–Fr. 14–18 Uhr (an Feiertagen geschlossen),
Sa. 10–12.30 Uhr
Eiergasse 13, Tel. 09274-8605 oder 09274-947595,
www.kunst-museum-hollfeld.de

Wappensaal im Wenzelschloss Lauf
Geöffnet: für Gruppen nach Vereinbarung, für Einzelpersonen während der Öffnungszeiten des Stadtarchivs (Di.–Sa. 9–12 Uhr und Di.–Do., Sa. 14–16 Uhr) sowie zu bestimmten Anlässen, die beim Stadtarchiv erfragt werden können.
Stadtarchiv: Spitalstraße 5,
Tel. 09123-184166

Industrie Museum Lauf
Geöffnet: April bis November Mi.–So. 11–17 Uhr
Sichartstraße 5–25, Tel. 09123-99030

Motorradmuseum Möchs
Feste Öffnungszeiten gibt es nicht, Besucher sind (nahezu) jederzeit willkommen.
Tel. 09245-1231

Modelleisenbahnmuseum in Muggendorf
Geöffnet: Mai bis Oktober Mi.–Sa. 14–17 Uhr, So./Feiertage 10–17 Uhr; Gruppen jederzeit nach Vereinbarung
Bayreuther Straße 23, Tel. 09196-1630

Erzgebirgische Volkskunst in Muggendorf
Geöffnet: ganzj. Mo.–Fr. 9–12 Uhr und 13–18 Uhr, Sa. 9–14 Uhr,
April bis Oktober zusätzl. So. 13–17 Uhr
Forchheimer Straße 10, Tel. 09196-1526

Felix-Müller-Museum Neunkirchen am Brand
Geöffnet: ganzj. Do., So. 15–17 Uhr (mit Führung), Gruppen und Führungen jederzeit nach Vereinbarung.
Anton-von-Rotenhanplatz 1,
Tel. 09134-908042 (Museum) oder 09134-1837

Museumsbrauerei Pottenstein
Geöffnet: Ostern bis Oktober Mi., Fr. 17 Uhr und nach Vereinbarung.
Nürnberger Straße 10, Tel. 09243-9810

Jüdisches Museum Franken mit Heimatmuseum Schnaittach
Geöffnet: ganzj. Sa./So. 11–17 Uhr, Gruppen nach Vereinbarung mit Führung
Museumsgasse 12–16, Jüdisches Museum: Tel. 0911-770577 (Hauptstelle Fürth), Heimatmuseum: Tel. 09153-409121 (Tourist-Information)

Fränkische Hopfenscheune Speikern
Geöffnet: Mai bis Oktober jeden So./
Feiertag 13–16.30 Uhr sowie nach Vereinbarung
Kersbacher Straße 18, Tel. 09123-75640

Ammonitenmuseum Streitberg
Geöffnet: Ostern bis Juni und September bis Dezember Di.–Fr. 13–17 Uhr, Sa./So. 11–18 Uhr, Juli und August Di.–Fr. tägl. 11–17 Uhr; Führungen nach Vereinbarung.
Dorfplatz 2, Tel. 09196-998595 (Museum) oder 09131-9410693 (Büro)

Töpfermuseum Thurnau
Geöffnet: April bis September Di.–Sa. 14–17 Uhr, So. 10–12 Uhr und 14–17 Uhr, Oktober bis 6. Januar und 1.–31. März Do., Sa. 14–17 Uhr, So. 10–12 Uhr und 14–17 Uhr, Gruppen jederzeit nach Vereinbarung.
Kirchplatz 12, Tel. 09228-5351 (Museum) oder 09228-9510 (Marktverwaltung)

Fränkische-Schweiz-Museum Tüchersfeld
Geöffnet: April bis Oktober Di.–So. 10–17 Uhr, November bis März So. 13.30–17 Uhr, in den Weihnachtsferien zeitweise geöffnet; Gruppen jederzeit nach Vereinbarung.
Tel. 09242-1640, www.fsmt.de

Museum »NordJURA« Weismain
Geöffnet: November bis März Mo.–Do. 9–12 Uhr und 13–16 Uhr, Fr. 9–12 Uhr; April bis Oktober außerdem Sa./So./Feiertage 10–17 Uhr (vorläufige Öffnungszeiten); Kirchplatz 7 (Kastenhof), Tel. 09575-921329

Burgen und Schlösser

Burg Egloffstein
Geöffnet: Führungen ab 10 Pers. nach Vereinbarung.
Tel. 09197-8780 (Burg) oder 09197-202 (Tourist-Information)

Burg Gößweinstein
Geöffnet: April bis Oktober
tägl. 10–18 Uhr, Tel. 09242-7199

Schloss Greifenstein
Geöffnet: Ostern bis November
tägl. 8.30–11.15 Uhr und 13.30–16.45 Uhr (ab 4 Pers.), Tel. 09198-423

Burg Hohenstein
Geöffnet: März bis November (wenn die Witterung es zulässt)
So./Feiertage 10–18 Uhr, an Wochentagen kann man sich den Schlüssel im Lebensmittelladen »Lotte Igel« ausleihen.

Schloss Hundshaupten
Geöffnet: Ostern bis Oktober
Sa./So./Feiertage 14–17 Uhr (letzter Einlass), Führung alle 45 Minuten; Gruppen ab 15 Pers. jederzeit nach Vereinbarung.
Tel. 09191-708120 oder 09191-708121, www.schloss.hundshaupten.de

Schloss Seehof in Memmelsdorf
Geöffnet (Schloss): April bis Oktober Di.–So. 9–18 Uhr; (Park): April bis Oktober 7–19 Uhr, November bis März 9 Uhr bis Einbruch der Dunkelheit; Wasserspiele 10–17 Uhr zu jeder vollen Stunde
Tel. 0951-409571 oder 0951-40950

Ausflugsziele von A bis Z

Burg Pottenstein
Geöffnet: Mai bis Oktober Di.–So.
10–16.30 Uhr (letzter Einlass),
Ostern und Pfingsten geöffnet
Tel. 09243-7221

Burg Rabeneck
Geöffnet: So./Feiertage 11–18 Uhr, im
Winter nur bei schönem Wetter
Tel. 09202-565

Burg Rabenstein
Geöffnet: Ostern bis Oktober Di.–Fr.
11, 14, 16.30 Uhr, Sa./So./Feiertage
11–16.30 Uhr, Gruppen jederzeit nach
Vereinbarung.
Tel. 09202-972599

Veste Rothenberg
Geöffnet: Ende März bis Oktober
Di.–So./Feiertage 10–17 Uhr
(letzter Einlass)
Tel. 09153-8078 oder 0171-6889886

Burg Unteraufseß
Geöffnet: ab Herbst 2004 voraussichtlich
April bis Oktober
Di., Mi., Fr.–So. 11, 14, 16 Uhr, So. auch
15 Uhr (ab 6 Pers.), Gruppen ab 10 Pers.
jederzeit nach Vereinbarung.
Tel. 09198-656 (Burg) oder 09198-998881 (Tourist-Information)

Burg Veldenstein
Geöffnet: Di.–So. ca. 10.30–21 Uhr
(im Winter zeitweise geschlossen;
Ruhetag flexibel)
Tel. 09156-633 oder 09156-634

Burg Waischenfeld mit Galerie
Geöffnet: Galerie bei Ausstellung:
April bis Oktober tägl. 11–20 Uhr
Tel. 09202-960117 oder 09202-970447

Burg Zwernitz / Sanspareil
Geöffnet (Burg Zwernitz und Morgenländischer Bau): April bis September
Di.–So./Feiertage 9–17.30 Uhr (letzter
Einlass), 1.–15. Oktober Di.–So./Feiertage
10–15.30 Uhr (letzter Einlass);
der Felsengarten ist ganzjährig frei
zugänglich.
Tel. 09274-330 oder 09274-1221

Sonstiges
Museumsbahn
Fahrzeiten: Mai bis Oktober So. und an
bundesweiten Feiertagen
Abfahrt: ab Ebermannstadt: 10, 14 und
16 Uhr; ab Behringersmühle: 11, 15 und
17 Uhr
Stationen: Ebermannstadt, Gasseldorf*,
Streitberg, Muggendorf, Burggaillenreuth*, Gößweinstein, Behringersmühle; (* = Bedarfshaltestellen)
Fahrtdauer jeweils 45 Minuten
Tel. 09194-794541,
www.dfs.ebermannstadt.de

Wildpark Hundshaupten
Geöffnet: Ostern bis Allerheiligen
tägl. 9–18 Uhr, im Winter 9–17 Uhr
Tel. 09191-396 oder 09191-86117,
www.hundshaupten.de

Admiral 120
Ahorntal 35, 78
Ammoniten 16, 85, 124
Ammonitenmuseum 85, 190, 254
Annafest 48, 109
Aufseß 60, 176

Backofenfest 87
Bärenschlucht 16, 102
Basilika 77, 93 ff.
Bauernkrieg 23, 24, 27, 54, 57, 60, 89, 94, 98, 109, 115, 132
Behringersmühle 85, 96
Betzenaustanzen 42
Betzenstein 21, 24, 28, 35, 44, 85, 129, 221, 224, 230, 251
Bieberbach 43
Bier 38 ff., 42, 51, 81, 105, 108, 114, 128, 148, 152, 156
Binghöhle 13, 19, 88, 190, 251
Brühtrogrennen 74
Bubenreuth 119
Burg Betzenstein 24, 129
Burg Böheimstein 104
Burg Egloffstein 114, 254
Burg Gößweinstein 94, 254
Burg Hiltpoltstein 24, 126
Burg Hohenstein 24, 145, 239, 254
Burg Niesten 51, 52, 161
Burg Oberaufseß 60, 176
Burg Pottenstein 98, 255
Burg Rabeneck 75, 182, 255
Burg Rabenstein 78, 255
Burg Tüchersfeld 101
Burg Unteraufseß 60, 176, 255
Burg Veldenstein 132, 255
Burg Waischenfeld 72, 182, 255
Burg Zwernitz 21, 24, 64 ff., 166, 255

Craimoosweiher 81
Creußen 13, 80 f., 185, 251

Deutsches Stadion 141
Dolomitfelsen 16, 27, 75, 98, 145
Dreißigjähriger Krieg 24, 27, 38, 51, 53, 60, 65, 79, 91, 94, 99, 101, 104, 108, 115, 116, 121, 123, 132, 146
Druidenhain 92
Dürer 131

Ebermannstadt 17, 83 ff., 89, 137, 252
Effeltrich 22, 43, 45, 47, 117 ff., 208
Egloffstein 114, 116, 128
Ehrenbürg 46, 68, 109, 110, 111
Eisenhammer 140, 157
Eisenstraße 150
Eislöcher 35, 138, 230
Erbfolgekrieg, Landshuter 22, 27, 115, 129, 137, 140, 143, 151, 153
Eremitenhäuschen 80, 188
Ermreuth 122, 252
Esper, J. F. 7, 12, 27, 91
Esperhöhle 96

Felix-Müller-Museum 122, 253
Felsengarten 64 ff., 166, 255
Felsenkeller 39, 48, 114, 156, 184
Fichte 149
Fledermaus 12 ff., 96
Fliegenragwurz 77
Flindern 105
Flossenbürg, KZ 26, 97, 151
Forchheim 20, 21, 35, 39, 47 ff., 88, 107 ff., 113, 116, 118, 252
Fosaleggn 43
Fossilien 85, 98, 100, 124, 130
Fränkische-Schweiz-Museum 85, 102, 196, 254
Frauenschuh 55, 184
Fronleichnamsumzüge 47, 118

Schlagwortregister

Gasseldorf 38, 86, 87
Gebirgshopfen, Hersbrucker 41, 125, 145, 151, 152
Geigenbaumuseum 119, 251
Georgi-Ritt 45, 117
Giechburg 53 f.
Gößweinstein 29, 33, 49, 77, 93 ff., 102, 252
Gräfenberg 21, 85, 123 ff., 137, 210, 252
Greifenstein, Schloss 56, 254
Großer Lochstein 139, 230
Großuhren- und Fossilienmuseum 85, 124, 252
Gügelkirche 53, 55

Hartenstein 33, 35, 138, 236
Heiligenstadt 29, 45, 56 ff.
Heimatmuseum 85, 126, 130, 251 ff.
Heroldsgrund 58
Hersbruck 20, 26, 143, 150 ff., 252
Hersbrucker Gebirgshopfen 41, 125, 145, 151, 152
Hiltpoltstein 21, 102, 126
Hirschbach 140 f., 242
Hirtenmuseum 152, 252
Hitlerattentat 27, 57
Hochseilgarten 34
Hohenstein, Burg 24, 145, 239, 254
Hoher Kranz 118
Höhlenbär 12, 15, 98, 100, 138
Höhlentour 35
Höhlenunfall 35
Hollerküchla 38, 48
Hollfeld 21, 68, 70 f., 102, 169, 253
Hopfen 40, 41, 125, 148, 149, 152
Hopfenhaus 144, 148, 247
Hopfenscheune 149, 254
Hundshaupten 116, 254, 255
Hungerbrunnen 59, 173
Hussiten 21, 27, 54, 60, 64, 72, 91, 98, 102, 109

Industrialisierung 25, 112, 153, 157
Industrie Museum 26, 140, 157, 253

Johannisfeuer 47
Judenhof 101, 196
Jurameer 16, 27

Kaiserpfalz 107
Kajakfahren 30
Karst 12, 17 ff., 27, 58, 103, 132, 138, 204, 230, 233
Kastenhof 51, 52, 254
Kellerbier 39
Kellerwald 108
Kerwa 42, 64
Kirchensittenbach 143 f.
Kirchweih 38, 42, 48, 64
Kirschenfest 48, 112
Klauskirche 35, 130, 221
Kleiner Lochstein 139, 230
Klettern 32, 34
Klettersteig 141
Klumpertal 17, 100, 202
Kommunbrauhaus 38, 51, 105, 109, 133
Konrad II. von Schlüsselberg 20, 27, 56, 73, 75, 83, 89, 90, 129
Köttweinsdorf 77
Krippenausstellung 119
Krügemuseum 80, 185, 251
Kunreuth 24, 116
Kupferhammer 10, 140
Kürbisfest 48
KZ Flossenbürg 26, 97, 151

Landshuter Erbfolgekrieg 22, 27, 115, 129, 137, 140, 143, 151, 153
Lauf 146, 153 ff., 247, 253
Lehrpfad 28, 58, 103, 125, 145, 207
Leienfels 28, 216
Leutenbach 111
Lichterfest 49
Lillachtal 125, 210

Limmersdorf 64
Linde, Tanzlinde 64
Linde, tausendjährige 45, 117, 208
Lochstein 139, 230

Maikäfer 139
Markgrafenkrieg, erster 22, 27, 91, 108, 115, 117
Markgrafenkrieg, zweiter 24, 27, 54, 65, 72, 74, 89, 91, 94, 98, 108, 117, 121, 145, 155
Martinsritt 49
Maximiliansgrotte 13, 132 ff., 251
Muggendorf 7, 12, 27, 31, 35, 48, 88, 91 f., 190, 193, 253
Museumsbahn 85, 190, 255

Nankendorf 49, 74
NaturKunstRaum 68
Neideck 20, 21, 24, 75, 89, 90, 190
Neubürg 68 f.
Neuhaus an der Pegnitz 35, 38, 132, 136
Neunkirchen am Brand 121 f.
Neunkirchen am Sand 146 f., 150, 155
Niesten, Burg 51, 52, 161

Oberaufseß 60, 176
Oberkrumbach 29, 144
Obertrubach 33, 44, 49, 112, 127, 213, 216
Osterbrunnen 43 f., 127, 135
Osterfeuer 46
Oswaldhöhle 35, 92, 193

Pegnitz 20, 103 ff.
Petershöhle 35, 138, 236
Pfalzmuseum 107 f., 252
Pfingstritt 36
Pottenstein 10, 13, 26, 35, 41, 49, 95, 97 ff., 102 ff., 253, 255
Pretzfeld 9, 48, 83, 112 f.
Püttlach 11, 97, 102

Quackenschloss 18, 35, 193

Rabeneck, Burg 75, 182, 255
Rabenstein, Burg 78, 255
Reformation 23, 27, 56, 143, 146, 155
Reinheitsgebot 40
Reiten 36
Riesenburg 35, 76
Ritter Wirnt 123
Rosenmüller 12, 91
Rosenmüllerhöhle 35, 91, 190, 193
Rothenberg 115, 131, 142, 146 f., 148, 245
Ruine Leienfels 28, 216
Ruine Neideck 89, 190
Ruine Stierberg 219, 221
Ruine Wolfsberg 24, 213
Rüssenbach 38, 87

Säkularisation 23, 25, 27, 53, 54, 83, 95, 98
Sanspareil 64 f., 107, 132, 166, 255
Schafhaus 122
Schäufele 37, 42
Schauhöhle 7, 13, 18, 19, 35, 78, 88, 190, 235
Scheßlitz 53 ff.
Scheunenviertel 73, 124, 137
Schloss Greifenstein 56, 254
Schloss Hersbruck 150 f.
Schloss Hundshaupten 116, 254
Schloss Wiesenthau 109
Schlüsselberg, Konrad II. von 20, 27, 56, 73, 75, 83, 89, 90, 129
Schnaittach 142 f., 150, 245, 253
Schöpfrad 83
Schwalbenlochhöhle 35
Schwammriff 16, 27
Sedimente 12, 27
Sinterstufen 124 f., 210
Sophienhöhle 13 ff., 78
Sonnentau 82
Speikern 144 ff., 149
Stalagmit 19

Schlagwortregister

Stalagnat 19
Stalaktit 19, 134
Star 67
Stauffenberg, Claus Schenk von 27, 57
Steinbackofen 38, 87, 214
Stierberg 21, 24, 219, 221
Stinkmorchel 59
Strahlenmadonna 84
Streitberg 13, 19, 20, 29, 56, 85, 88 ff., 190, 254
Streitburg 90, 190
Streuobstwiese 9, 29
Synagoge 101, 122, 142

Tanzlinde 64
Tetzelschloss 144
Teufelshöhle 13, 15, 19, 99 f., 202, 251
Thetysmeer 16 f.
Thurnau 62 ff., 254
Tiefer Brunnen 44, 251
Töpfermuseum 63, 254
Trockenrasen 10 f.
Tropfhaus 122
Tropfstein 13, 18 f., 35, 88, 92, 100, 133 f., 138
Trubachtal 9, 10, 24, 32 f., 112, 114 f., 127 f., 213
Tüchersfeld 85, 101, 196, 254

Unteraufseß 60, 176, 255
Ur-Donau 17

Velden 20, 132, 135 ff., 236
Veldenstein, Burg 132, 255
Veldensteiner Forst 29, 35, 135, 138, 140
Veste Rothenberg 131, 142, 146 f., 245
Vollmondbier 148

Wacholder 11
Wacholderheide 10 f., 78, 166, 169
Waffensammlung 57
Waischenfeld 41, 72 ff., 182, 255
Walberla 10, 17, 33, 110, 199, 205, 208
Walberlafest 46, 110
Wallfahrtsbasilika 94
Wanderfalter 120
Wandern 28
Wanderschäferei 10 f.
Wappensaal 153, 155 f., 253
Wasserschloss Kunreuth 116
Wehrkirche 22, 45, 84, 117, 143 f., 208
Weismain 29, 51 ff., 161, 254
Weiße Marter 77
Weißenohe 124 f., 210
Wenzelschloss 155, 253
Wiesenthau 109, 116
Wiesenttal 20, 33, 73, 75, 84, 88 ff., 169, 182, 190, 193
Wildpark 116, 255
Windmühle 122, 131, 222
Witzenhöhle 92
Wohlmuthshüll 26, 44, 87
Wohnsgehaig 69
Wolfsberg, Ruine 24, 213
Wolfshöhe 148, 247
Wonsees 84 f., 166, 171
Wundershöhle 92, 195

Zitronenfalter 110
Zoolithenhöhle 12 f., 15
Zwernitz, Burg 21, 24, 64 ff., 166, 255

Bildquellennachweis

AKTIV REISEN: 29(1), 35(2)
Berthold, Markus: 143, 144(2), 239
Fränkische-Schweiz-Museum Tüchersfeld: 86, 101(1), 198
Gemeinde Ahorntal: 78(1)
Gemeinde Neunkirchen am Sand: 144(1), 146(1), 146(2), 148
Hannabach, Karl: 120(2)
Häußinger, Adolf: 63(1)
Häußinger, Gero: 117, 121, 122
Huber, Roland: 116(2)
Industrie *Museum* Lauf: 26(1), 26(2), 140(2), 156(2), 157
Kern, Peter: 96(1)
Luzar, Nicole: 10(3), 11, 16, 17(1), 35(1), 59(2), 65(1), 65(2), 87, 89, 91, 97(1), 97(2), 105(2), 113, 126(2), 128(1), 128(2), 129, 130(1), 130(2), 135(2), 138(2), 145, 165, 166, 169, 172, 173, 178, 196, 204(1), 204(2), 213, 214, 218(1), 218(2), 221, 222, 224, 226, 227, 229(2), 233, 235, 236, 242, 243(1), 243(2), 245, 247
MAGNESIA Kletter-Seil-Erlebnispark: 34
Maier, Konrad: 9(1), 9(2), 10(1), 10(2), 18, 20, 24, 28, 29(2), 30, 32, 43, 45, 47, 48, 49, 55, 59(1), 61, 67, 76(2), 79(1), 83, 88(1), 94, 95, 99(1), 100(2), 101(2), 109, 111(1), 111(2), 112(1), 114(1), 115, 119, 120(1), 124, 127(1), 127(2), 149(2), 175, 176, 182, 184, 185, 199, 200, 205, 216, 219

Markt Neuhaus an der Pegnitz: 132
Markt Schnaittach: 142(1), 142(2), 147
Maximiliansgrotte, Fam. Lohner: 133, 134
Meixner, Udo: 106
Mohr, Johannes: 14(1), 14(2), 96(2)
Oberfränkischer Ansichtskartenverlag Bouillon: 229(1)
Reiterhof Geusmanns: 36(1), 36(2)
Röckelein, Gottfried: 84(2), 93, 123, 193, 195
Roth, Volker: 135(1)
roth+bähr Werbeagentur: 108
Rücker Events: 78(2), 79(2)
Salcher, Manfred: 31(2), 141
Scheffler, Alexej: 33
Schröder, Horst: 1, 6, 37, 38, 42, 46, 50, 51, 53, 54(1), 54(2), 72, 81, 82(1), 82(2), 116(1), 139, 153, 161, 179, 180, 189, 210, 230, 238, 248, 250
Schwarz, Werner: 63(2)
Sponsel, Josef: 8, 22, 44(2), 56, 58(1), 68, 69, 70, 73, 74, 76(1), 84(1), 107, 114(2), 118, 125, 163, 168, 208
Stadt Creußen: 80, 188
Stadt Hersbruck: 150(1), 150(2), 151, 152
Stadtarchiv Lauf: 154(1), 154(2), 155, 156(1)
Tauber, Armin: 136, 138(1)
Taubmann, Georg: 140(1)
Tourismuszentrale Fränkische Schweiz: 17(2), 31(1), 39, 40, 41, 58(2), 62, 64, 71, 77, 85, 92, 126(1)
Tourist-Information Betzenstein: 44(1)
Tourist-Information Muggendorf-Streitberg: 19(1), 88(2), 90, 190, 192
Tourist-Information Pegnitz: 104, 105(1)
Tourist-Information Pottenstein: 12, 13, 15, 19(2), 99(2), 100(1), 102, 112(2), 202
Umweltstation Weismain: 52
Winkler, Horst: 149(1)